科技创业案例集

Pioneering with Technology

阎海峰
主编

華東理工大學出版社
EAST CHINA UNIVERSITY OF SCIENCE AND TECHNOLOGY PRESS
·上海·

图书在版编目（CIP）数据

科技创业案例集 / 阎海峰主编. — 上海：华东理工大学出版社，2022.10

ISBN 978-7-5628-6921-4

Ⅰ. ①科… Ⅱ. ①阎… Ⅲ. ①创业－案例－中国 Ⅳ. ①F249.214

中国版本图书馆CIP数据核字（2022）第168158号

责任编辑 / 戎　炜
责任校对 / 陈　涵
装帧设计 / 肖祥德
出版发行 / 华东理工大学出版社有限公司
地址：上海市梅陇路130号，200237
电话：021-64250306
网址：www.ecustpress.cn
邮箱：zongbianban@ecustpress.cn
印　　刷 / 上海四维数字图文有限公司
开　　本 / 710 mm × 1000 mm　1/16
印　　张 / 16
字　　数 / 205千字
版　　次 / 2022年10月第1版
印　　次 / 2022年10月第1次
定　　价 / 70.00元

前　言

我坚信中国经济新一轮增长，需要依靠科技创新的力量，而这股力量要转化成现实的生产力或竞争力，则有赖于一大批科技创业企业的成长壮大。

大学作为中国科技创新的一支重要力量，尽管产生了大量的创新性成果，但常常被批评不接地气。常见的情形是，一方面，高校内部大量所谓的创新成果被束之高阁；另一方面，各类大小企业为找不到有价值的科技创新成果而苦恼。这种现象已经由来已久，迟迟未能得到很好的解决。究其原因，涉及体制、机制……林林总总、不一而足。

实事求是地讲，大学里能够直接进行产业化的科技创新成果并不多，这恐怕是由大学的性质本身决定的：一所好的大学能够给予人们的还是认知的改变，未必是某些具体的形而下的东西。所以，爱因斯坦 1931 年在纽约州立大学发表《论教育》的演讲时，曾经引用过这样一句话，“所谓教育，就是一个人将其在学校学到的每样东西都忘记之后留下来的东西（Education is that which remains, if one has forgotten everything he learned in school）”。尽管很多大学也能够帮助社会解决一些具体问题，但大学的根本使命还是为未来培养人，用今天的话讲，就是“立德树人”。这就意味着，相较于帮助解决现实问题，大学教师的创新性工作应该更有助于培养学生的独立思考和判断能力，尽管前者也非常重要。

我认为，科技创业企业正是链接大学教育和产业转型升级的关键环节。

当一个地方能够产生大量科技型创业企业时，就是大学教育的成果在社会上落地生根的标志。这些企业在一个产业领域将前沿科技知识通过市场化的组织方式，实现其商业价值，从而让有价值的科技成果转化为有竞争力的商业产品，走完化蛹为蝶的市场化之旅。对于市场上那些已经成熟的企业而言，选择投资、并购一家科技创业企业显然比直接从大学实验室寻求科技成果转移更靠谱一些。

完成上述蝶变，需要一大批训练有素的科技创业者，他们需要具备相关学科领域扎实的科学知识，还要具有敏锐的市场洞察力和百折不挠、愈挫愈奋的韧性……科技创业毕竟不同于市场模式创新，仅有市场洞察力是不够的；而在一个基本供给已经有些过剩的市场中，仅有创业的勇气或是胆量也已经远远不够。科技创业需要一大批经过良好训练、具有科学素养的知识创业者，现代大学应该可以通过提供这样的教育，履行其服务社会的使命。

本案例集中的六家创业企业，创业者来自不同的学科，如生物医药、化学化工、机械工程、信息管理等，都有过系统的大学学习经历，有三位拥有博士学位，其中两位分别从美国和法国获得博士学位。这些企业创办时间都不算太长，严格地讲，依然属于创业型企业，尽管有的已经在上海的科创板上市。从企业创业者的创业历程中，我们可以清晰地看到大学教育对其创业的影响。

开发这本科技企业创业案例集的一个主要原因是，有感于这些年大学里的创新创业教育（“双创”教育）面临的挑战。因工作需要，我本人曾于2016 年至 2022 年兼任所在大学创新创业教育中心常务副主任，深感如果能够对理工科学生进行好的创业教育，很有可能在他们心中播下未来科技创业的种子，若干年后说不定会在社会上生长出一批科技创业企业，这岂不正是教育的成功？但是，创业是一项高度知行合一的活动，仅有理论认知是远远不够的，正如游泳一样，离开亲身体验，没有丰富经验知识的积累，再多的认知型知识终是不究竟的。而且，创业还是一场需要大量资源和创业者全身心投入的高风险活动，并不像游泳那么简便。如何尽可能地提高创业教育效果，尽量避免太过于纸上谈兵，就成为创业教育者必须认真面对的一个问题。开发大学生身边创业者的案例故事，是我们应对大学双创教育面临挑战的一种尝试。

根据社会学习理论创始人、著名心理学家班杜拉（Albert Bandura）提出的自我效能理论，人的行为既受到结果期望的影响，更受到自我效能期望的左右。前者是人们对自己某一行为会导致何种结果的推测，后者是人们对自己实施某一行为的能力的主观判断，即对自己行不行的一种推测。他甚至认为，自我效能是人类行为的决定因素。一个人在某一方面自我效能感越高，他就越会努力去尝试从事这方面的活动。班杜拉通过大量研究发现，替代性经验，即通过观察他人的行为而获得的间接经验，特别是通过观察那些跟自己相近的人，比如同学、校友，他们的成功经验更能够增强学习者的自我效能感。就创业教育而言，意味着一个试图创业的学生，可以从任正非、马化腾那里学习，也可以从他创业的同学、校友那里学习。所不同的是，从后者那里的学习更有助于其增强自我效能感；或者说，更有助于其生发出人家能行我也能行的推测。有鉴于此，我们希望通过对创业校友案例的开发，增强学习者在科技创业方面的自我效能感，不论这位学习者（读者）是在校园里，还是已经毕业了。我们相信，当一位有创业冲动的读者，看到这本案例集里的创业者是他（或她）的同学、校友时，应该会从中受到一些激励，甚至产生出“他行我也行”的信心。如是，就足够令案例开发者欣慰了。

案例集的开发计划始于2021年春节以后，我邀请了华东理工大学商学院几位有志于此的老师，他们是陈万思教授，费鸿萍、汪金爱和陈亮副教授，博士后万倩雯，博士生钱嘉怡、林木田。在多次亲临企业采访，获得第一手资料的基础上，大家按照哈佛商学院教学案例的体例进行写作。在案例企业采访调研过程中，开发团队得到了华东理工大学校友与发展联络处副处长王芝眉老师的热情帮助。当时的开发计划比现在呈现出来的更宏大一些，原计划开发十个科技创业企业案例，后来因种种原因写出了八个。后期与出版社沟通的过程中，为了使案例集主题更聚焦、风格更统一，我们又忍痛割舍掉两个。剩下的六个案例全部进行了多轮的修改，我在这里要特别感谢每一位案例开发者的耐心、细致；感谢案例企业和各位优秀创业者的理解、配合；最后，还要感谢华东理工大学研究生院对案例开发的支持。读者在这里会看到，一本小小案例集的开发与出版，也凝结着许多人的心血。

案例集结集付梓之际，恰逢华东理工大学建校七十周年，也可算是生逢其时。我期待更多想创业的人看到它，并毅然加入到科技创业的行动中。

谨以记之。

阎海峰

2022年8月28日于北京

目　录

EpimAb Biotherapeutics

岸迈生物

在中国做全球最好的双抗平台

本案例由
华东理工大学商学院
林木田、万倩雯、阎海峰撰写；
案例目的是为教学之用，
非为说明案例公司管理是否有效。

2019 年春天，对岸迈生物及其创始人吴辰冰博士而言是一个特殊的时点。此时，位于上海张江生物医药基地的岸迈生物虽然仅成立三年，但已获得权威投资机构的青睐，并斩获诸多业内大奖。与此同时，其创始人吴辰冰博士已经在双抗[1]领域积累近 20 年。本科毕业于华东理工大学，在佐治亚大学获得生化博士学位的他，先在哈佛大学医学院从事免疫方面的博士后研究工作，后转至产业界，先后供职于雅培、睿智化学与中信国健，牵头建立抗体研发团队、布局新药研发。在个人情怀、从业经历、市场机遇的共同作用下，他在上海创立岸迈生物，专注于双抗肿瘤药物的研发。正如岸迈生物的英文名 EpimAb 所寓意的（其中 Epi 为希腊语词头，指“连接，在……之上”，而 mAb 是单抗[2]的缩写），吴辰冰坦然地向世界宣告岸迈的目标——“连接于单抗，但又超出单抗”。

在这一年春天，岸迈生物首先于 4 月底获得美国专利商标局（USPTO）“串联 Fabs 免疫球蛋白及其用途”的专利授权，紧接着又在 6 月初宣布完成 7 400 万美元的 B 轮融资，成为中国创新药市场中的一颗令人瞩目的新星。美国专利商标局的专利授权审批耗时久、门槛高、手续烦琐。然而一旦获得专利授权，就意味着拥有全球范围内的技术领先优势。吴辰冰表示：“这项专利强调了岸迈生物的双特异性抗体的新颖性，广泛涵盖和保护了通过 FIT-Ig® 技术获得的双特异性抗体，将成为公司已经申请的后续各专利组合的基石。而在美国这样的全球主要医药市场中获得关键平台技术的专利授权，是我们的重要里程碑，使我们朝着成为一家致力于肿瘤

1 双特异性抗体是含有两种特异性抗原结合位点的人工抗体，能在靶细胞和功能分子（细胞）之间架起桥梁，激发具有导向性的免疫反应。它是基因工程抗体的一种，现已成为抗体工程领域的热点，在肿瘤的免疫治疗中具有广阔的应用前景。

2 全称“单克隆抗体”（monoclonal antibody），是由单一 B 细胞克隆产生的高度均一、仅针对某一特定抗原表位的抗体。

生物制药的领先创新者的目标迈出了坚实的一步。”而B轮融资的顺利完成“将推动岸迈生物自身的研发成果加速转化为产品管线，使我们进一步扩展公司的规模”。

就全球范围内而言，创新药研发都具有较高的难度与风险。而双抗又是创新药研发中的前沿领域，技术壁垒高、专利保护严密。短短三年内，岸迈生物在拥有核心技术的同时亦获得了资本市场的青睐。吴辰冰是如何做到这一切的？这得从他的个人经历说起。

吴辰冰的个人经历

1　青年求学

吴辰冰是华东理工大学1989届生物化学工程专业的本科毕业生，毕业后曾留校担任辅导员。他曾笑称：“我以前读高中的时候，就对生物很感兴趣，所以我一直挺喜欢生物这个学科的，而且还学得不错。被学校录取后才发现这个生物化学工程专业是录取分数最高的一个专业，所以当时还挺高兴的。”本科求学期间，他很快就感受到了学校浓厚的学习氛围和活跃的文化思想，在这个改革、发展、进取的环境中，他勤奋好学，为未来发展奠定了坚实的基础。本科毕业后，吴辰冰选择留校担任辅导员。谈及这一选择，学校相关负责老师称，在那个较为特殊的时代背景下，“学校刚刚成立基础教育部。一个新的部门刚刚成立的时候，一定有它成长的痛苦，但也正是这个过程最能锻炼人。他在基础教育部当辅导员的两年时间里增强了与人沟通和交往以及管理方面的能力，这给他以后在公司里的管理工作打下了基础”。

1991 年，已经留校工作两年的吴辰冰选择出国深造。20 世纪 90 年代初，国内生物工程对口的行业还未能发展起来。而且生物化学工程专业本质是一门应用科学，注重实践。如果要学精、学透，还得回到它的基础学科进行深造。本科阶段经历了严格多面训练的吴辰冰依然对这个专业保有热情，因此决定前往美国继续深造。读博期间，他研究内分泌系统内激素和受体的结构功能及信息传导，在糖蛋白的生物学领域有深厚积淀，为以后在抗体领域开展研究打下了很好的基础。

1997 年，吴辰冰获得佐治亚大学生化博士学位。致力于学术研究的他来到哈佛大学医学院做博士后，跟随名师从事分子免疫研究工作。吴辰冰坦言："我性格比较安静，喜欢做一些研究，读博士时，一直想自己以后能够留校做研究。"为了拓展学术视野，博士后期间的吴辰冰选择了与博士期间截然不同的领域开展研究。设计实验、做实验到解决实验中遇到的瓶颈，他都只能依靠自己。这段经历让吴辰冰通过了压力测试，飞速成长起来。很快，他就取得了耀眼的成绩。在接手一个屡屡碰壁的 XLP[1] 病研究项目时，他很快带领团队取得了突破，发现了此病在遗传学和病理学上的机理，研究结果在 *Nature Immunology* 上发表，展现出不俗的科研潜力，同时他也因此获得美国癌症研究所科研奖。

实际上，能够在全球顶尖学府跟随名师，对当时的吴辰冰选择继续从事科研是非常有帮助的。但对病人的不忍却彻底扭转了他的想法，将他的目光从学术界引向了产业界。吴辰冰这样解释："那时我正在研究一种 XLP 基因病（由某些基因突变导致特定蛋白减少甚至缺失所引发的疾病）的机理，需要病人到医学院来采样。每次都能感受到病人的痛

1 X-Linked Lymphopropiferative，X 连锁淋巴增生综合征，是一种由于 X 染色体上的基因突变所致的原发性免疫缺陷病，表现为对 EB 病毒感染发生异常反应。

苦。有一天，一个病人没来，后来医生跟我说他已经去世了。这件事对我触动挺大的，我觉得我还是应该去做药物研发，这比做基础研究能更直接地帮助到病人。”创业是最直接的选择，但创新药行业动辄 10 亿美元的高投入和高失败率让吴辰冰自觉还没有准备充分。此时，吴辰冰在哈佛大学的一位师兄放弃了助理教授职位去药企工作，给了他启发。与其发表很多论文、获很多奖，不如到药企研发新药，这样能更直接地帮助这些病人。经过深思熟虑之后，吴辰冰决定去大型药企工作，开展药物研发。

2 在雅培的工作经历

雅培制药有限公司（Abbott Laboratories）是吴辰冰在业界的第一站。这家创立于 1888 年的百年企业，是全球知名的医疗保健品公司，产品涉及营养品、药品、医疗器械、诊断仪器及试剂领域，其业务遍及世界 130 多个国家和地区。2000 年，时值雅培在波士顿新成立一个免疫治疗部门，吴辰冰对此很感兴趣，于是在博士后研究工作结束后，选择进入雅培免疫治疗部门做抗体研发工作。吴辰冰在雅培工作 10 年，从资深科研人员成长为能够进入雅培内部代表最高科学研究水准的 Volwiler 协会[1]的科学家。在此期间，他主要从事治疗性抗体的研究与开发，带领了多个项目从早期研发成功进入临床申报。正是在雅培工作期间，吴辰冰开始了双特异性抗体药物研发。

---

1 该协会以已故国际公认的科学家、雅培前总裁兼董事长欧内斯特·H. 沃尔韦勒（Ernest H. Volwiler）博士的名字命名，旨在鼓励专业发展，激励、认可并展示雅培的科技创新。每年，Volwiler 协会都会向在其科研领域做出重大贡献的雅培科学家和团队颁发“杰出研究”奖。

雅培内部鼓励创新。2002年，公司内部有一个公认的具有较高挑战性的项目，即“如何将针对多种不同靶标的抗体氨基酸序列组合到一起”。众多科学家前赴后继，最后都折戟沙场。2007年，吴辰冰带领研发的双特异性抗体技术DVD-Ig将双特异性抗体的产业化变为可能。相关研究论文发表在*Nature Biotechnology*上，其技术也极大地推动了抗体药物的发展，并入围国际性专业杂志*Pharmaceutical Technology*公布的“2009年度创新荣誉奖”。他也因此成为第一位入围该奖项的华裔科学家。吴辰冰说：“这在雅培是一个重要的里程碑，是雅培第一次内部开发出一种创新抗体技术。”这个技术平台被雅培沿用至今。目前，该技术已被用作新一代的生物制药开发平台，有三四个相关品种已经进入Ⅱ期临床。可以说，吴辰冰对双抗药物的研究走在了国际前端。两年之后，全球第一个双抗药物Removab（catumaxomab）才获得了欧盟委员会（EMA）批准。罗氏制药双抗平台CrossMAb也是到了2010年才首次公开，比吴辰冰的研究整整晚了3年。

雅培的工作经历是吴辰冰的一笔财富。他后来说：“那里工作的规范性比较强，特别重要的是时间观念，不能像在学术界想做什么就做什么，想做多久就做多久。在产业界做过的人，对项目的发展、项目的管理都有比较好的训练。”这是雅培有别于以前学术训练与科研生涯的地方，也为他后来创业、选人、招人提供了一个标准。也正是在雅培，吴辰冰所从事的技术开发涉及早期研发、工艺研发、生产部门、临床前毒理药理、PKPD等部门。在与各方协调时，他学习到技术和产品开发的全流程，并积累了丰富的管理经验。在雅培进行抗体药开发10年后，处在舒适区的他深感能够学到的东西越来越少。而彼时国内生物医药行业还处在萌芽期。为了拓宽自己的职业生涯，吴辰冰瞄准国内生物医药行业的广阔前景，于2010年选择回国。

3 回国工作

回国后，吴辰冰首先加入了从事研发服务外包类业务的睿智化学。经过 3 年多的时间，他从零开始，建团队、建技术、发掘客户、产生营收，成功建立并领导了以治疗性单克隆抗体为主的生物大分子制药平台与团队，与国内外药企进行了广泛的合作。在睿智化学期间，吴辰冰面临的最大挑战是人才的缺乏，这让他深深体会到在生物医药研发领域人才的重要性。“所以公司当时招聘的中层管理人员，基本上都在美国、欧洲等国外药企工作过。有技术背景的管理人员其实才是真正能够做项目的中坚力量，这一点体会后续对公司的创立、发展以及我本人的职业发展，都十分重要。”吴辰冰很感激这段经历给自己在未来组建团队带来的启发。

2013 年，吴辰冰离开睿智化学，加入了中信国健。他说：“睿智化学主要还是做别人的项目，是一个服务方，我当时的想法就是能不能去一个新的环境开展一些属于自己的项目开发，所以就选择了中信国健。因为中信国健当时是国内大分子生物制药领域最顶端的公司，也可以说是中国抗体行业的一个先驱。在中信国健，我感触最深的就是在做新药研发时对国内监管政策的了解和把握非常重要，国内的监管政策其实后来也影响了国内整个创新药领域的发展。”在中信国健，吴辰冰担任首席科学官兼研究院院长，建立了技术职能完备的研发体系和产品管线。在这个阶段，整个国内的监管政策发生了翻天覆地的变化，带来了后续有利于创新药开发的监管环境，也使整个中国的生物药行业创新研发迎来一个大热潮。行业环境的变化也推动着吴辰冰重新思考自主创业的可能。吴辰冰这样回顾自己在国内的工作经历：

睿智化学和中信国健是我离开了跨国药企的环境后在国内经历的两种不同的企业形态。这几年的工作经历让我认识到，在中国，如果想要在生物制药产业有一个长远的策略和布局，必须走创新这条路。基于这样的考虑，创业可能更容易发挥我在抗体技术和抗体早期开发方面的优势。

自博士后研究以来，吴辰冰一直专注于抗体药物的研发，在雅培的研发经历也推动他专注于双抗药物研发。双抗领域也日渐成为目前国际生物制药领域的重要方向和前沿趋势。这些都为他日后选择创业方向奠定了基础。

双抗：中国医药创新发展的未来

1 中国创新药市场概况

对于癌症病人而言，针对性的创新药开发上市是他们延续生命、提升生命质量唯一的希望。医药行业对药物靶点认知的加深，渐趋成熟的单抗、融合蛋白[1]技术，双抗、基因治疗[2]、细胞治疗[3]等新兴技术的逐渐涌现，都给癌症病人带来了更多治疗的可能性。依据创新程度，创新药分为

1 将两个蛋白或者多肽以肽键进行连接，表达出的蛋白即融合蛋白。

2 基因治疗是指将外源正常基因导入靶细胞，以纠正或补偿缺陷和异常基因引起的疾病，以达到治疗目的。

3 细胞疗法是指由免疫细胞和相关细胞产生调节细胞功能的细胞因子，通过细胞因子直接或间接杀伤癌细胞，从而使肿瘤消退，达到治疗目的的方法。

派生药（Me-Too）、仿创药（Me-Better）、创新程度高的首创新药（First-in-Class）和同类最优药（Best-in-Class）四种。前两者是跟随已有的研究成果研发，在现有机理上做改动而制的药物；而后两者需要基于最新疾病学研究成果来找到候选靶点，从无到有逐步合成候选化合物，通过反复实验筛选，最终发现既满足治疗效果又满足人体安全性要求的药物。从研发过程即可判断，相比仿制药和 Me-Too/Me-Better 型创新药，First-in-Class 型创新药的研发难度更大，投入更多（可高达几十亿美元），研发周期更长（10 年左右），失败风险更高。可是，First-in-Class 型创新药一旦研发成功，就是药物治疗领域的重大突破。上市之后，该药能够拥有广阔的市场，收益空间巨大。现有数据资料也可以证实这一点。据上海医药集团研究分析，全球主要药品制造企业可分为纯创新型药企、聚焦创新药药企、聚焦仿制药全球性药企和聚焦仿制药区域型药企，其平均利润率分别为 43%、20%、22% 和 14%（见图 1.1），大部分中国药企属于最后一类，利润率普遍较低。

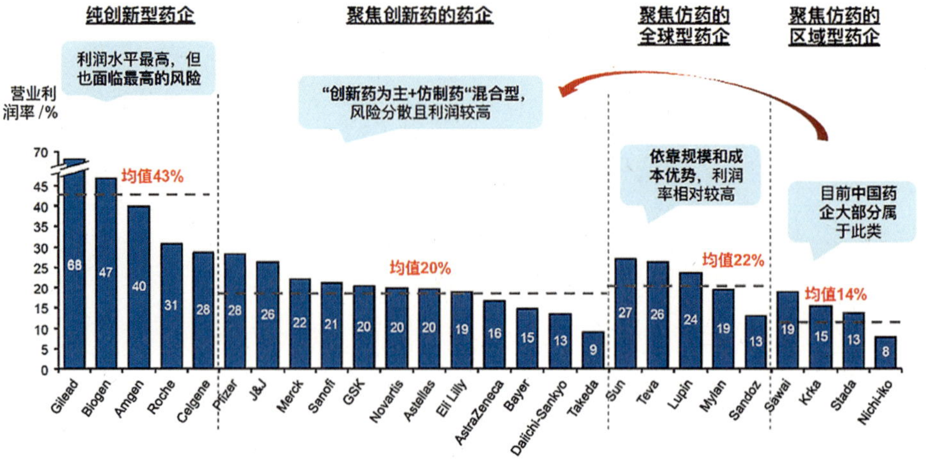

图 1.1　全球主要药品制造企业的营业利润率（2016）

对比国际市场，国内仿制药过度饱和，而创新药潜力巨大。早年由于技术、人才等因素的限制，以及药品专利保护等制度的欠缺，国内药企的创新能力和创新意愿有限，因而大多以生产仿制药为主。目前，国内药品市场仍是仿制药占据着最高的市场份额，而创新药的占比则远远低于海外成熟市场的水平。在 2016 年中国药品销售额中，仿制药占比达到 55%，创新药仅占 10%，其中，国产创新药占总体药品市场比例仅为 1% 左右。对比美国市场的药品销售结构（2017 年创新药占比 77%）和全球市场（2018 年创新药占比 67%），我国创新药的市场份额具有很大的提升空间。

在深化医疗体制改革的背景下，仿制药一致性评价[1]、两票制[2]、药品集中带量采购等一系列政策措施落地实施，整个医药行业基本结束粗放式发展的红利期，进入自上而下的结构调整期。以药品集中带量采购政策为例，为了让人民群众以比较低的价格用上质量更高的药品，解决药物价格虚高导致的看病贵的问题，国家开始组织药品集中采购（以下简称“集采”）。集采通过量价挂钩和削减中间销售环节，实现药品价格的大幅降低，直接挤压了仿制药的盈利空间。由此，药物品种单一而仅仅依靠营销及渠道优势来占据市场的发展模式不再可行，仿制药企业将面临加速洗牌、产业集中度增加的新趋势。传统营销驱动的仿制药企业要想在行业中继续生存和长期发展，必须开拓创新药业务以赢取高附加值。

在此背景下，国内出台了一系列政策以发展创新药市场。2016 年，国务院发布《“十三五”国家战略性新兴产业发展规划》，将生物医药纳入七大新兴战略产业之中。《“健康中国 2030”规划纲要》和《“十三五”国

1　仿制药一致性评价是指对已经批准上市的仿制药，按与原研药品质量和疗效一致的原则，分期、分批进行质量一致性评价，就是仿制药需在质量与药效上达到与原研药一致的水平。

2　两票制是指药品从药厂卖到一级经销商开一次发票，经销商卖到医院再开一次发票，以“两票”替代目前常见的“七票”“八票”，减少流通环节的层层盘剥，并且每个品种的一级经销商不得超过两个。

家战略性新兴产业发展规划》提出，2020年健康服务业总规模要达到8万亿元，生物产业规模达到8～10万亿元，医药工业销售收入达到4.5万亿元，增加值占全国工业增加值的3.6%，重点企业研发投入超过10%，同时形成20家年收入超100亿元的大型生物企业。此外，为了加快本土生物制药产业的发展，近年来中国政府相继制定发布了一系列相关法规政策，如《关于促进医药产业健康发展的指导意见》《接受药品境外临床试验数据的技术指导原则》等，以支持本土药企发展，鼓励创新药研发，提高药品审批质量，加快创新药的审评审批，并将创新药、临床继续用药等药品列入国家重点研发计划。在政策推动下，双特异性抗体等创新药物研发进展迅速，新药由试验到注册审批的时间有效缩短，上市风险显著降低。表1.1罗列了部分中国创新药行业政策。

在国家战略的引领下，政策、资本、药企相互作用、良性循环，“十三五”期间，中国对全球医药研发的贡献实现了从第三梯队“跟跑”到第二梯队“并跑”的历史性跨越。如果用研发管线产品的数量来衡量，2020年中国对全球贡献占比从2015年的约4%跃至13.9%，稳居第二梯队之首，仅次于美国；如果用全球首发上市新药的数量来衡量，中国在全球排名前三，占比6%，对比2007年至2015年仅2.5%的占比有显著提高。《21世纪经济报道》称，我国已有多家大型本土药企每年研发费用达10亿元以上，研发投入占营业收入的比例达10%以上。

2 双抗技术

药物发展主要经历了三个重大时期。第一个时期为非靶向化学药[1]时

1 有确定的药物结构式，但没有明确的分子作用靶点。

表 1.1 中国创新药行业政策

政策名称	颁布日期	颁布主体	主要内容及影响
《关于药品注册审评审批若干政策的公告》	2015-11	原国家食品药品监督管理总局	对创新药的临床试验申请实行一次性批准，不再采取分期申报、分期审批的方式；对重大疾病的创新药等 8 类药品实行单独排队，加快审评审批。该政策的实行缩短了创新药的研发和审评周期，从而延长了产品的有效生命周期
《关于促进医药产业健康发展的指导意见》	2016-03	国务院	继续推进新药创制。以临床用药需求为导向，在肿瘤、心脑血管疾病、糖尿病、神经退行性疾病、精神性疾病、高发性免疫疾病、重大传染性疾病、罕见病等领域，重点开发具有靶向性、高选择性、新作用机理的治疗药物
《“十三五”国家战略性新兴产业发展规划》	2016-11	国务院	将生物产业纳入战略性新兴产业
《“十三五”生物产业发展规划》	2017-01	国家发展改革委	为解决我国由恶性肿瘤疾病造成的社会民生以及医疗投入持续增加等问题，引导有资质的医疗机构、创新能力较强的研发机构和先进生产企业合作，以自主研发为主，引进、消化国际先进技术，实现关键技术突破。与此同时，推动抗体 / 多肽、小分子偶联、生物大分子纯化、缓控释制剂、靶向制剂等可规模化技术，完善质量控制和安全性评价技术，加快高端药物产业化速度
《接受药品境外临床试验数据的技术指导原则》	2018-07	国家药品监督管理局	药品在中国境内申报注册时，接受申请人采用境外临床试验数据作为临床评价资料的工作。该指导原则有利于加快本土创新药的研发上市
《联盟地区药品采购集中文件》	2019-09	联合采购办公室	将带量采购从地区推向全国。药品集中带量采购政策挤压了仿制药和辅助用药在医保中的生存空间，为创新药发展提供了更大的发展空间

期，于 1899 年发现化学药阿司匹林起持续到 20 世纪中叶。这一时期，发现药物主要依靠对药物和疾病相关性认知的积累，并不了解明确的治疗机理，偶然性较大。第二个时期为靶向化学药时期。进入 20 世纪 70 年代，靶向化学药物开始兴起，此时的药物研究既可以确定其结构式，又有明确的分子作用靶点。因而，药物的研发也进化为通过靶点筛选先导药物，然后进一步试验证明药物和疾病治疗的相关性。第三个时期为生物药时期，以 1982 年重组人体胰岛素和 1986 年 OKT3[1] 单抗的产生为起点。自此，人类进入了生物药研发的新纪元。与通过化学合成、结构相对简单、生产与仿制难度较低的化学药不同，由生物合成的大分子生物药靶向性更强、副作用更小，但复杂程度更高，研发成本与生产难度也更加突出。

长期以来，生物医药行业的发展一直受益于生物医学领域新技术的驱动。每种新技术的出现都会带动整个行业格局发生新的变化。1960 年，美国纽约洛斯维·帕克纪念研究所的 Nisonoff 课题组首次提出了双抗的原始概念。经过二十多年的努力，抗体工程和抗体技术取得重要进展，双抗构建的概念和技术不断创新，双抗的结构和生物合成的研究不断深入，抗原结合域的特异性终于被逐步研究清楚，从而突破了一直阻碍双抗开发的免疫原性、稳定性、溶解性、生物学机制及工业化生产等困境。过去十年，单抗在市场上取得了巨大的成功，而双抗具有区别于单抗的独特生物学机制，为研发新型治疗方法提供了更多路径。因此，在当前纷繁芜杂的新兴技术中，双特异性抗体已成为带动未来生物医药行业格局发生变化的主流技术之一。

---

1 CD3 单克隆抗体，自 20 世纪 90 年代开始应用于 CIK 细胞治疗，激活 T 细胞增殖及活化，在其他细胞因子（如 IL2、IL1a 等）共同作用下，产生具有增殖速度快、杀瘤活性高、杀瘤谱广及非 MHC 限制性杀瘤特点的 CIK 细胞，对癌症、慢性白血病、肝病及神经性疾病等多种疾病具有显著疗效。

抗体是一类能够与抗原特异性结合的免疫球蛋白，由四条多肽链组成，分子量较大的两条称为重链（Heavy chain，H 链），而分子量较小的两条链称为轻链（Light chain，L 链）。四条多肽链间由二硫键和非共价键联结形成一个 Y 形单体分子，整个抗体分子可分为可变区和恒定区两部分。可变区位于 Y 的两臂末端，该区可与抗原上的表位特异性紧密结合，其氨基酸序列决定了该抗体结合抗原的特异性；而恒定区位于 Y 臂末端的下方部分，在不同抗体分子中恒定区都具有相同的或几乎相同的氨基酸序列。整个 Y 形分子中，位于 Y 两臂的部分被称为抗原结合片段（antigen-binding fragment，Fab），而 Y 的柄部被称为结晶片段（crystalline fragment，Fc）。抗体结构示意图如图 1.2 所示。

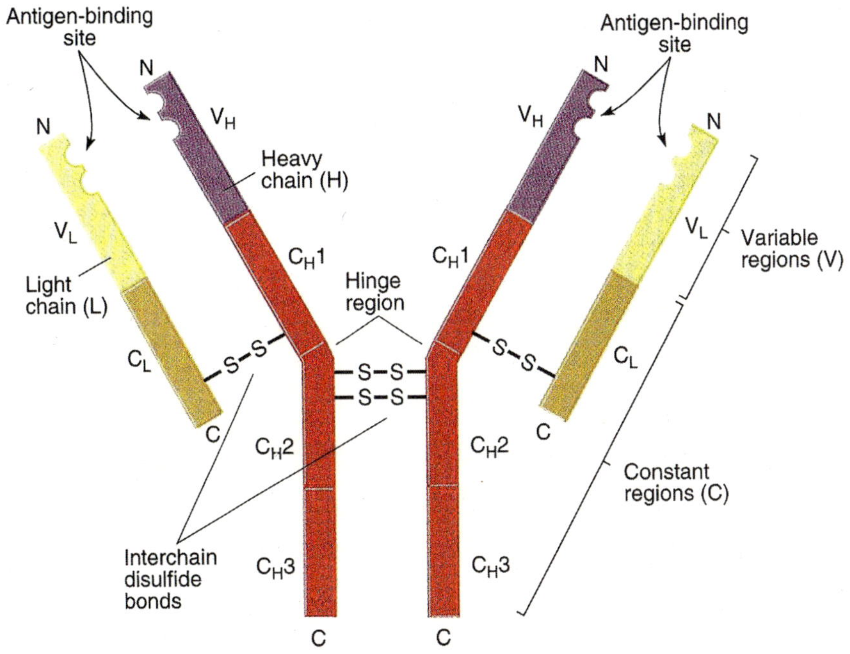

图 1.2 抗体结构

在单抗中，两条 H 链和两条 L 链的氨基酸组成完全相同，单抗的两个结合位点针对的是同一个抗原表位，主要通过结合单一的特异表位，起到相应的生物学作用。此外，抗体的 Fc 还能起到诱导抗体依赖细胞介导的细胞毒作用或补体依赖的细胞毒作用。诚然，单抗的出现推动了生物制药革命。但是单抗依然具有其局限性。人类疾病通常是复杂的，由多种不同的机制驱动，这些疾病的治疗需要同时从不止一个信号通路[1]入手。例如，在治疗需要同时阻断多种信号通路的肿瘤、自身免疫疾病时，以及治疗高突变率的病毒时，都需要结合多个抗原位点，这是单一单抗所不能实现的功能。为了突破单抗药物在治疗过程中的局限性，当前临床治疗主要采取了两种策略：一种是通过单抗与其他药物的联用，实现多信号通路阻断；另一种则是开发双抗，只用一种药物达到甚至超越药物联用的效果。

双特异性抗体的具体设计中，共表达两条不同的 H 链和两条不同的 L 链，具有同时结合两种特异性表位或目的的蛋白功能，以达到一些特殊的生物学功能（见表 1.2）。例如，将效应细胞直接靶向肿瘤细胞，以增强其细胞毒性，提高抗体选择性和功能性，共刺激或抑制受体。总体而言，相对于单抗药物，双抗药物具备更强的特异性、靶向性，可以降低脱靶毒性，也可有效降低治疗成本。

按作用机制分类，双抗可以分为 T 细胞桥接型双抗、双免疫检查点阻断类双抗、免疫检查点阻断 + 肿瘤微环境调节类双抗、免疫检查点阻断 + 肿瘤信号通路抑制类双抗、双肿瘤信号通路抑制类双抗、同抗原双表位类双抗和促功能复合体形成类双抗等 7 种（见表 1.3）。目前，前 6 种

1　信号通路是指当细胞里要发生某种反应时，信号从细胞外到细胞内传递了一种信息，细胞要根据这种信息来做出反应的现象。

表 1.2　单抗与双抗差异

	单　抗	双　抗
结合表位	1	2
功能	单一	双特异性
抗体形态	Y 形	Y 形或其他
对称性	对称	对称或不对称
两条 H 链	相同	不相同
两条 L 链	相同	不相同

表 1.3　不同作用机制分类双抗

类　型	作 用 机 制
T 细胞桥接型双抗	可同时靶向 T 细胞相关抗原与肿瘤相关抗原，一条抗原结合臂与 T 细胞相关抗原（如 CD3、CD137 等）结合，另一条抗原结合臂与肿瘤相关抗原（如 HER2、CD19、EpCAM 等）结合，其中前者的结合可以激活效应 T 细胞，使其靶向杀伤肿瘤细胞
双免疫检查点阻断类双抗	可同时阻断 T 细胞或巨噬细胞与肿瘤细胞之间的两个免疫检查点，同时解除两条或一条肿瘤免疫抑制信号通路的免疫抑制，实现免疫细胞对肿瘤细胞的杀伤作用
免疫检查点阻断 + 肿瘤微环境调节类双抗	可在阻断肿瘤免疫检查点的同时，阻断肿瘤微环境其他肿瘤促进因子（如 TGF-β、CD73 等）通路。TGF-β 是一种在肿瘤晚期表达大幅升高的肿瘤促进因子，通过诱导免疫逃逸、促进血管形成、诱导上皮间质转化，促进肿瘤细胞的生长、浸润与转移。若在阻断免疫检查点的同时捕获 TGF-β，则可减少肿瘤组织及其周围促肿瘤的 TGF-β，从而使免疫细胞对肿瘤细胞有更好的杀伤作用
免疫检查点阻断 + 肿瘤信号通路抑制类双抗	可在阻断免疫检查点的同时抑制某一种肿瘤信号通路，实现免疫细胞对肿瘤细胞杀伤的同时使肿瘤细胞自身的逃逸能力的减弱

续 表

类　型	作 用 机 制
双肿瘤信号通路抑制类双抗	可同时抑制肿瘤细胞两条不同的信号通路，结合两个不同的靶点。受体络氨酸激酶（receptor tyrosine kinase，RTK）是最大的一类酶联受体，在细胞增殖过程中发挥重要的调节作用，其在肿瘤细胞表面异常高表达，导致肿瘤细胞恶性增生，是肿瘤治疗的重要靶点。在当前抗肿瘤靶向治疗中，肿瘤细胞可以通过转换信号通路进行免疫逃逸，因此采用双特异性抗体药物同时阻断两个或多个 RTKs 或其配体，可以减少肿瘤细胞逃逸，提高治疗效果
同抗原双表位类双抗	可同时结合肿瘤细胞某一信号通路中相同抗原的两个非重叠表位，以增强抗体-抗原相互作用。这一设计理念在当前乳腺癌治疗中两个 HER2 靶向药物曲妥珠单抗和帕妥珠单抗联合治疗中得到了验证。曲妥珠单抗和帕妥珠单抗均为 HER2 靶向药物，但其结合相关靶点的位点不同且不互相干扰，其联合治疗在治疗效果上优于单药治疗，这一结果表明同时结合相同抗原的两个非重叠表位可以提高疗效
促功能复合体形成类双抗	可模拟体内相关酶或其辅助因子，利用双特异性抗体两个抗原结合臂可以结合不同抗原的特点，分别结合两种特定蛋白分子，形成功能性复合体，治疗体内相关功能性复合体形成困难导致的疾病

双抗广泛应用于肿瘤相关治疗中，第 7 种双抗仅应用于血友病的治疗中，因对功能复合体形成的特殊要求而不具备广泛性。

按照结构分类，双抗可分为 IgG-like 双特异性抗体（含 Fc 区）与非 IgG-like 双特异性抗体（不含 Fc 区）。IgG-like 双抗与普通 IgG 单抗类似，有 Fc。由于具有 Fc，这类双抗一般分子量相对较大，其 Fc 有助于抗体后期的纯化，可增强其溶解性、稳定性；具备 Fc 介导的效应功能，如抗体依赖性细胞介导的细胞毒作用、补体依赖的细胞毒作用和抗体依赖的细胞介导的细胞吞噬作用；Fc 还可与受体 FcRn 结合，增加抗体半衰期。非 IgG-like 双抗在设计时去除了 Fc，仅通过抗原结合力发挥治疗作用。这类双抗一般分子量较小，相对而言具有易于生产等特点。由于相对分子量较小，其在肿瘤组织中的渗透性较强，因此在同等剂量下具有更好的治疗效果；但由于不具备 Fc 介导的效应功能，半衰期也相对较短。

相较于其他肿瘤治疗技术，双抗技术在机理上更具有优势。双特异性抗体拥有两种特异性抗原结合位点，从而发挥双重活性或新的治疗机理，双特异性分子把单克隆抗体的不可能变成可能。通过建立独特的协同机制，双抗技术有广泛的空间可以开发更安全、有效的创新药物。

3 中国双抗制药的机遇

不论是国际市场还是国内市场，双抗都已经成为前沿热点与发展趋势。根据 Frost & Sullivan 的调研数据，2020 年全球的单抗行业市场规模达 1 749 亿美元，预计 2024—2030 年行业总增速为 4.2%。而 2020 年全球双抗行业市场规模为 25 亿美元，预计 2024—2030 年行业总增速为 29.3%。预计 2030 年中国的双抗行业市场规模将达到 108 亿美元，2024—2030 年总增速达 54.3%；单抗市场规模将达 579 亿美元，2024—2030 年总增速达 16.7%。可见，无论国际市场还是国内市场，双抗行业市场增速都远高于单抗行业市场。布局双抗赛道已经成为国际国内创新药企的共识。

截至 2021 年 3 月全球共有 325 家公司参与到 712 个双抗药物的研发中。附录 1 列举了全球双抗药物代表企业及其研发管线。目前国外代表性企业有罗氏、安进、强生、再生缘制药、MacroGenics、阿斯利康、艾伯维、Xencor 等。截至 2021 年年底，全球范围内已有四款双抗药物上市，分别为 Removab、Blincyto、Hemlibra 和 Rybrevant。其中，Removab 作为全球首个商业化的双抗药物，因销售不佳及副作用等原因于 2017 年退市。而 Blincyto 和 Hemlibra 两款双抗药物技术更成熟，在临床上也展现了较好的疗效，因此自上市后一直保持放量，2020 年分别实现 3.79 亿美元和 21.90 亿瑞郎（约 24.44 亿美元）收入。Rybrevant 是首个获批的解决 EGFR 突变[1]的非小细胞肺癌的药物，目前市场上没有竞品。表 1.4 是上述四款双抗药物的简介。

表 1.4 全球已获批上市双抗药物Ⅷ

通用名	商品名	原研企业	靶点	获批时间	获批适应证
Catumaxomab	Removab	Trion Pharma	EpCAM / CD3	2009-04（EMA）	治疗 EpCAM 阳性肿瘤导致的恶性腹水
Blinatumomab	Blincyto	安进	CD19 / CD3	2014-12（FDA）	治疗复发或难治性 B 细胞急性淋巴性白血病
				2015-11（EMA）	
Emicizumab	Hemlibra	罗氏	FIXa / FX	2017-11（FDA）	预防或减少产生了Ⅷ因子抑制物 A 型血友病患者的出血
				2018-04（FDA）	治疗不含Ⅷ因子抑制物 A 型血友病
Amivantamab	Rybrevant	强生	EGFR / c-Met	2021-05（FDA）	治疗 EGFR 20 外显子插入突变的非小细胞肺癌

1 表皮生长因子受体（epidermal growth factor receptor，EGFR），也称为 ErbB1/HER1，是 EGFR 家族的原型，由于其促进细胞增殖和对抗细胞凋亡的作用，常被视作原癌基因之一。EGFR 突变与一些全球发病率和致死率最高的癌症发病机制直接或间接相关，包括肺癌、乳腺癌、结直肠癌和头颈癌等。

国际双抗技术日趋成熟，但是专利壁垒密布，多为跨国药企垄断，授权使用的费用极高，动辄上亿美元。同时，高昂的药价也令病患望而却步。2014 年，安进 Blincyto 的上市给了开发双抗的企业很大的鼓舞，但其高昂的药价一直备受关注。吴辰冰对此亦有观察与总结：

> 药品的价格一直是一个比较重要的问题，特别是生物药品的价格一直比较高。安进的第一代产品之所以价格高，主要受几个方面的影响：第一，它是第一代技术所延伸出来的产品，所以在使用上非常不方便，在半衰期很短的情况下，病人必须携带一个连续静脉注射的泵，所以治疗费用其实涵盖了一整套的给药系统，药只是其中的一部分；第二，由于市场规模相对较小，因此必须达到一定的价格，才能将这个药继续做下去。目前，除了已获批的适应证外，安进还在其他治疗领域不断延伸，希望在其他血液瘤的治疗中有更好的收获。

相比之下，国内双特异性抗体领域的市场发展仍处于萌发期。根据中关村产业研究院报告，目前涉足双抗领域的企业（指双特异性抗体药物正处于临床试验阶段的企业）按性质可大致分为三类。一是企业掌握双抗平台技术，专注于双抗药物开发，如 2010 年成立的友芝友。二是企业基于自身对抗体技术或其他生物技术的掌握，主要通过外部合作授权的模式进入双抗领域。此类企业或布局抗体多赛道，或布局生物药多赛道，如翰思生物、康宁杰瑞、再鼎医药、康方生物和天广实等早先布局单抗而后深入布局双抗。再如，宜明昂科布局细胞治疗，荣昌制药、绿竹生物、亿一生物等布局重组蛋白。三是综合性大型制药企业依靠自身多年发展积累的经验，以资金、技术和人才资源优势，通过自研或合作快速进入新兴细分赛道，除生物药外也布局化学药，如恒瑞医药、齐鲁制药、百利药业等。在这三类企业中，第一类企业在发展之初就布局双抗药物领域，以双抗平台技术立足，在双抗开发上相对传统药企投入了更多的资源和精力，有望在这一领域率先实现突破。

创立岸迈生物

国内双抗市场的发展前景、工作多年积累的研发与管理经验、内心深处的召唤，推动着吴辰冰离开中信国健，自主创业，成立岸迈生物，开拓双抗市场。吴辰冰这样描述他创立岸迈生物的初衷：

> 选择双特异性抗体，主要是基于三方面的考虑：一是自身经验，二是技术优势，三是双抗药物生物学机理本身的不可替代性。就双抗领域而言，在技术层面上，国内还有很大的提升空间；在产品开发上，国内的研发进度比美国大概晚了 10 ～ 15 年，发展进度相对缓慢。在此前的工作经历中，一些国内药企希望我可以帮助它们开发双抗。虽然我是 DVD-Ig 的发明人，但是技术的专利属于雅培，我没办法用以前的技术为它们服务。于是我萌生了创业的想法，也就是说如果做一个创业公司的话，可以从双抗技术平台这个角度入手。因为我确实看到了这方面的市场需求，国内生物医药行业发展需要这样的技术，而且当时国内技术相对比较落后。在这种情况下，我觉得会有很大的施展空间。要做就做 first-in-class，要避开与大块头企业竞争，不能跟着别人做，企业要差异化竞争，做自己最

擅长的事，对我来说，这就是双抗。尽管概念很简单，就是将T细胞导向肿瘤细胞，发挥杀伤作用，把肿瘤细胞杀死，但是技术门槛却非常高。即便是在抗体技术工程领域一流的大公司，比如基因泰克，也花了近30年的时间才开发出了自己的技术平台。这也是为什么很多大型制药公司在没有自己技术的情况下，会选择从小型生物技术公司进行技术授权，展开双抗布局。所以我认为，这也是岸迈生物发展的一个市场契机。

这样的理念使吴辰冰和团队聚焦于自主双抗专利技术平台——FIT-Ig的研发。

1 双抗专利技术平台

药物研发中的双抗技术平台之于双抗产品开发，类似于手机软件平台之于手机 App，一个双抗药物开发公司如果没有自己的技术平台，就需要从其他公司寻求技术授权，这样不仅会增加技术的使用费，而且更大的风险是一旦单一品种的产品研发失败，或是授权方终止合作，公司的研发努力就会归零。反之，如果公司有自研的双抗技术平台，第一个产品成功后还会有新的产品陆续出现，即使研发失败也有卷土重来的机会。此外，双抗技术平台也可以对外授权获得技术使用费，同时拓展与其他公司合作的机会。

基于过往十几年对于双抗技术的关注和积累，吴辰冰带领团队克服了表达困难、稳定性差、生产工艺复杂、成药分子筛选过程烦琐等双抗开发领域的关键技术难点，开发出全新的双抗技术平台 FIT-Ig。它能够通过简单的分子生物学手段将两个单抗序列糅合在一起，形成一种结构独特的双抗。除了能够利用单抗快速产生双抗，保留了单抗的功能和性质等优点外，与 Cross Mab（罗氏）、DVD-Ig（吴辰冰此前在雅培工作时研发的双抗技术平台）、DuoBody（Genmab）、FcAb（F-star）等双抗技术平台相比，FIT-Ig 具备“2+2”结构域数量，没有空间位阻，也不要突变、肽链和纯化后修饰，更没有改变 Fab 结构。从科学角度而言，该技术平台通过保持抗体结构本身的完整性以及独特的结构设计来解决双抗技术开发的两大难点。一方面，它形成了在三维结构上两个 Fab 交叉串联的分子构型，保证了整个分子的稳定性。另一方面，它可以便捷地把两个已有的单克隆抗体组合成一个双特异性抗体分子，并能保持与各自单克隆抗体相当的生物活性和理化性质，产品的有效性、成药性、产业化规模生产能力均已得到验证，此项技术显示了岸迈生物具有国际影响力的竞争优势。

如果将双抗技术平台视为手机软件开发平台，那么手机 App 可以被看作基于双抗技术平台开发的药物。岸迈生物商务拓展总监这样形容 FIT-Ig 双抗技术平台：“用手机做比喻，手机上有‘核酸码’和‘疫测达’两个 App，分别用于核酸和抗原检测结果的统计与展示，好的平台，可以直接将这两个 App 拉在一块，整合形成一个既可以统计核酸又可以统计抗原的新 App，快速方便，这都是源于已经成熟的模块化的底层技术平台。我们的平台相当于这个已经模块化非常好的软件开发平台，而我们平台上的单抗就相当于 App 中的‘核酸码’和‘疫测达’，可以即插即用，不需要进行任何改造，即可成药。”

双抗行业的技术壁垒很高，专利保护也很严密，没有得到专利授权的创新药开发公司容易在不知不觉中踏入其他公司的知识产权陷阱中，面临被起诉的风险。中国制药行业一直以来的掣肘就是缺乏关键技术专利，因此只能生产仿制药，更难将市场拓展到其他国家。目前真正拥有自己专利保护技术的公司仅有为数不多的几家，如基因泰克、安进、艾伯维等，其他公司的专利保护技术多通过收购或专利授权获得。吴辰冰和他的团队对此深有体会，因此，岸迈生物非常重视对 FIT-Ig 双抗技术平台的专利保护。他们专门找到一家位于美国波士顿的律师事务所，该事务所在专利申报方面的专业性极强。经过公司、律师事务所与专利局三方多轮沟通，终于在 2019 年 4 月 23 日取得了美国专利商标局标题为“串联 Fabs 免疫球蛋白及其用途”的专利授权。这是岸迈生物最早在全球范围内申请的核心平台技术专利，获得授权的专利要求组成中，广泛涵盖和保护了其基于独有平台技术研发的双抗产品。截至 2022 年 1 月，岸迈生物已经在中国、美国、澳大利亚、日本、韩国、新西兰、墨西哥等国家获得专利授权。

从商业角度来说，这项技术也为岸迈生物赢得大量的资本。2017 年年初，岸迈生物成功完成 A 轮 2 500 万美元融资，由元禾原点领投，德诚资本、本草资本、趋势资本跟投。2017 年 9 月，岸迈生物荣获 2017 年第六届中国创新创业大赛（生物医药行业初创组）全国总决赛冠军。2017 年 12 月，岸迈生物获得《财富》中国创新大赛医疗技术组冠军并获邀出席当年《财富》全球论坛。2019 年 6 月 5 日，岸迈生物宣布完成 7 400 万美元的 B 轮融资，由国投创新和夏尔巴资本共同领投，包括中南创投等其他投资机构及 A 轮投资者跟投。

2　平台战略

目前，岸迈生物的布局基于平台战略，遵循欧美早期生物技术公司的“两条腿走路”发展策略，“一条腿”是公司基于技术平台的产品研发，“另一条腿”是多层次、多渠道、多方面的合作模式。这也是生物制药公司能够从早期的初创公司发展成一个有规模的生物制药公司的必经之路：通过在项目技术上的不断合作来拓展项目和技术的价值，充分利用合作方的资源，把项目和技术的潜力充分发挥出来。而正是这一自主研发的双抗技术平台，使得岸迈生物有底气采用平台战略。

在产品研发方面，岸迈生物希望通过自有的技术平台开发出第二代靶向治疗产品，和现在已经上市的第一代靶向治疗单抗药相比，新产品在临床前肿瘤模型上表现出非常大的优势。同时，岸迈生物希望这种优势最终能转化为临床疗效上的大幅度提升。基于 FIT-Ig® 平台技术，岸迈生物目前拥有十几个自主开发的 First-in-class 生物大分子新药研发项目，专注于恶性肿瘤靶向治疗、肿瘤免疫、T 细胞导向治疗等领域。目前已有 EMB-01、EMB-02、EMB-06、EMB-09 等管线进入临床试验阶段。在具体的管线开发上，岸迈生物并没有扎堆选择 PD-1/PD-L1 等靶点，而是坚持自己的原则：管线具有明显差异件，针对协同机制的特异靶点，能够满足重大临床需求的适应证。吴辰冰注意到非小细胞肺癌是人类死亡率最高的恶性肿瘤之一，而通常使用两药联合化疗或者针对特定人群使用分子靶向性药物进行治疗的方式易产生耐药性，因此他认为病人急需新的有效药物。岸迈生物的第一个产品 EMB01 是针对 EGFR 和 C-MET 靶点的非小细胞肺癌适应证的双特异性抗体，目前已进入临床Ⅱ期试验。EMB-02 是岸迈生物开发的第二个治疗性临床阶段的双抗药物，同时靶向免疫检查点蛋白 PD-1 和 LAG-3，该药物在对 PD-1 抗体单药治疗耐药的临床前模型中显示出了显著的抗肿瘤活性。岸迈生物产品管线的第三个候选药物 EMB-06 是具有差异化的靶向 CD3 和 BCMA 的 T 细胞接合器双抗，已在澳大利亚启动临床试验（附录 3 展示了岸迈生物产品管线情况）。

除了内部产品研发之外，合作也是岸迈生物发展至关重要的策略。在创新生物制药领域，国际和国内合作是必经之路。在被问及如何布局外部合作时，吴辰冰认为岸迈生物并没有很多限制，总体而言非常开放和具有弹性，“目前来说，基于技术和授权使用的合作有早期项目的授权合作、临床项目的合作，也有在研发阶段大家一起来做的早期项目的研发型合作。所以，我觉得合作的面很广，而且合作的模式也是多种多样的。我们其实也在通过这种合作来充分挖掘我们的生物学潜力和技术开发潜力，让更多项目能够在这个合作当中，通过双方共同努力来快速增值”。

2016 年，岸迈生物先后与中国的信达生物以及英国的 Kymab 达成了战略合作。6 月，岸迈生物与信达生物宣布合作开发双特异性抗体。信达生物获得授权使用双特异性抗体技术平台 FIT-Ig，开发多个双特异性抗体药物。作为回报，岸迈生物最高可获得 1.2 亿美元的里程碑付款。此外，岸迈生物还将获得合作开发双特异性抗体药物的市场销售提成，以及享有信达生物向海外技术转让销售的特定比例提成。之所以选择与信达生物合作，吴辰冰认为，是因为“信达生物在产业化方面具有很强的领先优势，同时，它还在不断提升自己的研发能力和创新力。此外，在双特异性抗体开发方面，信达生物也有很多经验和想法”。10 月，岸迈生物与 Kymab 达成一项技术互相授权及项目合作开发协议，进行多个靶源组合的双特异性抗体的开发。“与 Kymab 的合作是岸迈生物的发展过程中非常重要的一步棋，能使公司踏上国际舞台。Kymab 在肿瘤免疫领域具有多年的积累，特别在创新抗体开发方面有深厚的生物学根基。此外，它与美国 MD 安德森癌症中心有大规模的合作。从这个角度来说，在创新产品开发上，这一合作也非常关键。岸迈生物可以第一时间获得这些产品在中国市场的开发权。”

2018 年 4 月，浙江特瑞思药业以预付加里程碑付款形式，以 2 100 万美元的总额获得岸迈生物双抗项目 FIT012/TRS008 的中国市场开发权益。岸迈生物不仅保留了该项目除中国以外的全球商业权益，还可使用特瑞思提供的产品数据，用于在中国以外地区的产品开发或授权。同时，倘若产品在中国成功上市，公司还将获得一定比例的销售提成。

可见，岸迈生物希望能充分发挥FIT-Ig®技术平台的优势和潜力，不仅在内部充分开发出创新的、患者急需的产品，还会积极与其他公司进行技术与产品的合作。吴辰冰表示："多样的合作模式可以给我们带来短期的效益，让我们能够支持内部的研发工作。而内部产品开发是一个长期的过程，一个产品开发上线可能需要5～10年的时间。所以，岸迈生物的平台战略不仅是一个'两条腿走路'的模式，而且是短期战略与长期战略的结合。"

在可预见的未来，岸迈生物将继续通过技术授权、合作开发、共享收益等多种形式实现平台战略发展，为国内药企开发双抗药物起到引领示范和带头作用。同时，吴辰冰希望将当前的研发平台发展为一个产业化的平台，通过技术驱动、完善产业化来助力我国从制药大国向制药强国的转型。

3 岸迈高管团队

岸迈的发展离不开整个团队的努力。吴辰冰这样解释他组建团队的理念：

> 要把一个公司做好，单靠一两个人是不够的，而是要靠团队的协作。因此，建立一个全方位、高水平的高管团队是非常重要的。一方面，公司的高管要具备非常好的专业背景和经验，就是在他所在的领域一定是个顶尖的人物，或者是被这个行业所认可的领导者，这样他可以把他的技术背景以及很多的成功经验带到公司里，为公司的发展做出很大的贡献。另一方面，这个人的理念和我们岸迈生

物公司的愿景、使命、价值观是否契合很重要。我觉得理念相同的人在一起工作才能爆发出很大的能量，才不会内耗和痛苦，或者需要大量的时间去磨合。我觉得这也是一个成功团队很重要的前提条件。大家有着共同的理念和共同的目标才能进入公司，和公司保持相同的理念是成功的关键。

基于这样的理念，岸迈生物形成了一个具有前瞻性国际视野和丰富生物医药行业工作经验的高管团队。斯蒂芬·伦斯基（Stephan Lensky）博士是第一个加入岸迈生物的团队成员，他曾经是德国Boehringer Ingelheim制药公司全球副总裁，有着15年医药行业的商业拓展经验，现在担任岸迈生物首席运营官与首席品牌官。彭彬博士曾任诺华制药抗肿瘤药物研发和转化医学资深总监，有着25年大型药企抗肿瘤药全球研发经验，现任岸迈生物首席医学官。电影《我不是药神》中用于治疗慢性粒细胞性白血病的药物“格列卫”的临床I期到注册阶段的研发工作，正是由他作为主要负责人之一完成的。苏建华博士在默克公司和辉瑞公司有超过20年的生产和CMC（化学成分生产与控制）的领导经历，现任岸迈生物首席技术官。顾新一博士是岸迈生物的首席财务官，他在取得药学博士学位后曾在富国证券、千禧管理等公司负责生物技术行业的行业分析、投资与咨询工作，有着丰富的资本市场投融资经验，曾撰写了全球第一份PD-1单抗行业研究报告。

岸迈生物的创始人及高管团队有一个共同的特点，他们都曾长期在大型跨国制药企业工作。为什么离开大型跨国药企转投至一家刚创立不久的小公司？吴辰冰认为，一些大型药企发展到平台期后追求稳定，往往不愿意在前沿技术领域进行大量投入。因此，一些有突破性创新能力人才的灵感不被重视，有时甚至受到阻碍，于是这些人才便走到了一起。为了保护大家的创新灵感，在公司进行内部决策的过程中，吴辰冰鼓励大家发表不同意见，从各自的专业背景角度分析问题，充分讨论和辩论。他认为，只有这样才能够发现盲点，完善行动方案。在这种开放、透明的氛围中，先破后立的创新才可能实现。负责第一个抗肿瘤靶向药“格列卫”所有临床药理试验的临床药理学专家彭彬博士加入团队，恰恰体现了这样一种双向互动。

过去数十年间，每种成功上市的药品研发的平均费用达到了数十亿美元，而其中临床试验环节的费用占到约 60%。为了推动新药研发走向世界，我国在开展大规模临床试验方面仍面临不小的挑战。其中，关键挑战在于国内药企缺乏主持或参与高质量临床试验的国际经验。为了突破瓶颈，岸迈生物邀请了在临床试验方面具有丰富经验的彭彬博士开展临床布局。吴辰冰表示：“对创新药而言，临床战略非常重要。适应证选什么？适应证里选什么病人？临床终点选择什么？上市之后市场能不能做起来？现在很多做药的人都是做早期研发的，反而缺一位总策划。方向不对，就是南辕北辙。”彭彬博士就是岸迈为自己寻找的总策划。而彭彬博士离开诺华加入岸迈的一个重要因素，就是看中了岸迈的自主创新技术平台及其衍生的产品项目。彭彬说：“这让我觉得自己还能做出更大的贡献，收获更大的成就感。”

后　续

在获得 B 轮融资后，岸迈生物利用这笔资金推动其 EMB01 的 I 期、II 期临床计划，并将其临床管线扩展到肿瘤免疫和其他领域。2020 年 10

月，苏州中试基地竣工，建筑面积 5 085 平方米，专注于大分子生物药包括双特异性抗体药物的工艺开发和生产。一期项目仅耗时一年即建成 200 升和 500 升的 GMP[1] 生产能力。基地竣工后，岸迈生物自主研发管线上的多个双特异性抗体创新药物的全球临床药品生产即在苏州进行开发和生产。2021 年 3 月，岸迈生物宣布完成 1.2 亿美元 C 轮融资。此轮融资由招银国际（CMBI）和韩国未来资产基金（Mirae Asset Financial Group）共同领投，弘毅投资等投资机构共同参与。2021 年 8 月，岸迈管线产品 EMB-06（靶向 BCMA 和 CD3 的双特异性抗体，针对复发或难治性多发性骨髓瘤适应证）已先后获得美国 FDA 和中国国家药品监督管理局（NMPA）的新药临床试验（IND）批准，开始开展临床 Ⅰ 期、Ⅱ 期研究。目前，岸迈生物的团队已经发展到约 250 人，其中有 100 余人在上海张江的研发基地负责新药研发和临床开发，他们几乎都拥有生物制药专业的硕士或博士学位。另外，100 余人在苏州的双抗工艺研发和 GMP（药品生产管理规范）基地，负责工艺开发、药品生产和质量管控等。岸迈生物还在筹备建立更大的产业化基地，以满足未来产品正式获批后的大规模生产需要。

1 Good Manufacturing Practice of Medical Products，药品生产质量管理规范。

附　录

附录 1　全球已进入临床Ⅲ期阶段的双抗药物情况

药物名称	原研企业	靶　点	临床时间	适 应 证
Faricimab	Roche	ANG2/VEGF	启动：2019/02/19 结束：2022/08/21	新生血管或湿性老年性黄斑变性（nAMD）
			启动：2018/09/05 结束：2021/09/30	糖尿病性黄斑水肿（DME）
Glofitamab	Roche	CD20/CD3	启动：2021/02/26 结束：2022/03/01	联合吉西他滨和奥沙利铂治疗难治或复发性弥漫性大B细胞淋巴瘤
Mosunetuzumab	Roche	CD20/CD3	启动：2021/05/01 结束：2029/05/01	联合 Lenalidomide 治疗至少接受过一种治疗的滤泡性淋巴瘤
Amivantamab	Janssen/ Genmab	c-Met/VEGF	启动：2021/10/13 结束：2024/11/08	联合卡铂-培美曲塞治疗EGFR 第 20 号外显子插入突变的晚期或转移性非小细胞肺癌患者
Epcoritamab	Abbvie/ Genmab	CD3/CD20	启动：2019/01/13 结束：2024/03	难治或复发性弥漫性大E细胞淋巴瘤
Ozoralizumab	Ablynx/ Sanofi	TNFα/albumin	启动：2019/10/01 结束：2022/12/31	类风湿性关节炎
KN-046	康宁杰瑞	CTLA4/PD-L1	启动：2020/09/14 结束：2023/08/30	联合含铂化疗一线治疗晚期鳞状非小细胞癌（NSCLC）

续 表

药物名称	原研企业	靶　点	临床时间	适 应 证
Bintrafusp alfa	Merck	TGF-β/PD-L1	启动：2019/09/20 结束：2023/07/24	联合吉西他滨 - 顺铂或但要一线治疗胆道癌
			启动：2018/10/19 已宣布终止	一线治疗晚期 NSCLC

（资料来源：平安证券于 2021 年 3 月 24 日发布的行业深度报告《创新药研发专题系列——双抗：下一代抗体药物》）

附录 2　岸迈生物产品管线情况

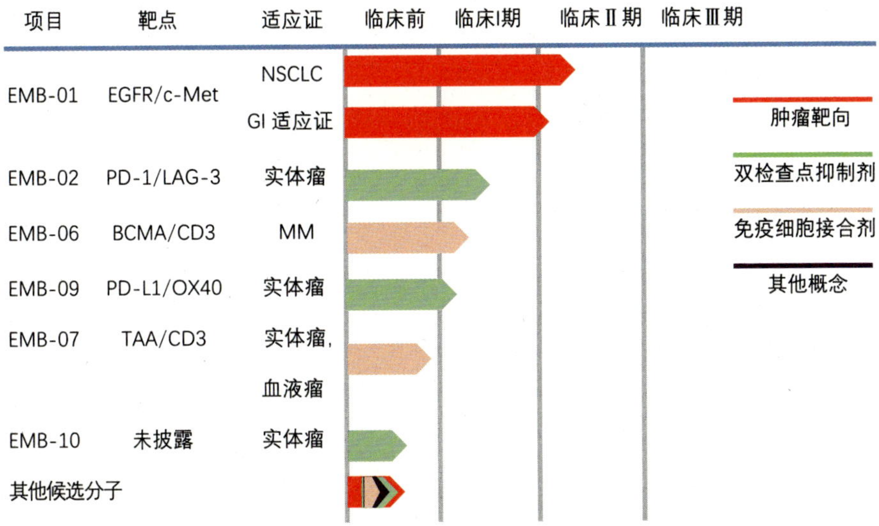

（资料来源：岸迈生物提供）

案例二

泰坦科技

做科学服务业的领导者

本案例由

华东理工大学商学院

汪金爱撰写；

案例目的是为教学之用，

非为说明案例公司管理是否有效。

2020 年 10 月 30 日，创业 13 载、本硕博均就读于华东理工大学的谢应波董事长和他的高管团队迎来了人生中的高光时刻，国内“科学服务第一股”上海泰坦科技股份有限公司（以下简称“泰坦科技”，股票代码为 688133）正式在上海证券交易所科创板挂牌上市。

为了这一刻，谢应波董事长和他带领的泰坦“骑士团”拼搏了 10 多年，将这家诞生于华理学生宿舍的大学生创业企业，打造成了国内领先的一站式综合科研服务商。“成为中国的赛默飞[1]”，既是谢应波和团队的创业初衷，也是他们持续奋斗的目标。变革中国科学服务行业，立志产业报国，是泰坦科技永恒的主题。谢应波说：“第一次创业走到今天，从那颗初心开始，那股傻劲相伴，一直有家国情怀，还有长远梦想……”[2]

尽管公司目前已拥有 5 万家客户，服务 100 多万名科学家和质量控制人员，年营业收入高达 20 亿元，公司市值超过 110 亿元，但谢应波董事长依然保持着低调、谦虚、实干、创新的华理人特征。很长一段时间，谢应波的名片夹上甚至还印着母校“勤奋求实，励志明德”的校训。无论是 IPO 上市成功的答谢晚宴致辞，还是每年的“致全体股东的信”，他的署名都保留着“永远践行产业报国的大学生创业者”这一称号[3]。谢应波认

---

1 赛默飞世尔科技公司（Thermo Fisher Scientific）是全球科学服务领域的领导者，致力于帮助客户使世界更健康、更清洁、更安全，借助于 Thermo Scientific、Life Technologies、Fisher Scientific 和 Unity™ Lab Services 四个主要品牌，帮助客户解决在分析化学领域从常规的测试到复杂的研发项目中所遇到的各种挑战。公司的主要客户类型包括医药和生物公司，医院和临床诊断实验室，大学、科研院所和政府机构，以及环境与工业过程控制装备制造商等。公司的宗旨是帮助客户加速生命科学领域的研究、解决在分析领域所遇到的复杂问题与挑战、促进医疗诊断和治疗的发展、提高实验室生产力。

2 谢应波：《泰坦科技一生坚持，相见如初矢志报国》，仪器信息网，2020 年 10 月 30 日，https://www.instrument.com.cn/news/20201030/563386.shtml。

3 谢应波：《致全体股东的信：投资未来，才有未来！》，仪器信息网，2021 年 4 月 28 日，https://www.instrument.com.cn/netshow/SH102625/news_614400.htm。

为，自己今生的幸福源泉就是“一直与懂我、爱我、帮我的伙伴共同奋斗，到老还留存着这颗简单、朴实的大学生创业初心”。感恩母校的勤工助学经历、感谢上海市大学生科技创业基金会最初的20万元、感谢上海市政府的科创政策，成了谢应波每次演讲和媒体访谈的常用语……

谢应波和他的创业“骑士团”

“在中国边读博边创业是一种怎样的体验？”知乎上这条独特的帖子往往引起许多在读博士生甚至硕士生无限的遐想，面对科研和毕业压力，绝大部分人想到的是二选一。然而本硕博均就读于华东理工大学的谢应波却选择了一条不一样的道路。2007年10月18日，谢应波与同为华理本科2000级的5位校友张庆、张华、许峰源、王靖宇、张维燕一起在华理宿舍中，创办了上海泰坦化学（后更名为泰坦科技）。他们东奔西走，最后拿到了上海市大学生科技创业基金会20万元的公益资助，6位团队成员又东拼西凑借来20万元，这些资金成为公司最初的启动资金。

创业初期，宿舍、华理校园、华理科技园等，成为他们最重要的工作场所。然而与创业时的美好设想不同，初始的创业之路并不那么顺畅。尽管他们给自己也开出了极低的工资，但第一年公司销售收入只有3 000元。2009年第一轮天使投资融资前，6位创始人人均月薪1 500元，远远低于已经在跨国公司诺华制药工作几年的合伙人张华的薪水。第一轮融资后，人均月薪增加到了2 500元；第二轮融资后，才涨到了七八千元。从2009年开始，华东理工大学对面的楼园小区成为6位创始人最早的“窝”。2009—2012年，他们以每月不到3 000元的租金“群租”于此。

甚至到了 2010 年，谢应波还在没有护栏的直陡梯上将 400 斤重的冰箱扛到了二楼。创业至今，初始团队成员一直不曾分开，即使面对其他公司数倍薪酬的诱惑他们也没有心动。

6 位创始人在很长时期内保持着较为平均的股权分配，一度成为风险投资者担心的焦点。然而在团队内部，谢应波是公认的“领头羊”，他的故事具有很强的传奇和励志色彩。

1982 年，谢应波出生于重庆市万州区贫困山区的农村，小时候家里住的土屋需要稻草铺顶，从家到小学也要步行 40 分钟，缺钱维修的小学窗户不得不用白纸糊住，走悬崖边的泥土路去县城也要近两个小时，令人心惊的是偶尔有车辆翻落悬崖。

2000 年 9 月，谢应波孤身一人来到上海求学，进校后第一个月就寻求勤工助学以减轻家庭负担。在校期间，他先后做过送报员、搬货员、家教等多份兼职工作。2001 年，他成为学校勤工助学的学生负责人，创业团队中的好几位成员也是他在勤工助学时认识的，并在他的“领导下”工作。那时，周一至周五谢应波每天中午上班 1.5 小时、晚上 1 ～ 2 小时，管理了学校 6 个书报亭，建成学校首个电脑培训服务中心，每年管理超过 2 000 人次的勤工助学岗位，协助发放校贫困生勤工助学补助 300 多万元。勤工助学也一直坚持到大四，解决了他大学四年的所有开销。同时，通过课堂上刻苦学习，课后争分夺秒，谢应波获得了国家一等奖学金、社会工作一等奖学金等多项奖励，并且担任班长、团支书等职务，被评为学校优秀毕业生。

2004 年，谢应波成为课题组招收的第一届硕博连读研究生。进入实验室之后，就在导师带领下参与国家攻关项目“超级电容器用电极材料”和“生物医药用活性炭微球”产业化工作，成功开发出国内紧缺的新型储能材料和生物医药材料。两个项目均获得了“上海市国家高新技术成果转化项目 A 级”评价，“医药用球状活性炭”还获得了国家药监局临床研究批件。[1]

2005 年，在校园里无意中看到的大学生创业比赛海报激发了谢应波的兴趣，也播下了后来挥之不去的创业火种。“觉得挺有意思，也想看看自己的实力到底如何，于是和其他 5 名同学商量后就报名了。”2005 年，谢应波带领团队参加了在复旦大学举行的第九届“挑战杯”飞利浦全国大学生课外学术科技作品竞赛，并荣获三等奖。2006 年，团队继续参加“张江高科杯”上海市大学生创业计划大赛并获金奖。同年，在山东大学举办的第五届“挑战杯”飞利浦中国大学生创业计划竞赛决赛中，由于不知道“企业增值税税率是多少”这一问题而止步于银奖第一名。没拿到金奖，反而让不服输的谢应波有了创业的冲动，“为了争口气，我们都应该真正创业一回，才能知道自己究竟行不行……”[2]

“要不要再玩得再大一点？”谢应波那时候总是反问自己和团队成员。谢应波和团队调研分析后认为，中国正处在转型期，必将持续推进科技创新来提升国家和企业的竞争力。在校期间，因参与科研项目和各种实验，谢应波切身感受到了当时中国科学服务业落后带来的各种不便，比如高端仪器、高端试剂及实验室整体解决方案都被国外企业垄断，不但售价高，服务也跟不上。超过 90% 的高端产品来自国外。“高端试剂一直被外国企业垄断，平均每克试剂的价格甚至是黄金的二三十倍。”谢应波表示，“保守估计，仅试剂一块，我们每年直接和间接增加国内科研成本超过 15 亿元”。同时，国内实验设备的不足以及技术的落后等，还给科研人员带来了不少实验安全隐患。科学实验室也不应该成为简陋、刻板的代名词，创

---

1 《上海泰坦科技股份有限公司董事长谢应波》，中国青年网，2014 年 6 月 23 日。

2 孙琪：《谢应波：“硬科技派”创业样本》，青年报，2019 年 3 月 4 日。

造良好的实验环境也应该成为科学服务业的重要目标。经过多年的发展，欧美等发达地区科学服务业早已成熟，参照国外领先企业的模式“打造中国的赛默飞”成为激励谢应波前行的奋斗目标。

与一般科技公司的严肃氛围不同，“玩”在泰坦科技和谢应波身上有着很强的烙印。谢应波曾戏称，“创业和科研要有一种‘游戏的心态’”。[1]无论是公司的名称“泰坦（Titan）”、核心员工“骑士文化”，还是在公司大厅中竖立的穿戴战斗盔甲的巨大骑士塑像，都让人想起了游戏中奋勇拼杀的骑士。谢应波笑着回忆道，取名“泰坦”最初是因为和室友们合打网络游戏，他赢得游戏生涯中的第一个宝贝“泰坦戒指”。后来了解到“泰坦”在古希腊神话中寓意创造神话和传奇，以“泰坦”为名，也是希望在创新创业大潮中创造自己的传奇，通过自主创新、自创品牌，打造一家受人尊重的“中国科学服务首席提供商”。

热爱游戏的谢应波将泰坦的发展经历比喻为“泰坦征途”，在公司内部打造了一支泰坦“骑士团”，并将“骑士团”图谱绘制在公司醒目的大墙上，不同的“骑士”也有着不同的考核标准与福利水平。最顶层是“龙骑士”，为梦想而生，要做受人尊重的企业家。在泰坦科技，目前只有董事长谢应波与CEO张庆拥有这样的称号。其次是“圣骑士”，要做所在行业的领先者，目前仅有4人。最后是15名“准骑士”，要做共同事业的奋斗者。此外，泰坦的“骑士团”后备还有“勇士旅”“新兵营”等编制。在朋友眼里，谢应波正是一个充满激情的骑士，许峰源说：“我觉得他无论做什么都能成功，因为他专注、敢于接受挑战、不怕苦。”谢应波将泰坦科技的“骑士精神”凝练为“担当、激情、感恩、敬畏、忠诚、荣誉”6个关键词。“创业初期缺乏精良的‘武器装备’和先进的‘内部体

1　谢应波：《检测仪旁的CEO　做亿元生意仍感慨实验室里最幸福》，东方早报，2014年1月19日。

系’，尚未形成集团化和系统化的作战能力，迫切需要骑士精神来激励每位成员。”[1]

作为“骑士团”核心的6位联合创始人以及很多中高层管理者，大多是出生于1982年左右的“80后”农村大学生，多年的大学、高中等同窗友谊凝聚出“骑士团”的力量。除了董事长谢应波之外，联合创始人张庆、许峰源、王靖宇、张华、张维燕以及周晓伟、葛文辉等都是同级的本科校友，华理团队也成了创业初期最核心的力量。不同的工作和学习经历，以及材料、机械、应用化学、软件工程等专业背景，弥补了公司急需的专业人才和业务需求。同时，泰坦科技的基因和业务发展中也刻上了深深的“华理”烙印。

作为同级学生，联合创始人张庆本科所学的专业是材料学，曾在上海电缆研究所短暂工作，担任研究员，后辞职全身心投入公司创办，至今一直担任公司CEO；许峰源的专业为机械设计制造及自动化，毕业先后在奇舶裕国际贸易、联测电子科技公司担任工程师，2007年创业之初加入团队，先后担任公司供应中心总监以及扩大后的供应中心副总裁；王靖宇的专业是高分子材料，毕业后先后在上海申真和上海和氏璧化工等公司担任产品经理，2010年加入公司后担任副总职务；张华的专业为应用化学，毕业后先后在上海先导化学、药明康德、瑞士诺华制药研究中心等机构担任研究员，2008年毅然辞职加入泰坦科技担任副总职务；张维燕是6位联合创始人中唯一的女性，也与谢应波结为夫妻，担任公司的行政人事总监。

1 《骑士精神激发创业热情　上海泰坦科技的“中国合伙人”》，新华网，2015年10月25日。

艰难的创业历程

1　萌动：泰坦征途的启航

2006 年，博士在读的谢应波和同伴一起，正式开始了将商业计划书变为现实的创业之旅。他们开发出了国内首个化学结构搜索平台——“中国化学品搜索网”，获得业内好评。2007 年，几位核心成员筹资创办成立了上海泰坦化学有限公司（泰坦科技曾用名）。回顾创业初期，谢应波总是开玩笑说公司是从“三无”起步，“无产品、无客户、无人脉”，来自贫困地区的 6 位创始人在上海也没有任何资产和社会关系。“唯一能做的就是用所学技术去开发产品，这是咱们团队的看家本领。这也造就了公司成长基因依靠技术和产品，而非市场或营销。”[1]CEO 张庆回忆起创业初期的艰辛，感慨道：“一个创业团队的领袖或许会失忆，忘记自己过去如何把公司做大做强，但永远不会忘记创业时的那段日子。”[2]

团队迈出的第一步，尤其是第一份产品和第一笔订单，无疑是最困难的。它不仅奠定了团队未来的走向，也给前行以动力，因而能否迈出第一步往往成为评判创业是否成功的重要指标。谢应波说：“创业初期为了开发新产品，创始团队连续三年没有回老家过年，大年三十还在租来的实验室通宵达旦开发新品。”谈及公司的第一笔订单时，张庆充满感激之情，“那个时候刚毕业，哪来的客户，只能找自己的导师帮忙”。正是从自己导

1　谢应波：《迟来的一封回应》，上海泰坦科技股份有限公司，2019 年 10 月 18 日，https://mp.weixin.qq.com/s/TRVBC3HnX0R0Vqs_x8Vcwg。

2　《骑士精神激发创业热情　上海泰坦科技的“中国合伙人”》，新华网，2015 年 10 月 25 日。

师手中接过的第一笔 800 元订单，成了后来泰坦科技的第一块砖。对于这笔订单，张庆现在觉得略有遗憾，“那时候没有太多的技术条件，帮老师做的实验室现在看来不是很好。一直想找机会回去帮老师免费改建一下，老师一直推辞，说这是我们成长的足迹”。

2　惊喜：诺华制药的大单

2008 年的冬末，公司碰头会接到了有史以来最大的一笔订单。世界 500 强的诺华制药要求制作 1 千克某硼酸分子，出价 15 万元，公司测算成本约 8 万元，利润近 50%。谢应波和团队曾经在实验室小剂量合成过这种硼酸分子，但每次仅 1～2 克，能否放大量产却是未知数。“8 万元能养活我们 6 个人很长一段时间”，团队讨论后决定冒险一搏。那时候，公司的注册办公场地位于钦州路 100 号的上海市科技创业中心。“在 1103 室，享受到孵化器半年免租金，之后租金减半的优惠政策，”谢应波感慨道，“4 个合租的办公桌和几台新买的电脑几乎就是泰坦的全部……”

谢应波经常去华理科技园，在众多不属于自己的实验室中探宝。“我们四处租小公司的实验室用，一般 300 元一天，如果用到仪器多会加价到 500 元。”为了更加充分地利用实验室，开发出更多的产品，谢应波每天早晨 7 点多到实验室，晚上十一二点才离开。这批硼酸分子的制作流程需要超过一周的时间，第一次小剂量的尝试成功后，谢应波决定放大实验成果，一次制作 500 克。“我们 4 个人轮换着没日没夜地实验。”失之毫厘，谬以千里，化学实验过程中需要随时关注分子反应情况。“第三天，第一阶段的分子获得成功。六天后，第二阶段的小分子出来了，但纯度不够！”对于客户而言，纯度不够就意味着失败，谢应波当时忐忑不安。

第三个阶段，他们埋头于各种数据、各类试管，熬了两个通宵后，反应釜里出现了色泽、形状均匀的晶体，“那一刻简直高兴得飞起来了！”东西是做对了，不幸的是纯度却不够，杂质偏多。“诺华这样的大公司对品质要求很严格，稍微不合格都无法拿到钱。”团队继续加班加点，两天后运用“过柱子”提纯方式终于纯化成功。这一年，6 个来自外地的创始人都没有回家，他们在实验室悄然度过了春节。谢应波笑道：“大家忙得连大年三十都给忘了，那天还是外面的爆竹声把我们给弄醒了，要不然，我们还真不知道何时才会从工作中走出来呢。”公司终于挣到了第一笔“巨款”，更重要的是，从那时候开始，诺华制药就成了他们的合作伙伴，至今保持着良好的合作关系。

3　融资：初出茅庐的天使

开发产品尽管困难，但对于初出校门的理工科专业的本硕博大学生们，这反而是他们的长项。但在融资方面，对于没有资产抵押和过硬社会关系的 6 位外地农村青年而言，则是难上加难。巧妇难为无米之炊，2009 年公司急需资金加快发展的时候，面对一群二十七八岁的年轻创业者，没有人愿意冒险投资。刚毕业就在上海市大学生科技创业基金会工作，后来连续跟投泰坦科技的接力基金高管刘春松至今记忆犹新，张庆第一回打电话来找他融资，“人彻底懵了，急得快哭了的感觉”。那时的泰坦着急要钱周转，但“越是着急，越是承诺高回报率，越没人愿意借钱，再加上大家本身就对大学生初创企业存在不信任感，贷款极难”。在国内，资深的投资人一般也都反对大学生一毕业就创业。“投资人不会把钱浪费在大学生初创企业身上，成功率太低，不值得！”

泰坦科技的 6 位创始人正是投资人眼中“不值得”投资的这类农村大

学生创业者，创业早期，即使是100万元以下的小额融资，他们也极为头疼。创业团队成员坐着地铁、公交四处找钱，找过小额贷款公司、银行、基金会等数十家单位，基本处于无人应声的状态，就连具有政府背景的上海市大学生科技创业基金会也不敢继续投入。"（小额贷款公司）连利率都懒得跟我们谈，直接就拒了。"刘春松说，最后是与该基金会有合作关系的泰隆银行拿出150万元，但要求贷款方有固定资产抵押。为了帮助这些同龄的创业者缓解燃眉之急，同在上海市大学生科技创业基金会工作的刘春松和王萌，分别抵押了他们位于上海市中心的老房子，才从泰隆银行贷款进行投资，他们也因此成了创始人团队之外最早的"天使投资人"。

谢应波曾问刘春松："那时我们在上海一无所有，除了一辆两轮电动车，为啥敢帮我们？"刘春松看中的正是他们团队的执着与干事业的劲头。"陪我们找银行和小额贷款公司谈贷款，半年里看到我们的执着和质朴，就相信我们是真想做事，就从心底主动帮我们。"然而，投资泰坦公司之后，刘春松再也没干过抵押房产投资初创企业的"傻事"，尽管他对于大学生创业较之一般投资者更为看好，但也承认"这种模式不可复制"刘春松透露，即使是上海市专投大学生毕业5年内初创企业的上海市大学生科技创业基金会，截至2014年12月份所投资的1 000多个项目中，死亡、勉强生存、活得不错的各占三分之一左右。

4 聚变："泰坦骑士"的飞升

在谢应波和创始人团队的带领下，公司发展逐渐步入了快车道，融资也变得更加容易（见图2.1）。在当时全社会风投涌向互联网企业的大背景下，泰坦科技在2010年获得融资1 500万元，2012年与2013年每年融资1.03亿元，2014年融资1.5亿元。2016年公司获评为"上海市科技小

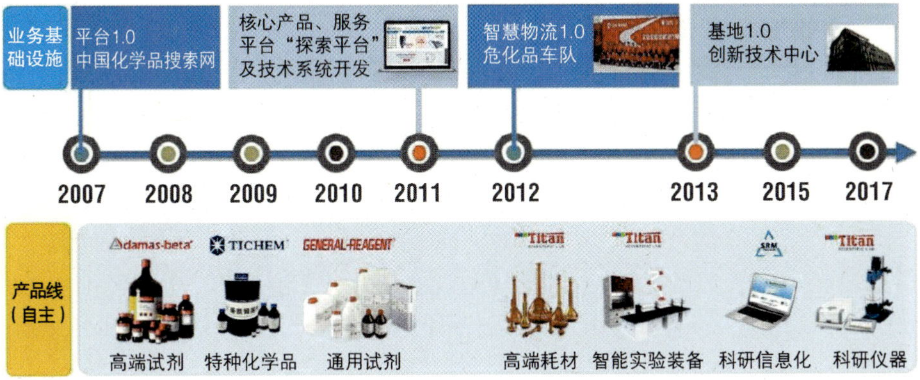

图 2.1 公司发展历程及主要产品线

巨人企业"，成为首家新三板挂牌上市的科学服务企业。即使在 2019 年初次科创板上市失利的次日，增发股票仍获得了钟鼎资本、平潭建发等知名投资机构认购，共融资 1.3 亿元。2020 年公司实现科创板上市，融资金额高达 4.15 亿元，所募集资金主要用于三个重大项目，分别是网络平台升级改造投资 9 500 万元、研发分析技术中心扩建投资 8 000 万元、销售网络及物流网络建设投资 2.4 亿元。

与很多公司不同，谢应波与其团队每年都会确定一个关键词作为公司发展"年号"，与年度重大事件一道作为"泰坦征途"，刻画在办公楼墙面和公司网站上。2007 年是"萌动"元年，公司开始了"泰坦征途"；2009 年是"成长"年，公司获得了创业 3 年最大的一笔天使投资；2011 年是"加速"年，国内科研一站式服务信息化平台"探索平台"成功上线，并获得"国家高新技术企业"称号；2015 年是"亮剑"年，公司获评"上海市科技小巨人企业"，成为首家新三板挂牌上市的科学服务企业；2019 年是"引领"年，临近华理的徐汇区公司总部建成，公司成为行业变革的引领者，年销售额超过 10 亿元；2020 年是"聚变"年，公司在科创板成功上市；2021 年是“新亮剑”年，公司年销售收入突破 21 亿元，同比增速超过 52%，实现 23 个城市自送上门，并完成对安徽天地的收购（见附录 1）。

泰坦科技发展战略及经营现状

经过 10 多年的拼搏，泰坦科技已经成为国内领先的科学服务行业的代表。公司聚焦于各类实验室场景，立志成为中国科学服务首席提供商和行业变革者，为科研工作者和质量控制人员提供一站式实验室产品与配套服务。同时，公司也要更好地服务于国家战略，在市场竞争中打破国外高端试剂和仪器的垄断，在这一领域打造民族品牌、实现“卡脖子”技术突破，保障国家科研物资安全，助力国家和企业创新战略升级，加速科技强国战略的实现和企业核心竞争力的提升。

1　业务模式及经营范围

公司通过自主研发、品牌运营、品牌代理、集成打包服务等方式为生物医药、新材料、新能源、化工化学、精细化工、食品日化、分析检测等领域的实验室提供全方位综合服务，覆盖客户研发周期的全过程，如为客户的研发准备、研发过程、研发后期、生产质控等环节提供“一站式”有竞争力的产品和服务。围绕客户需求，公司形成了科研试剂（包括高端试剂、通用试剂、分析试剂）、特种化学品、科研仪器及耗材、实验室建设及信息化服务等四大主营业务板块，基本包含了科学服务行业的全产业链

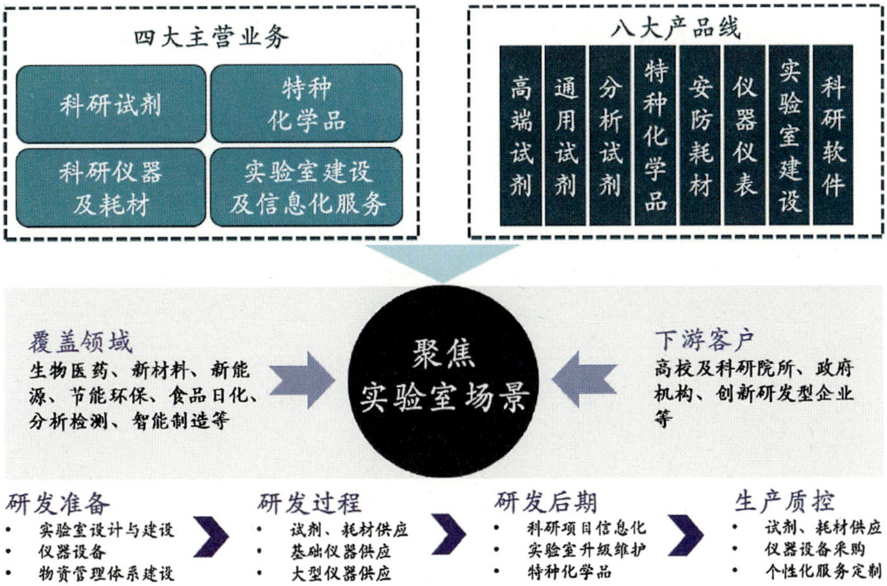

图 2.2　泰坦科技产品体系覆盖科学研发全生命周期

管线（见图 2.2）。

自有品牌建设一直是泰坦科技的发展重心，自主品牌由公司独立研发设计，采用 OEM 模式委托其他企业代工生产。自主品牌的利润端贡献比例逐年上升，目前已接近 70%，是体现公司核心竞争力的关键所在。同时，公司也与第三方品牌合作，按照严格的质量标准择优选择。他们大多为国际知名品牌，市场认可度较高，可迅速吸引客户群体，满足客户多样化的科研需求（见图 2.3）。截至 2021 年，公司已经创立并运营 6 大自主品牌，包括高端试剂 Adamas-Beta（阿达玛斯试剂）、General-Reagent（通用试剂）、TICHEM（特种化学品）、Titan（泰坦耗材）、Titan Scientific LAB（泰坦实验建设 / 泰坦仪器）、Titan SRM（泰坦科研软件）等（见图 2.4）。

同时，公司与赛默飞、陶氏化学、3M 等全球数百个知名品牌合作，

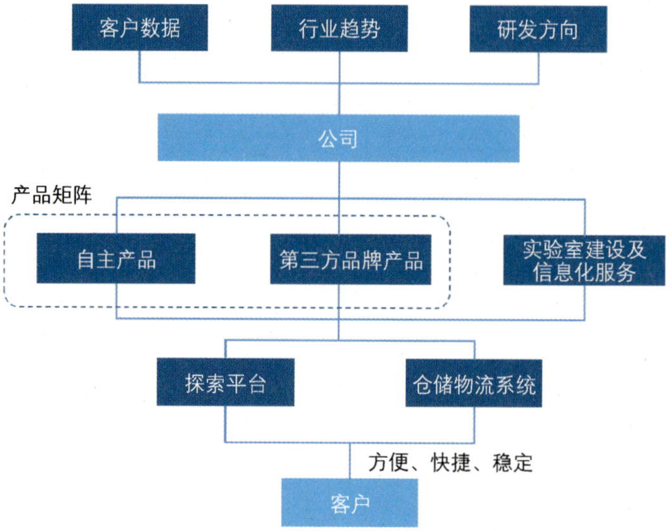

图 2.3　泰坦科技主要经营服务流程

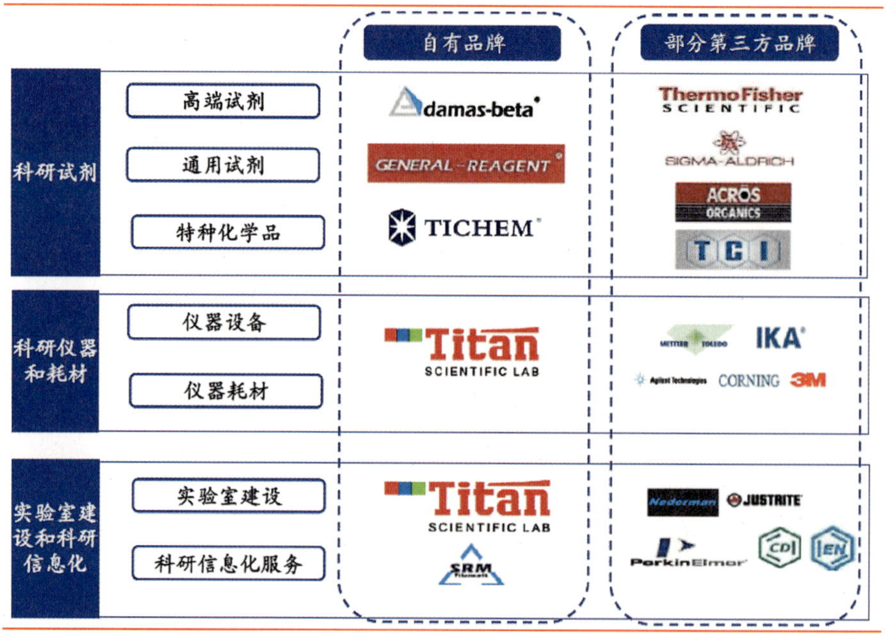

图 2.4　泰坦科技主要产品和服务

构建完整的产品矩阵，以满足不同的客户需求。2020年上市时，公司已经拥有60万个SKU（库存量单位，每种产品均对应唯一的SKU号），2020年公司年报显示，SKU增长到85.32万个，是行业内SKU最为丰富的公司之一，可以全方位满足客户需求。目前公司年订单数量约100万件，所覆盖科研人员100多万人，服务世界500强企业超过150家，实现国内985、211工科高校全面覆盖；基本覆盖了中国科学院、中国农业科学院、中国医药工业研究院等下属的各个研究所；全国研发创新型生物医药企业覆盖率达到80%以上。[1-2]

2 “双核驱动”发展战略

长期以来，公司坚持“双核驱动”发展战略，这一战略也是今后公司持续发展的基础。一方面，通过加强产品研发和技术研究，不断丰富产品矩阵和自主品牌产品，扩大服务范围，提升公司的盈利能力，原有化学领域产品线稳步发展，生物领域产品线快速突破。另一方面，持续加强区域仓储配送服务体系建设，完善行业基础设施和提升客户服务能力，紧随华东区域的服务优势，西南、华北等区域的服务能力也逐步提升。

在“双核驱动”战略的推动下，即使受到了新冠疫情等外部环境的不利影响，公司也保持了持续快速增长的势头。2020年，公司营业总收入约为13.97亿元，同比增长22.12%；实现净利润1.03亿元，同比增长38.65%。2021年，公司实现营业收入21.64亿元，同比增长56.32%；实

---

1 《上海泰坦科技股份有限公司首次公开发行股票并在科创板上市招股说明书》，上海证券交易所，2020年10月25日。

2 马帅：《“自主＋代理”齐头并进，打造国内领先的一站式科研服务商》，安信证券股份有限公司，2021年3月10日。

现净利润 1.44 亿元，同比增长 40.09%。随着新冠疫情影响的逐渐减弱，创新导向的企业、高校以及科研院所等开始恢复正常，加大了研发投入，再加上公司业务能力的增强，2021 年公司业务出现了大幅增长。[1]

从营业收入贡献来看，公司的科研试剂、特种化学品、科研仪器及耗材 3 项主要业务占比合计约为 95%，主营业务收入结构基本稳定。科研试剂收入占比较为稳定，接近 25%。特种化学品一直是公司最为重要的业务收入来源，2017—2020 年营收占比分别为 41.0%、42.6%、39.0% 和 37.9%。科研仪器及耗材是公司第二大业务板块，2017—2020 年营收占比分别为 28.6%、28.0%、31.2% 和 30.9%，占比呈上升趋势。实验室建设及科研信息化业务同比增长明显，但收入规模占比仍较小，约为 5%。[2]

3 公司业务分布

由于公司发展的历史背景和路径依赖，以及创业型企业普遍面临的资源约束，公司业务收入在行业分布、业务板块、地区分布上并不均衡（见图 2.5 至图 2.8）。按照下游终端客户的行业属性划分，新材料与生物医药类企业以及高校和科研院所是最为重要的行业客户，这也是公司强调的科学服务行业重心之所在。在业务板块和品牌分布上，自主品牌的化学品、科研试剂以及第三方品牌的科研仪器和耗材、科研试剂等占据份额较多。自主品牌近年来增长较快，公司利润主要来源于自主品牌，公司今后将继续加强自有品牌建设。但从业务收入来源来看，第三方品牌的贡献仍然较

1 上海泰坦科技股份有限公司董事会：《上海泰坦科技股份有限公司 2021 年度业绩预增公告》，证券日报，2022 年 1 月 19 日。

2 杨绍辉、陶波：《享受科技创新时代红利，做中国未来的 ThermoFisher》，中银证券股份有限公司，2021 年 5 月 16 日。

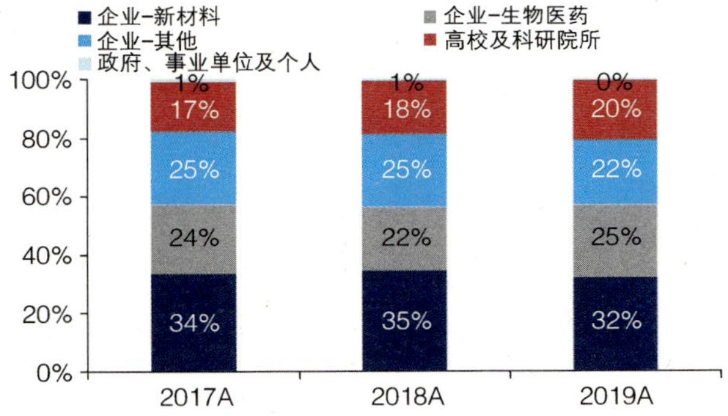

注：其他行业主要包括食品日化、智能制造、新能源、节能环保等

图 2.5　公司营业收入客户分布

（资料来源：泰坦科技招股说明书等）

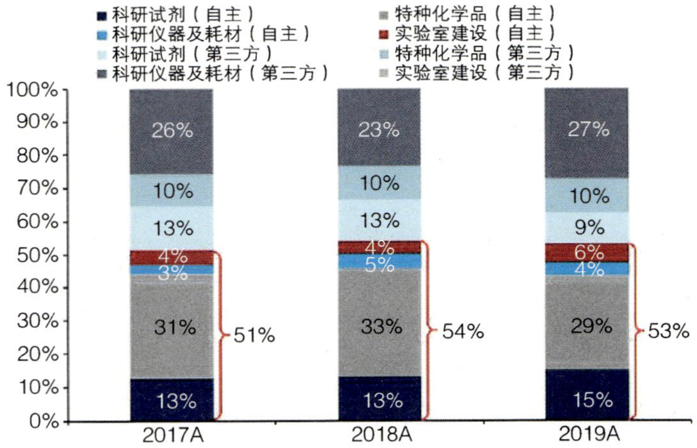

注：括号框起来的部分为公司自主品牌营收占比（数据四舍五入，合计略有差异）

图 2.6　公司业务板块与品牌分布

（资料来源：泰坦科技招股说明书等）

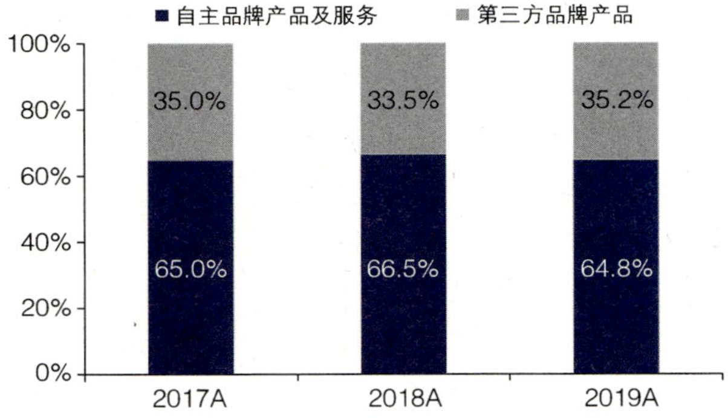

图 2.7　公司自主品牌与第三方品牌毛利对比

（资料来源：泰坦科技招股说明书等）

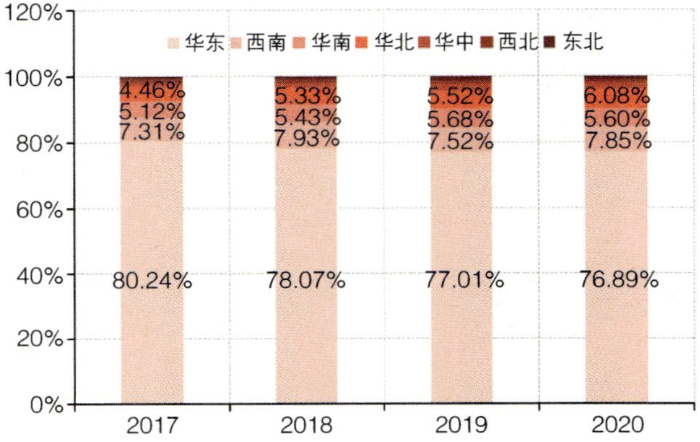

图 2.8　公司在不同区域销售收入占比

（资料来源：泰坦科技招股说明书等）

大。为了满足不同客户的需求，这方面的发展仍然具有重要的意义。

地域来看，公司主营业务收入主要来自华东地区，占比高达77%，2017—2020年华东地区销售收入占比分别为80.24%、78.07%、77.01%和76.89%，2020年收入增速为20.82%。主要原因是公司总部坐落于上海，拥有覆盖程度最高的销售网络和最为完善的售后服务体系。此外，专门承担危化品运输服务的子公司港联宏公司，其主要运输半径也为江、浙、沪区域。为了进一步拓展其他地区的业务，公司对华北仓库和西南仓库进行升级，由城市服务仓升级为区域中心仓，提高了客户的产品自送能力，区域服务水平显著增强。2020年，华北和西南区域收入增速分别为33.2%和26.3%，高于公司平均增速；四季度新增了华南仓库并完成了备库和自送，2020年华南地区收入增速达19.31%，处于公司平均水平。2021年年底完成华东、华南、华北、华中、西南五大区域中心仓建设，建成23座城市前置服务仓，全部实现“次日达”自送上门服务。2017—2020年，华东以外地区销售比重年均复合增长率为5.4%，销售比重持续上升。[1-2]

4 公司研发能力

作为以材料、医药、化工、信息技术专业为主的创业团队和核心人才队伍创办的科学服务公司，泰坦科技具有极强的研发能力，研发成为公司突破“卡脖子”技术和实现国外高端品牌替代的根本保证。谢应波曾经

---

1 杨绍辉、陶波：《享受科技创新时代红利，做中国未来的Thermo Fisher》，中银证券股份有限公司，2021年5月16日。

2 李华云：《国产科研服务商龙头已现，进口替代可期》，华安证券股份有限公司，2020年11月20日。

说："公司成长基因依靠技术和产品，而非市场或营销。"截至2020年年底，公司总人数接近700人，研发人员达到了190人，占公司总人数的27.30%；研发投入4 905万元，同比增长34.45%，研发投入占总营业收入的3.54%。[1]

根据2020年招股说明书，截至2020年4月2日，泰坦科技已申请发明专利64项（获得授权26项），获得软件著作权24项，承担15个政府项目；自主研发并掌握化学品结构式数据10.8万条、化学品MSDS 4.85万种、产品标准谱图3.15万份、化学品质量标准3.6万条，累计完成检测报告8.4万份，实现耗材仪器标准化430个品类、标准化属性类目1 300多条、标准化产品2万种、质量标准2 000多份。2017—2019年，公司研发费用合计金额近1亿元，公司研发费用占自主品牌产品及服务收入的比例分别为8.50%、6.00%、5.93%。上市之后，公司加大了研发费用投入，尤其是在产品技术和平台技术方面，2020年公司新申请专利及软件著作权26项，新授权专利及软件著作权11项。

公司核心技术产品收入主要来自产品类技术尤其是自主品牌产品及服务，而平台类技术则显著提升了公司经营效率和客户使用体验。2017—2020年，公司自主品牌产品及服务收入分别为3.4亿元、5.0亿元、6.1亿元、7.4亿元，占营业收入比重分别为51.20%、53.99%、53.08%和53.64%，这三年年均复合增长率为1.6%，行业认可度和核心竞争力日渐提升。2017—2020年，公司自主品牌毛利率分别为28.2%、26.6%、29.2%和27.1%，占总毛利比重近68.3%。对比第三方品牌不到16%的毛利率和呈下降趋势的收入占比，自主品牌收入贡献显著且整体有望继续提升。在各项主营业务中，特种化学品的自主品牌收入占比近75%，科

---

1 《从2020年度研发投入排行榜看国内上市仪器企业之"暗战"》，仪器信息网，2021年5月24日。

研试剂中自主品牌收入占比攀升且逐渐稳定在 60% 左右，实验室建设及科研信息化服务全部为自主品牌，但科研仪器及耗材主要以转售第三方品牌为主，自主品牌收入占比仅为 14%。[1]

5 探索平台及仓储物流系统

在早期网络平台的基础上，公司通过引进和自建信息技术团队，融合信息技术和行业应用，拓展开发了兼具 B2B 性质的科学服务电商平台和行业信息化系统——“探索平台（www.tansoole.com）”，同时为战略客户提供实验室电子记录本（ELN）和实验室管理系统（LIMS）的开发与维护服务；实现了结构式检索、专业索引查找等多种精准检索方式，并提供在线采购管理、数据管理等管理云平台功能；形成了科学服务行业的一站式服务平台，2019 年在化工能源网站中（Alexa 排名）访问量名列前 10。在对试剂、特种化学品、耗材、仪器等进行深入数据分析的基础上，公司建立了产品数据库和质量标准库，通过“探索平台”提供产品质量报告、质量数据，并通过二维码、RFID 芯片等技术实现产品全程跟踪，做到产品质量数据可溯源，较国内其他同行业企业具有先发优势。

实验室用品种类繁多，公司根据产品特性及用户需求进行产品分类，将科研试剂分为 202 个产品类别。针对耗材仪器领域，公司已建立 447 个产品类别、1 232 项属性参数分类项。所有产品通过“探索平台”按类别进行展示，能够为客户的自主购买提供准确、全面的服务。“探索平台”

1 杨绍辉、陶波：《享受科技创新时代红利，做中国未来的 Thermo Fisher》，中银证券股份有限公司，2021 年 5 月 16 日。

也实现了与公司内部ERP系统的无缝连接，可以灵活实现公司主要品牌和国内外知名品牌的采购以及管理工作。为了方便高校与研究机构的科研物资的采购管理，泰坦科技也可以与客户合作开发出定制化的采购服务管理系统。[1-2]

“探索平台”订单的特性主要为单价低、小批量采购和重复采购。2017—2019年，通过“探索平台”及公司内部ERP系统统一管理的订单收入分别为6.27亿元、8.85亿元、10.74亿元，业务高速增长，年复合增长率为30.9%。其中，客户在“探索平台”自助下单收入逐年攀升，2017—2019年分别为0.52亿元、0.84亿元、1.35亿元，年复合增长率为61.1%，占平台管理收入比重从2017年的8.3%提升至2019年的12.6%，“探索平台”等平台类技术带动收入增长的效果显著。客户委托订单主要为新增客户或原有客户采购大批量、高价值的产品，如特种化学品，2017—2019年委托订单收入分别为5.75亿元、8.01亿元、9.39亿元，年复合增长率为27.8%。2021年年初，公司启动“探索平台2.0”升级计划，更好地衔接供应链前端和客户后端数据，“探索平台”的收入带动作用进一步增强。

仓储物流是科研服务行业极为重要的基础设施，是提升配送效率的关键。泰坦科技非常重视仓储物流建设，目前已形成以上海为中心向全国拓展的仓储物流布局。公司初步建成“三维一体”的仓储物流体系，上海全国中心仓覆盖全国，华中、华南、华北和西南等区域中心仓覆盖对应区域，部分城市、高校和园区的城市中心仓覆盖重点城市和高校客户。公

---

1 王玮嘉、黄波、惠普：《综合科学服务供应商助力“中国创造”》，华泰证券股份有限公司，2021年2月19日。

2 马帅：《“自主＋代理”齐头并进，打造国内领先的一站式科研服务商》，安信证券股份有限公司，2021年3月10日。

司也组建了专业危化品物流公司，拥有专业的运输团队和专业车辆，解决传统危化品物流企业主要是针对大批量的工业品，难以匹配科研用物资的小包装、快速服务要求等问题。公司结合自建的智慧物流体系，实现了智能规划物流路线，提高了配送效率，做到了长三角地区配送当日达、次日达，为客户提供了合规、稳定、高效、准确的配送服务，极大地提升了针对高校等科研机构的服务质量。

科学服务业概况

国际上通常把服务于科学研究的企业所处的行业统称为科学服务业。具体来看，科学服务业为从事科学研究和生产质量控制的企业、高校和研究机构提供设计、建设、运营、维护、升级、改造、信息化的科学服务技术解决方案，是服务于科技创新的核心行业。科学服务业的企业主要提供科研试剂、高端耗材、实验仪器、智能设备等产品，以及科研信息化、特种化学品及相关专业技术集成等服务，其主要客户是分布在生命科学、环境科学、生物医药、食品卫生、临床医学、新材料、新能源、分析检测、智能制造、化工化学等各个领域的企业和科研院所。科学服务业的企业通过为客户提供创新技术、采购便利和综合服务，促进客户科研工作的顺利进行，通过不断改进工艺技术，提高实验室生产力，提升客户价值（见图 2.9）。

科学服务业聚焦服务国家创新驱动以及转型升级战略，为产业升级和企业创新提供助力和保障，已成为当今世界科技和经济发展不可或缺的先导行业，其发展在一定程度上标志着一个国家的经济和科技水平。例如，

图 2.9　科学服务业的主要领域及应用

（资料来源：泰坦科技招股说明书，诺唯赞招股说明书，中信证券研究部绘制）

欧美日等科技强国都有强大的本土科学服务公司作为本国创新服务支撑，不仅提升了本国协同创新速度和成果转化效率，降低科研物资的采购成本，还保障了科研物资安全和科研数据信息安全，确保了行业标准制定的话语权。

1　全球科研政策趋势及科学服务业规模

当今世界正迅速进入知识密集型经济时代，许多国家都把强化科技创新作为国家战略。全球科技竞争也日趋激烈，很多国家都把科技投资作为战略性投资，出台了一系列科技创新政策。美国于 2009 年、2011 年、2015 年连续出台《美国国家创新战略》；日本近年出台了《第五期科学技术基本计划（2016—2020）》《科学技术创新综合战略 2017》等重要文件。欧盟自 1984 年开始实施“研究、技术开发及示范框架计划”，简称“欧盟框架计划（Framework Programme for Research）”[1]。欧盟框架计划是当今世界上最大的官方科技计划之一，以研究国际科技前沿主题和竞争性科技难点为重点，是欧盟投资最多、内容最丰富的全球性科研与技术开发计划。迄今已实施了七项框架计划（FP1–FP7），第八项框架计划——“地平线 2020（Horizon 2020）”成为近年来全球最具影响力的科研计划之一。随着各个国家将资源集中到研发、教育等知识密集型领域，政府、企业和科研机构研发经费的稳定投入将持续带动科学服务业市场规模不断扩大，根据 Statista 机构统计，2019 年全球研发总支出约为 2.37 万亿美元，2010—2019 年复合增长率在 6% 左右。

考虑到全球各国研发经费仍主要以企业为主[2]，以及生命科学、生物医药企业是科学服务业的主要客户[3]，我们可以判断，伴随全球生命科学领域研究资金的持续投入、生物医药企业研发投入的不断增加，以及全球医疗健康领域投融资额的快速增长，必将进一步推动全球科学服务业市场规模的持续扩大。以中国为代表的新兴经济体研发投入的大幅度提升，进一步强化了这一全球趋势。

全球科学服务业的龙头企业赛默飞 2019 年预计其 2020 年的主要业务（生命科学解决方案、分析仪器、专业诊断、实验室产品和服务）所对应的全球市场空间为 1 650 亿美元，市场占有率约为 15%。德国默克

---

1 欧盟“地平线 2020”科研规划几乎囊括了欧盟所有科研项目，分基础研究、应用技术、应对人类面临的共同挑战三大部分；主要目的是整合欧盟各国的科研资源，提高科研效率，促进科技创新，推动经济增长和增加就业。重要变化是，对中小企业的经费支持进行单独预算，并且规定用于中小企业的总经费要占到总预算的 20%。

2 如在美国、中国、日本、德国、英国、法国、韩国七个研发支出较大的国家中，来源于企业的研发经费平均占比为 67%，企业执行的研发经费平均占比约为 73%。

3 参考 2019 年赛默飞官网提供的投资者交流材料数据，赛默飞收入结构中有 42% 来自生物医药领域，23% 来自生命科学与诊断领域。

2020年预计2021年全球整个生命科学市场空间为1 700亿～1 800亿欧元，未来5年仍将保持5%～6%的稳定增长。其中，实验消耗品市场约占55%，为935亿～990亿欧元，预计未来将保持5%～6%的稳定增长；分析仪器市场约占15%，为255亿～270亿欧元，预计未来将保持4%～5%的稳定增长；服务市场约占30%，为510亿～540亿欧元，预计未来将保持7%～8%的中高个位数增长。基于这些数据，行业研究人员预测，全球科学服务业的市场规模预计超过1 500亿美元，未来仍有望保持稳定增长。[1]部分行业研究更为乐观，认为2019年中国科学服务业市场规模超过4 000亿元人民币（约580亿美元），全球市场规模近2万亿元人民币（约2 843亿美元）。[2]

2 中国科研政策趋势及研发投入

作为发展中国家，中国的科研投入尽管在持续增长，科研投入总额已经仅次于美国占据全球第二位，但科研投入强度（研发投入占GDP比重）仍然较小（见图2.10）。与此对应，整体的科学研究服务行业起步更晚，存在着服务机构专业化程度不高、高端服务业态较少、知名品牌与复合型人才缺乏等问题，与发达国家有明显差距。但近年来随着国家加快创新体系建设和产业升级，以及一系列重要文件如《国家中长期教育改革和发展规划纲要（2010—2020年）》《国家中长期科技人才发展规划（2010—2020年）》《中共中央、国务院关

1 陈竹、韩世通：《科学服务行业深度报告：科技创新研发的卖水者，科学服务行业方兴未艾》，中信证券股份有限公司，2021年4月15日。

2 王玮嘉、黄波、惠普：《科学服务企业：科技研发的卖水人（科学服务产业深度报告I——产业供需格局分析）》，华泰证券股份有限公司，2020年12月20日。

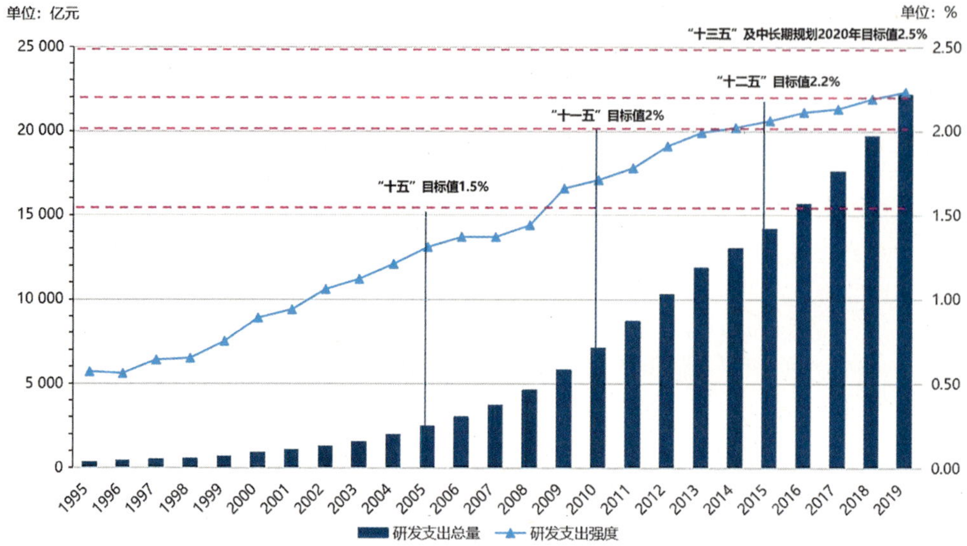

图 2.10　1995—2019 年中国研发投入变化趋势[1]

于深化科技体制改革加快国家创新体系建设的意见》《国家创新驱动发展战略纲要》《国务院关于全面加强基础科学研究的若干意见》等的出台，科学服务业也上升到了战略性产业层面，未来将得到进一步的推动发展。

2020 年，全国共投入科学研究与试验发展（R&D）经费 24 393.1 亿元，比上年增加 2 249.5 亿元，增长 10.2%；科学研究与试验发展经费投入强度为 2.40%，比上年提高 0.16 个百分点。

分研发类型看，2020 年全国基础研究、应用研究和试验发展经费所占比重分别为 6.0%、11.3% 和 82.7%。基础研究经费为 1 467.0 亿元，比上年增长 9.8%；应用研究经费为 2 757.2 亿元，比上年增长 10.4%；试验

1　孙玉涛：《中国研发经费报告（2020）》，大连理工大学经济管理学院，2021 年 5 月 6 日。

发展经费为 20 168.9 亿元，比上年增长 10.2%。[1]

分研发主体看，2020 年企业、政府所属研究机构、高等学校研发经费支出所占比重分别为 76.6%、14.0% 和 7.7%。各类企业科学研究与试验发展经费为 18 673.8 亿元，比上年增长 10.4%；政府所属研究机构经费为 3 408.8 亿元，去上年增长 10.6%；高等学校经费为 1 882.5 亿元，比上年增长 4.8%。

分地区来看，2020 年科学研究与试验发展经费投入强度超过全国平均水平的省（自治区、直辖市）有 7 个，分别为北京、上海、天津、广东、江苏、浙江和陕西。[2] 科学研究与试验发展经费投入超过千亿元的省（自治区、直辖市）有 8 个，分别为广东（3 479.9 亿元）、江苏（3 005.9 亿元）、北京（2 326.6 亿元）、浙江（1 859.9 亿元）、山东（1 681.9 亿元）、上海（1 615.7 亿元）、四川（1 055.3 亿元）和湖北（1 005.3 亿元）。

尽管与发达国家相比，中国研发投入占 GDP 比重仍有明显提升空间，但自 2013 年科学研究与试验发展经费总量超过日本、2015 年超越欧盟 27 国后，我国的科学研究与试验发展经费投入一直稳居世界第二。中国科技研发投入的总体增长速度明显高于其他国家。但从研发投入强度来看，中国与发达国家仍然存在不少距离。根据经济合作与发展组织（OECD）在 2021 年 3 月 18 日发布的数据，2019 年 OECD 研发支出比上年增长 4%，

1　国家统计局 2022 年 1 月 26 日数据。初步测算，2021 年我国 R&D 经费投入为 27 864 亿元，比上年增长 14.2%，扣除价格因素，实际增长 9.4%；R&D 经费与国内生产总值（GDP）之比达到 2.44%，已接近 OECD 国家疫情前 2.47% 的平均水平。其中，基础研究经费为 1 696 亿元，比上年增长 15.6%，增速比全社会 R&D 经费快 1.4 个百分点；占 R&D 经费比重为 6.09%，比上年提高 0.08 个百分点。世界知识产权组织 2021 年发布的全球创新指数（GII）显示，我国科技创新能力在 132 个经济体中位列第 12 位，较上年再提升 2 位，稳居中等收入经济体首位；自 2013 年起，我国排名保持持续稳定上升势头，9 年间提升了 23 个位次。

2　《2020 年全国科技经费投入统计公报》，国家统计局，2021 年 9 月 22 日。

研发强度则从 2018 年的 2.4% 增长至近 2.5%；大多数 OECD 国家的研发强度普遍有所加大，其中美国首次突破 3%，中国则从 2.19% 增长至 2.23%，以色列和韩国研发强度达到了 4.9% 和 4.6%，研发强度最高。

2016 年，中共中央、国务院印发的《国家创新驱动发展战略纲要》中提出，到 2020 年进入创新型国家行列，科学研究与试验发展经费支出占国内生产总值比重达到 2.5%；到 2030 年跻身创新型国家前列，科学研究与试验发展经费支出占国内生产总值比重达到 2.8%。参考国际货币基金组织（IMF）的预测，到 2030 年，中国 GDP 总值将超过 25 万亿美元，按 2030 年中国研发投入强度达到 2.8% 测算，则 2030 年中国科学研究与试验发展经费支出有望达到约 5 万亿元，2019—2030 年复合增速预计为 8% 左右。

行业研究专家认为，中国科研经费投入将继续保持稳步增长的势头，尤其是在生物医药和新材料等领域的增长会更为明显，进而带动市场对科研实验用品需求的增加，预计科学服务行业市场将进一步扩大。以行业标杆赛默飞为例，中国是其收入增长最快的区域，赛默飞 2020 年中国区收入约为 27.97 亿美元，同比增长 1.64%[1]，2019 年赛默飞中国区收入同比增长 9.90%，2011—2020 年收入复合增速为 19.57%；中国市场占赛默飞全球收入的比例也由 2011 年的 5% 提升到 2020 年的 9%，2019 年占比高达 11%。

3 中国及全球科学服务业规模

由于缺乏准确数据，行业研究者依据一些研究文献以及行业数据等推算，实验分析仪器、生物化学试剂、实验室耗材三大领域全球和中国的市场规模及国产化率如图 2.11 所示。此前预计 2019 年实验分析仪器全球和

1 2020 年收入放缓，行业分析师认为主要系海外疫情影响进口产品使用及国内高校开学较晚所致。

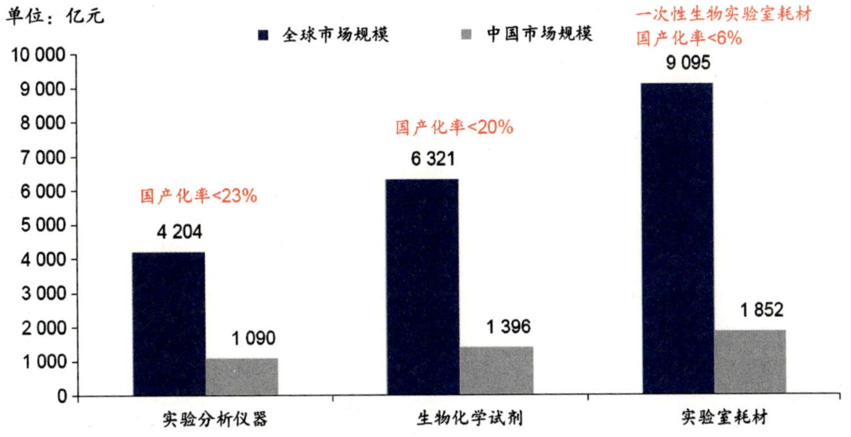

注：以 2019 年美元兑人民币中间价均值进行货币换算，即 1 美元≈6.90 元人民币

图 2.11　科学服务业三大领域全球和中国的市场规模及国产化率（2019 年）
（资料来源：上海仪器仪表行业协会；新思界产业研究中心；弗若斯特沙利文；刘佳，吴茉莉 . 生命科学实验耗材市场及关键制造技术的现状、挑战与对策［J］. 中国医疗器械信息，2019，25（13）：35-39，华泰证券研究所）

中国市场规模分别为 4 204 亿元、1 090 亿元，国产化率不足 23%；生物化学试剂全球和中国市场规模分别为 6 321 亿元、1 396 亿元，国产化率不足 20%；实验室耗材全球和中国市场规模分别为 9 095 亿元、1 852 亿元，国产化率不足 6%。[1-2]

（1）实验分析仪器市场

实验分析仪器是用于测定物质的组成、结构等特性的仪器，可划分为化学实验分析仪器、物性测试分析仪器、光学实验分析仪器、生命科学分

1　陈竹、韩世通：《科学服务行业深度报告：科技创新研发的卖水者，科学服务行业方兴未艾》，中信证券股份有限公司，2021 年 4 月 15 日。

2　王玮嘉、黄波、惠普：《科学服务企业：科技研发的卖水人（科学服务产业深度报告 I ——产业供需格局分析）》，华泰证券股份有限公司，2020 年 12 月 20 日。

析仪器、测量 / 计量仪器、行业专用分析仪器、在线 / 过程控制仪器、实验室设备等。近年来，伴随着机械、信息技术等基础行业的发展和物理、化学、光学、生命科学等学科的加速创新，实验分析仪器迎来快速发展时期，广泛应用于新材料研究、新能源、生命科学、航天和海洋探测、食品安全和环境保护等领域。

实验分析仪器的制造水平是衡量一个国家高端制造能力的重要指标之一，中国与发达国家在科研领域的核心差距也表现在实验分析仪器和实验室能力两方面。实验分析仪器集成多个现代科学与专业技术领域，包括分析化学、自动化技术、计算机科学技术、材料化学技术和机械设计制造技术等。此外，其涉及各个下游应用领域的专业知识，是典型的高附加值、技术密集型行业。实验分析仪器供应商需要具备深厚的技术储备与经验积累、完善且成熟的研发机制和研发模式。相较于发达国家，中国实验分析仪器行业起步较晚，在研发技术、质量和规模等方面均存在较大差距，特别是在精密仪器等高精尖领域内尚难与技术实力雄厚的国外厂商竞争，全球的高端产品市场基本被赛默飞、安捷伦、默克、岛津等国际巨头所垄断，而国内高端仪器、精密设备基本依赖进口。

根据 SDI 数据，2020 年全球实验分析仪器市场规模约为 638 亿美元，受益于科学技术的快速发展及创新，预计 2024 年市场规模有望达到 860 亿美元，2020—2024 年复合增速为 7.77%。分地区来看，目前实验室分析仪器的销售主要集中于欧美地区，其中北美地区占据了主要份额，美国是全球最大的分析仪器销售市场；2020 年中国市场约占 12%，已超越日本成为亚洲实验分析仪器的第一大市场。分用途来看，生命科学、生物医药领域占比较高，全球实验分析仪器市场中制药企业、医院诊断检测、生物医药研发外包、基因 / 环境检测合计占 46%。

2019 年我国实验分析仪器行业企业实现营收 314 亿元，其中出口 63

亿元、国内需求 251 亿元，实现利润总额 44 亿元，利润率 14%（仪器仪表行业平均利润率为 9%），盈利能力在仪器仪表行业中处于较高水平。国产实验室常用设备的价格较进口产品偏低，约为同类进口产品的 1/3 到 2/3，国产设备以低端产品为主。如果国产化率达到 23%，那么 2019 年我国实验分析仪器市场规模为 1 090 亿元。从国家政策来看，我国将继续促进高新技术产业的发展，而高新技术产业企业正是实验室仪器设备产品的主要目标客户。可见，我国实验分析仪器市场规模有望保持稳定的增长态势。另外，在国家统计局发布的《战略性新兴产业分类（2018）》中，实验分析仪器被列入高端装备制造产业，是国家重点鼓励发展的领域。近年来，中央和地方各级政府也出台了一系列产业政策，大力扶持实验分析仪器领域的发展，以进一步提升中国高端装备制造能力。

（2）生物化学实验试剂市场

实验试剂主要包括化学试剂和生物试剂。试剂行业发展迅速，行业分析师预计其中高纯化学和生命科学试剂是实验试剂中发展最快、技术含量及附加值最高的产品，国内生物实验试剂行业市场规模的年增长率基本保持在 20%～30%。据统计，截至 2020 年国内高校、科研机构和研发企业有超过 3 万家实验室，中国实验试剂市场规模已破千亿大关。2018 年中国生物化学试剂行业市场规模约为 1 243.17 亿元，同比增长 18.3%，预计到 2024 年，中国生物化学试剂行业市场规模或将达到 2 495.75 亿元，年均复合增速为 12.3%。[1-2]

1　陈竹、韩世通：《科学服务行业深度报告：科技创新研发的卖水者，科学服务行业方兴未艾》，中信证券股份有限公司，2021 年 4 月 15 日。

2　王玮嘉、黄波、惠普：《科学服务企业：科技研发的卖水人（科学服务产业深度报 I ——产业供需格局分析）》，华泰证券股份有限公司，2020 年 12 月 20 日。

化学试剂分类的方法较多，按纯度可分为工业级化学试剂、实验纯、化学纯、分析纯、优级纯和超净高纯。其中，前五类为通用化学试剂，一般应用于科研、教学、分析检测、工业生产等领域；超净高纯试剂的杂质含量较优级纯试剂低几个数量级，主要用于芯片的清洗、蚀刻，高能电池电解液，以及太阳能电池、电子元器件等制造领域。2016—2017 年我国化学试剂产量同比增速回落至 1%，2018—2019 年恢复较高增长态势。中国石油和化学工业联合会数据显示，2019 年我国化学试剂产量为 2 360.7 万吨，同比增长 12%。

生物科研试剂是实验试剂的重要组成部分，受益于生命科学研究的快速发展，据市场调研机构弗若斯特沙利文（Frost & Sullivan）统计，2019 年全球和中国的生物科研试剂市场规模分别为 175 亿美元、136 亿元人民币，同比增长分别为 8%、20%，我国生物科研试剂市场规模增速显著高于行业平均水平；预计 2020—2024 年中国生物科研试剂市场规模将保持年均 14% 的复合增长率，2024 年市场规模将达到 260 亿元。

目前，国内试剂厂商数量较多，超过 400 家企业获得了相关生产许可，但大部分企业规模较小、技术传统、品种单一，产品侧重于低端市场。由于技术研发落后，国内高端科研试剂产品基本被国际巨头垄断，2018 年我国试剂市场中国际巨头占据了 80% 以上的市场份额，特别是涉及生命科学、分析色谱等高端试剂市场国产化缺口较大，国产企业则集中在中低端产品市场。[1] 从生产工艺、色标含量和应用技术来看，国内试剂企业在生产工艺技术水平上较发达国家企业存在比较明显的差距，这也决定了部分产品仍需要依赖进口。随着国内中高端国产试剂公司研发能力的提升，以及

1　上海泰坦科技股份有限公司首次公开发行股票并在科创板上市招股说明书，上海证券交易所，2020 年 10 月 25 日。

国家政策对国产替代进口的大力支持，未来国产试剂的发展空间较大。

（3）实验耗材市场

行业分析师测算，2019 年我国实验室耗材市场规模约为 1 852 亿元。在细分领域中，我国一次性生物实验室耗材市场仍然由进口品牌主导，国产化率不足 6%，但近三年呈现小幅提升态势。据弗若斯特沙利文统计，2018 年我国生物实验室耗材中进口品牌市场份额占据整体市场的 94.5%，2016 年至 2018 年间国产化率从 4.8% 小幅提升至 5.5%。随着国内厂商研发和创新能力的不断提升，国产品牌有望打破外企主导地位，市场份额获得稳步提升。

相关研究测算[1]，在细分领域中，2018 年全球生命科学实验耗材市场规模为 336.9 亿美元，预计 2019—2023 年将保持年均 15% 的增速持续增长。我国生命科学领域研究相较于欧美国家起步较晚，2018 年生命科学实验耗材市场规模为 231.3 亿元，约占全球的 10%。但我国庞大的人口基数与迅速增长的生物医药需求，有望驱动生命科学实验耗材市场快速发展，预计 2019—2023 年复合增长率有望达到 20%。

行业竞争格局

随着全球科研领域的蓬勃发展，科学服务业在近年来成长迅速，美

1　刘佳、吴茉莉：《生命科学实验耗材市场及关键制造技术的现状、挑战与对策》，《中国医疗器械信息》，2019 年第 13 期。

国、欧洲等发达国家的行业发展基本成熟，市场竞争平稳。龙头公司通过频繁并购实现规模化，行业集中度上升，诞生了众多影响力巨大的全球性公司。行业参与者主要分为三类：第一类是综合服务型公司，如赛默飞（Thermo Fisher）、德国默克（Merck KgaA）、丹纳赫（Danaher）、国药试剂；第二类是细分领域的专业产品或服务公司，以特定产品或服务出众，如试剂领域的西陇科学、阿拉丁，仪器耗材领域的安谱实验等；第三类是国际品牌在国内的大型代理商（见表 2.1、附录 2）。

表 2.1　全球科学服务业知名公司基本概况（2020 年）

序号	公司名称	国家	2020 年收入 / 亿美元	2020 年利润 / 亿美元	主要产品及服务
1	赛默飞（Thermo Fisher）	美国	322	78	仪器、试剂、耗材、信息化、服务等
2	丹纳赫（Danaher）	美国	223	36	仪器、试剂、耗材等
3	默克（Merck KgaA）	德国	208	24	仪器、试剂、耗材、服务
4	安捷伦（Agilent）	美国	53.39	7.19	仪器、耗材、信息化
5	岛津（SHIMADZU）	日本	35.36	4.13	仪器、耗材
6	梅特勒托利多（METTLER TOLEDO）	瑞士	30.85	6.05	仪器、耗材、试剂
7	珀金埃尔默（PerkinElmer）	美国	37.83	9.79	仪器、信息化
8	沃特世（Waters）	美国	23.65	5.21	仪器、耗材
9	堀场（HORIBA）	日本	17.64	1.24	仪器、耗材
10	亚速旺（AS ONE）	日本	6.51	0.55	耗材、试剂

（资料来源：公司官网、公司招股说明书）

1 发达国家

发达国家相关行业发展基本成熟，市场竞争较平稳，形成巨头垄断局面。这些公司一般以品类齐全的产品、领先的核心技术和高效的服务推动其布局全球战略。国际科学服务行业巨头赛默飞、德国默克等企业不仅拥有技术领先的产品，而且产品种类覆盖科学实验过程的众多物资，如试剂、仪器、耗材等。这些企业在全球范围内拥有完善的销售网络和仓储物流设施，能为客户提供方便、快捷、高效的科学服务，为客户解决了因时间周期造成的科学实验不便问题。其中，赛默飞的销售网络和仓储物流覆盖面极广，梅特勒托利多（METTLER TOLEDO）利用其销售渠道和仓储物流在北美进行产品销售，这些公司通过加大投资提高了服务效率。近年来，赛默飞、丹纳赫、德国默克等公司积极在中国扩大市场规模，它们的品牌声誉、产品质量等均具有较强竞争优势，积极推动了中国科学服务市场的发展。它们的快速发展也使得国内企业倍受鼓舞（见表 2.2）。

2 中国市场

国内科学服务业起步较晚，行业参与者众多，与国外成熟市场相比成长空间较大，但竞争激烈。行业集中度较低，呈现产品单一、规模较小、区域依赖的特征，与国外整体水平仍有一定差距。高端产品基本依赖进口，但研发投入持续增加有望解决技术含量偏低的问题。国内科学服务参与商根据经营模式可分为三类：试剂、特种化学品、耗材、仪器等生产制造商，贸易商，综合服务商。生产制造商侧重于产品生产，其

表 2.2　中国市场科学服务业主要参与者（2019 年）

序号	主要竞争对手	简　介	业务结构	2019 年中国区收入 / 亿元
1	赛默飞	赛默飞是科学服务领域的领导者，产品主要包括分析仪器、实验室设备、试剂、耗材和软件等，并向客户提供实验室综合解决方案，其拥有多家分公司及工厂，市场覆盖范围较广	实验室产品和服务、生命科学与解决方案、专业诊断、分析技术	192.0
2	默克	默克是全球领先的医药健康、生命科学及高性能材料行业科技公司、Sigma-Aldrich 为德国默克（Merck KgaA）子公司，是全球最大的化学试剂供应商，旗下包括 Sigma-Aldrich、Fluka、Rdh 等数个品牌，Sigma-Aldrich 公司的产品基本覆盖了化学试剂的各个领域	生命科学、健康管理、高性能材料	160.1
3	丹纳赫	丹纳赫下属生命科学事业部为广大科研、商业实验室的生命科学研究工作者们提供先进的仪器系统、试剂和世界级的技术服务与支持，不断促进生物学科研的新技术发展	生命科学、诊断产品、环境及应用解决、牙科	161.0
4	国药试剂	国药试剂是国内化学试剂领域的领军企业，其主要通过 OEM 方式生产产品，产品覆盖面较广，主要在国内销售。国药试剂属于轻资产运营，国内销售渠道发达，供应商和客户资源丰富，品牌影响力强，产品种类丰富且易于扩展	化学试剂、实验耗材、仪器设备、实验家具等产品	—
5	阿拉丁	阿拉丁业务立足于科研高端试剂行业，掌握了试剂的纯化和研发工艺技术，并成功研发生产出分析色谱、高端化学、生物试剂、新材料等领域的高端试剂产品	化学试剂、生物试剂、生物工程产品领域内的技术开发、技术咨询、仪器仪表、玻璃制品等产品	2.0

续　表

序号	主要竞争对手	简　　介	业务结构	2019 年中国区收入 / 亿元
6	安谱实验	安谱实验专注食品安全、环境检测和药品检验等领域，通过自主开发和生产，掌握了多项核心技术和专利，并开发出多种极具竞争力的产品，是集研发、生产、销售和服务为一体的综合性企业	实验室用品、实验室用品的选型以及实验室技术方案的咨询、开发等服务	5.0
7	西陇科学	西陇科学是国内化学试剂专业制造商和集成供应商，为客户提供优质产品和化学试剂技术解决方案。西陇科学采用以销定产和批量化定制的生产模式，线上电子商务平台 + 线下销售联动的销售模式和自产、OEM 及集成供应相结合的供应链管理模式	化学试剂的生产、研发、销售以及化工原料销售	33.4
8	泰坦科技	泰坦科技聚焦实验室场景，专注于一站式实验室产品与配套服务。在行业内率先形成以 OEM 模式生产自主品牌 + 外销第三方品牌的产品矩阵，共 6 个自主品牌。以自主创新研发和仓储物流体系建设为“双核驱动”的模式定调发展	科研试剂、特种化学品、科研仪器及耗材、实验室建设及科研信息化服务	11.4

（资料来源：公司官网、招股说明书、中银证券）

产品种类较单一，下游客户的单品用量也较少，导致企业规模普遍较小，无法满足科研机构对产品的综合需求。贸易商主要侧重于产品的采购和销售，产品种类多，但缺乏自主品牌产品，而且存在专业技术不强和售后服务不完善等问题，普遍具有一定的区域性限制。国内实验室用品行业缺乏高端产品及质量好、性价比高的产品，部分高端试剂和设备依赖进口，而且产品技术含量整体偏低，生产工艺及研发技术有待提高，需要持续进行技术突破和新产品的研发投入。近年来科研行业高景气带来的研发投入持续增长，有望助推我国突破高端科研用品国产化的技术瓶颈。

国内竞争者优势单一，综合服务商的出现有效提高了行业集中度。国内的产品型科学服务提供商如阿拉丁、洁特生物、安谱实验、西陇科学等，其产品优势领域专一，主要向客户提供特定种类的专业化产品，具有较强的专业性特色，但缺乏整体解决方案。综合服务商侧重于为下游客户提供全方位科学服务，打造高度差异化的产品体系，搭配成熟的销售渠道和仓储物流系统，为客户提供方便、快捷、稳定的科学服务。对标发达国家相关行业和企业发展，综合服务商可以加速行业集中。

3　行业标杆企业赛默飞

2006 年以前国际科学服务业家族企业盛行，以中小型企业居多，行业内企业仅有能力在实验试剂、耗材或者仪器设备中的某一领域开展业务，没有形成一站式整合的跨国巨头。2006 年，美国两大家族企业热电公司（Thermo Electron）和飞世尔科技公司（Fisher Scientific）在私募资本的推动下合并成立赛默飞世尔科技公司（Thermo Fisher Scientific）。飞世尔公司的实验试剂和耗材与热电公司的仪器设备强强联合，形成了实验试剂、耗材及仪器设备一站式的科学服务龙头企业。通过不断的并购和融合，赛默飞已发展成为全球领先的科学服务公司，能够为客户提供一整套包括高端分析仪器、实验室装备、软件、服务、耗材和试剂在内的实验室综合解决方案。

合并前的美国热电公司创办于 1956 年，是一家传统的大型仪器制造商和曾经的世界第一分析仪器供应商，专注于仪器的生产制造和销售，满足潜在市场的需求和服务，被称为“永恒的构思机器”。曾经的全球化学品供应商和科学仪器代理商巨头在合并后，将原来热电和飞世尔旗下的众多品牌成功地整合为 Thermo Scientific 和 Fisher Scientific 两大旗舰品牌。Thermo Scientific 继承了原来热电公司的创新能力、产品高技术含量等品质特点，是公司为客户提供包括高端分析仪器、实验室装备、软件、服务、耗材和试剂在内的完整综合解决方案的首要品牌。Fisher Scientific 代表着最广泛的产品种类和最便捷的销售服务，是公司著名的渠道品牌。

两家业务结构互补的公司合并，为新公司成为全球科学服务领域的巨头奠定了基础。从地理位置来看，美国热电在亚洲、欧洲有较高的市场份额，而飞世尔在美国有强大的销售网络。从产品来看，美国热电的仪器硬件领先，而飞世尔在软件、耗材以及服务领域特色鲜明。这种合并的优势是产品线不会重复而且销售互补，为新公司后来的高速发展奠定了良好的基础。

合并后，赛默飞聚焦于生命科学和体外诊断领域，之后不断并购整合多个细分领域的行业巨头，12 年内完成 230 起并购。伴随着不断的收购和业务规模的扩大，公司市值一路水涨船高，2021 年曾接近 2 000 亿美元。2021 年，公司全球员工达 80 000 名，在多个国家设有研发中心和工厂，服务客户超过 40 万家。该公司非常重视中国市场，在中国运营已超过 35 年，并在上海设立中国地区总部，现有 8 家工厂，分别在上海、北京、苏州和广州等地。作为全球科学服务领域的领导者，2020 年公司营业收入达到 322.18 亿美元，在全球科学服务领域居于首位，即使在整个医药行业中也可排名第九位（见图 2.12）；2020 年公司净利润达到 65.16 亿美元，2014—2020 年复合增长率高达 27.71%（见图 2.13）。

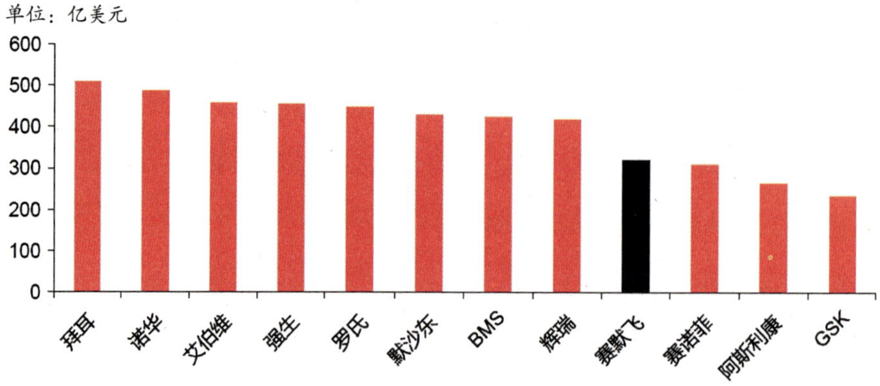

图 2.12　2020 年医药行业主要企业销售收入全球排名
（资料来源：赛默飞公司公告、Bloomberg 等）

图 2.13　2010—2021 年赛默飞收入及净利润比较
（资料来源：赛默飞公告、华泰研究）

自从 2006 年热电公司和飞世尔合并之后，全球科学服务业也进入了跨国公司大规模并购的时代。典型的并购案例包括德国默克 2010 年以 72 亿美元收购试剂和耗材生产企业美国密理博（Millipore），2015 年以 170 亿美元收购科研试剂龙头企业美国西格玛奥德里奇（Sigma-Aldrich）；赛默飞 2013 年以 136 亿美元收购主营生物试剂、耗材和仪器的美国生命技术公司（Life Technologies），2016 年以 42 亿美元收购电子显微镜专长的仪器厂商美国 FEI 公司，2017 年以 72 亿美元收购专长药物研发外包的科研试剂和实验耗材企业荷兰 Patheon 公司，2020 年以 115 亿美元收购生命科学产品提供商德国凯杰（Qiagen）[1]；丹纳赫 2015 年以 138 亿美元收购制造科研耗材的颇尔公司（Pall），2019 年以 214 亿美元收购通用电气公司（GE）旗下的生命科学部门；艾万拓（Avantor）2017 年以 64 亿美元收购生命科学产品代理商 VWR 公司等。

从地区来看，赛默飞营业收入主要来源于北美，2019 年北美营收占比为 52%，2015—2019 年营收占比均超 50%，本地化战略较为明显。第二大收入来源为欧洲地区，2015—2019 年营收占比均接近 25%，份额较为稳定。公司正加强在新兴发展地区的业务开拓，2015—2019 年亚太地区营收占比稳定在 20% 左右，近年来稳中上升。其中，中国地区业务开拓最为积极，中国地区收入占比近 50% 而且高速增长。2013—2019 年中国地区收入年复合增长率为 22.8%，2017—2019 年中国地区收入占公司总收入的比重分别为 9.8%、10.3%、10.8%，占比逐年稳步增长（见图 2.14、图 2.15）。

赛默飞旗下目前拥有 4 大业务板块和 7 大主要品牌，在生命科学和医药定制研发生产业务领域有较完整的布局。4 大主营业务板块包括生命科学解决方案（Life Sciences Solutions）、分析仪器（Analytical Instruments）、专业临床诊断（Specialty Diagnostics）、实验室产品和服务（Laboratory Products and Services）。7 大主要品牌包括 Thermo Scientific、Applied Biosystems、Invitrogen、Fisher Scientific、Unity™ Lab Services、Patheon、Brammer。在 4 大主营业务板块中，实验室产品和服务板块占比常年保持在 37% 左右，生命科学解决方案板块和分析仪器板块占比整体呈

1　受新冠肺炎疫情影响，凯杰公司业绩爆发增长，最终因未能说服足够多（3/4）的凯杰公司股东批准这笔潜在交易，未能达成并购协议。

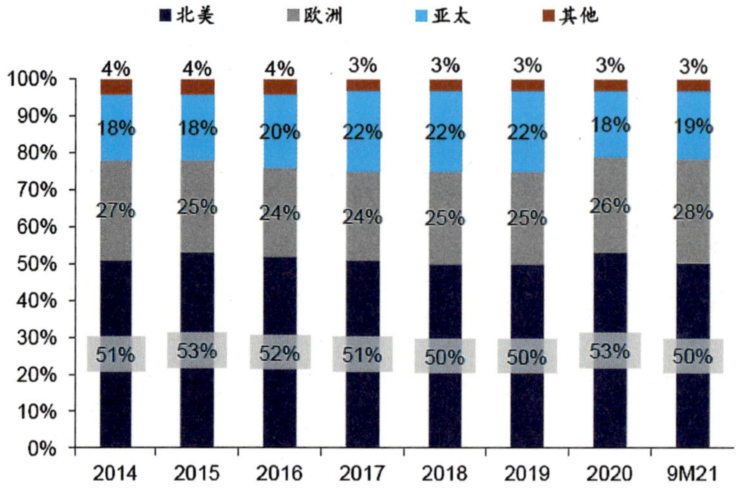

图 2.14　2014—2020 年赛默飞按地区分解营业收入构成
（资料来源：赛默飞公告、华泰研究）

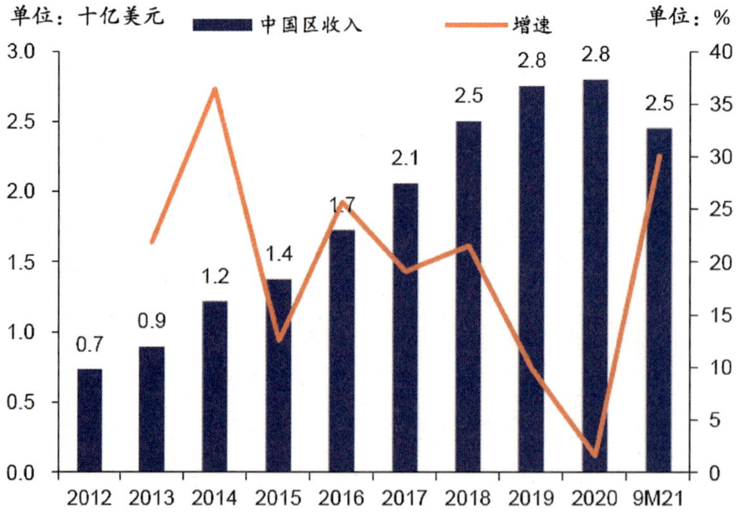

图 2.15　2012—2020 年赛默飞中国区收入及增长情况
（资料来源：赛默飞公告、华泰研究）

增长态势，生命科学解决方案板块的盈利贡献增长最明显，而专业临床诊断板块占比有所回落。2020 年，实验室产品和服务板块收入为 122.4 亿美元，占总营业收入的 35.1%，生命科学解决方案板块收入为 121.7 亿美元，占总营业收入的 35%，成为该公司的两大主要业务板块（见图 2.16）。

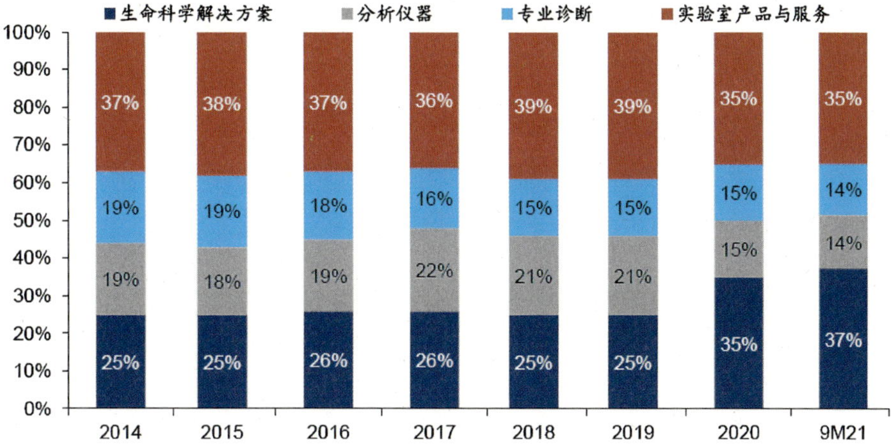

图 2.16　2014—2020 年赛默飞按业务分解营业收入构成

（资料来源：赛默飞公司公告等）

实验室产品和服务板块是赛默飞成立以来的传统业务板块，包括实验室耗材、含“两箱一柜”的实验室通用仪器设备、实验室化学品、含 CDMO 的制药服务、生物安全和样品储存管理等。近年来，赛默飞重视扩大生物医药服务的业务规模，于 2017 年收购医药合同定制研发生产公司 Patheon，于 2019 年收购提供基因治疗外包研究制药服务公司 BrammerBio。实验室产品和服务部门因医药研发、外包生产业务规模的扩大得到快速发展，2018 年收入同比增速达 28.3%。2020 年实验室产品和服务板块收入达 122.4 亿美元，同比增长 15.5%，占总营业收入的 35.1%，为公司营业收入占比最高的板块。

生命科学解决方案板块是公司第二大业务板块，该部门在2014年并购生命科学仪器耗材和服务提供商Life Technologies后，新增业务主要包括抗体、蛋白表达/纯化、DNA/RNA纯化、细胞分析/培养/转染等。随着公司对生命科学领域的重视和投入的加大，该板块竞争力逐渐得到市场认可。2014—2019年，生命科学解决方案板块收入年均复合增长率为10.3%，板块毛利率近34%并保持稳定上升，短短5年时间成为公司利润贡献最大的板块。2020年受新冠疫情带动，生命科学解决方案板块收入121.7亿美元，同比增长77.4%，占总营业收入的比重为34.9%，同期毛利率为50.2%，同比增长40.8%。

分析仪器板块业务主要包括实验室场景的仪器、消耗品、软件服务等。自赛默飞并购电子显微镜制造商FEI后，其高精度电子显微镜、分子光谱分析仪器等物质和结构分析业务的补充带动销售业绩增长显著，年复合增长率为14.6%，2017年同比增速达31.3%，是4大业务板块中增速最明显的板块，板块收入稳定在50亿美元以上的较高水平。2020年分析仪器板块收入为51.2亿美元，同比增长−7.2%，占总营业收入比重为14.7%，主要原因是2020年上半年新冠疫情导致销售停滞，拉低了全年的业绩，2020年第4季度分析仪器板块营收同比增速达8%，恢复正常水平。

专业临床诊断板块业务主要包括肿瘤学临床诊断测试、诊断测试套件、微生物鉴定等。该部门是赛默飞收购血检系统供应商Phadia后与原分析部门于2011年合并成立的。板块年均复合增长率为2.2%，增长平稳；毛利率保持平稳上涨，业务正常发展。得益于新冠疫情体外诊断需求，2020年专业临床诊断板块表现优异，板块收入53.4亿美元，同比增速达43.5%，占总营业收入的比重为15.3%。

附　　录

附录 1　泰坦科技发展历程（“泰坦征途”）

年份	关键词	重 大 事 件	获 得 荣 誉
2007	萌动	2007 年 10 月 18 日在华理宿舍泰坦创办成立，大学生创业基金会 20 万元无偿资助	—
2008	探索	创立并运营了 Adamas-beta（阿达玛斯）试剂品牌	—
2009	成长	获得 150 万元天使投资	—
2010	发展	创立 GENERAL-REAGENT/ 通用试剂品牌，获得 1 500 万元风险投资	—
2011	加速	国内科研一站式服务信息化平台“探索平台”成功上线	国家高新技术企业
2012	变革	再次引进产业资本，完成公司股份改制	上海市创新型企业，2012 年度最有成长价值企业（全国十家），第七届“中国青年创业奖”，上海市优秀技术带头人
2013	合作	完成新基地建设，已创立了 5 个自主品牌	上海市领军人才
2014	精耕	获亚洲企业孵化器协会最高奖——火炬企业家，泰坦模式获央视新闻联播报道	2014 年度亚洲孵化器协会最高奖“火炬企业家奖”，第七届上海青年科技英才（企业创新类）
2015	亮剑	成为国内新三板挂牌上市的科学服务企业	上海市科技小巨人企业
2016	逐鹿	销售额达 4.09 亿，同比增长 52%	上海市青年科技杰出贡献奖（此奖唯一 80 后获奖者）
2017	征伐	销售收入实现 63% 增长，响应“一带一路”倡议为委内瑞拉供首批 58 万件科研物资	“安永复旦”最具潜力企业奖

续 表

年份	关键词	重大事件	获得荣誉
2018	怒放	国开行投资泰坦成为战略股东	上海市工人先锋号，2018年度中国长三角杰出青商
2019	引领	徐汇区石龙路总部落成，获得钟鼎、建发1.3亿元定增。首次科创板上市失利	上海市优秀青年企业家
2020	聚变	科创板上市（股票代码688133），松江新基地启动建设	上海市劳动模范，2020年度金牛科创奖，2020年度金牛企业领袖奖
2021	新亮剑	销售突破21亿元，同比增速超52%，实现23个城市自送上门，完成安徽天地收购	上海市优秀企业家，2021年度创新竞争力企业

（资料来源：编者根据泰坦科技网站资料等整理形成）

附录 2　全球科学服务主要企业概况

公司名称	国家	主要产品及服务	2019 年收入 / 亿美元	中国区收入 / 亿美元	收入拆分 a/ 亿美元	收入拆分 b/ 亿美元	人均产值 /（万美元 / 年）	净利润 / 亿美元	净利率 / %	市值 / 亿美元	2021E 调整后 P/E
赛默飞（Thermo Fisher）	美国	仪器、试剂、耗材、信息化、服务	255.4	27.5	生命科学解决方案：68.6/ 分析仪器：55.2/ 特殊诊断：37.2/ 实验室产品和服务：106.0	消耗品：131.1/ 仪器：63.9/ 服务：60.5	34.1	37.0	14.5	1 843	22.9
丹纳赫（Danaher）	美国	仪器、试剂、耗材	179.1	23.1	生命科学：69.5/ 诊断程序：65.6/ 环境与应用解决方案：44.0	分析和物理仪器：24.6/ 研究和医疗产品：135.1/ 产品识别：19.3	29.9	30.1	16.8	1 595	31.3
德国默克（Merck KGaA）	德国	仪器、试剂、耗材、服务	189.0	25.5	健康医疗：75.2/ 生命科学：76.9/ 性能材料：28.8	—	33.6	14.8	7.8	741	20.6
安捷伦（Agilent）	美国	仪器、耗材、信息化	51.6	10.2	生命科学与应用市场：23.0/ 诊断和基因组学：10.2/ 实验室产品和服务：18.4	仪器仪表：21.5/ 其他：30.1	31.7	10.7	20.7	364	32.8
岛津（SHIMADZU）	日本	仪器、耗材	35.7	5.7	计时仪器：21.9/ 医用仪器：6.5/ 航空仪器：2.8/ 产业仪器 4.0/ 其他：0.6	—	103.2	2.9	8.1	108	40.5
梅特勒-托利多（METTLER TOLEDO）	瑞士	仪器、耗材、试剂	30.1	5.3	实验室：15.8/ 工业：12.3/ 零售 2.0	—	18.6	3.9	13.0	269	40.6

续 表

公司名称	国家	主要产品及服务	2019年收入/亿美元	中国区收入/亿美元	收入拆分 a/ 亿美元	收入拆分 b/ 亿美元	人均产值/（万美元/年）	净利润/亿美元	净利率/%	市值/亿美元	2021E 调整后 P/E
珀金埃尔默（PerkinElmer）	美国	仪器、信息化	28.8	5.8	诊断：11.4/ 生命科学：9.8/ 应用市场 7.7	—	22.2	2.3	8.0	161	16.8
沃特世（Waters）	美国	仪器、耗材	24.1	4.4	仪表：9.6/ 化学耗材：4.1/TA 分部仪表：1.9/ 服务：7.6/TA 分部服务 0.8	—	32.1	5.9	24.5	156	27.1
堀场（HORIBA）	日本	仪器、耗材	18.5	2.5	汽车测量系统设备：7.4/ 环境和过程系统设备：1.8/ 医疗系统设备：2.3/ 半导体系统设备：4.3/ 科学系统设备：2.5	—	22.4	1.4	7.6	25	15.5
亚速旺（AS ONE）	日本	耗材、试剂	6.5	—	科学仪器装置：2.9/ 科学器具消耗品：2.4/ 护理用品 1.2/ 其他：0.04	—	147.3	0.6	9.2	31	50.3

注：（1）美元金额 = 原始货币金额 / 年报期末汇率，其中 1 美元 =0.892 61 欧元，1 美元 =108.856 85 日元；

（2）如无特殊说明，以上财务数据均对应 2019 财年，其中安捷伦 2019 财年区间为 2018.10.31—2019.10.31，岛津、亚速旺 2019 财年区间为 2019.04.01—2020.03.31，其余公司为 2019 年自然年；

（3）收入拆分 a 列为各公司年报中主要披露的收入拆分口径，b 列为年报中以试剂 / 仪器 / 耗材 / 其他分类的收入拆分口径；

（4）市值为 2020/12/18 收盘价数据

（资料来源：Bloomberg、各公司年报、Wind、华泰证券研究所等）

案例三

甘田光学

创新之旅

本案例由

华东理工大学商学院

费鸿萍、畿非撰写；

案例目的是为教学之用，

非为说明案例公司管理是否有效。

2021年9月29日，一批上海市金山区的科技人才着正装、走红毯、领奖状，从实验室走到聚光灯下，令人瞩目。目光投向领奖台，师出名门的甘家安代表上海甘田光学材料有限公司（以下简称“甘田光学”）及其子公司丹玥光学（上海）有限公司（以下简称“丹玥光学”）站在领奖台中央接受表彰——2020年度上海市科技进步奖一等奖。凭借着“无底色高性能光致变色染料关键技术及产业化”这一项目也终于抱得人、企“双料大奖”。

从甘家安口中无人问津的“国内小作坊”到一举成为金山区首个获得上海市科技进步一等奖的民营企业，甘田光学就如它的名字一般，在外人眼里看来已然是享受着“甘甜”了。谈及公司，甘家安说得最多的还是“要以最快的速度研制出来”，保持着百米赛跑的紧迫感去拼速度。尽管放眼全球，甘田光学已跻身光致变色[1]技术研发与全套应用的产业前列，然而有时商业赛跑中的乘胜追击与扭转乾坤只在于某一个节点，眼看着头部公司正陷入胶着的“拉锯战”中，甘家安也思虑着属于甘田光学的更多的可能性……

从实验室的科研到市场的商业探索

一副在室内看起来与普通近视眼镜别无二致的眼镜，拿到阳光下惊喜地化身为“太阳镜”，一块平平无奇的窗户玻璃，在阳光下颜色“变深”，

---

1 光致变色指的是某些化合物在一定的波长和强度的光作用下分子结构会发生变化，从而导致其对光的吸收峰值即颜色的相应改变，且这种改变一般是可逆的。

在阴天时颜色又“变浅”。这种看起来只会出现在展览会上的“魔幻”展示，依托的便是光致变色技术。

光致变色材料一直是国际上的研究热点，吸引了大批科研工作者投身其中，如今不仅仅在光信息存储、防伪技术、军事等领域有比较重要的应用，在服饰、家居、化妆品等民生领域也可见其身影[1]。最为常见的应用是光致变色眼镜，以及功能更全面、技术难度更高的变色蓝光眼镜（见图 3.1）。大众对该技术还有些陌生，简单来说光致变色是一种可逆的化学反应，根据光色互变可逆反应的原理，在日光和紫外线照射下可迅速变暗，完全吸收紫外线，对可见光呈中性吸收；回到暗处，能快速恢复无色透明[2]。

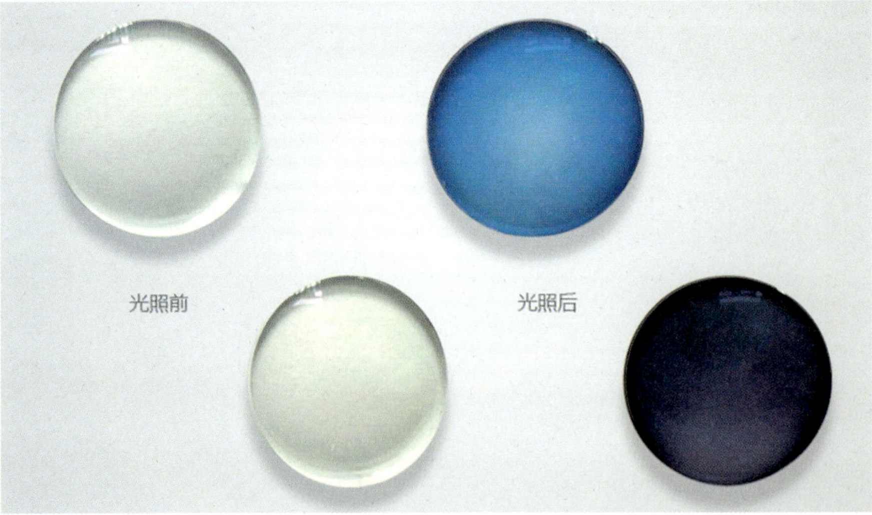

图 3.1　光致变色技术在镜片上应用呈现
（图片来源：甘田光学官网）

1　沈庆月、陆春华、许仲梓：《光致变色材料的研究与应用》，《材料导报》，2005 年第 10 期。

2　李天文、刘鸿生：《变色材料的研究与应用》，《现代化工》，2004 年第 2 期。

20世纪90年代，全球范围内拥有变色材料及其单体、镜片等产品应用全套技术与自主知识产权的企业只有3家，主要的变色镜片产品尚在试用阶段，光致变色技术产业到21世纪才成为一个新兴的细分产业。相较于其他化工材料开发，国内光致变色技术的研发起步较晚，话语权的缺失让国内不少企业长期维持着低端竞争态势。2005年前，各种核心的光致变色技术及核心材料都是被国外企业垄断，且这些不提供技术服务，致使国内企业一直处于变色眼镜这一巨大的市场“蛋糕”的边缘。贴牌生产、基础材料价格高昂等多种因素使得国内企业利润被大幅压榨，国内眼镜行业竞争呈现白热化、同质化状态，业内企业只能通过扩大规模、提高产能的方式维持生存，业内数家龙头企业利润低下、举步维艰，难以形成具有影响力的国际品牌。

光致变色技术广泛的应用前景和市场需求激发了国内研发企业奋力追赶的动力，科研人员摸索出一条以技术为内核，从0到1并不断迭代的发展路径，近年来已呈弯道超车的趋势。作为行业领先者，甘田光学掌握了核心技术，并拥有全套生产线和配套设施，其不断增进的技术突破与产品迭代，撬动了整个行业的变革。国内大量眼镜厂商开始摆脱低端竞争困局，实现技术驱动的转型升级，与此同时，为消费者高品质需求打通了一条持续发展的路径。其中缘由，首先要将视线转向甘田光学的前身安田感光。

1　科研人的梦想：成果转化落地

甘家安，甘田光学创始人，现任甘田光学董事长兼研发总监，1999年在华东理工大学材料科学专业攻读博士学位，师从田禾院士。网络上关于甘田光学及甘家安本人故事的报道并不多，当被问及是什么缘由接触到光学产业时，他说："我在华东理工大学读博时，我连襟试过和一个不太出名的眼镜企业合作，去做变色眼镜，不过失败了。"当时一心扑在科研攻关上的甘家安，对做生意并没有太多的想法，2002 年从华东理工大学顺利博士毕业后，便去法国实验室苦心钻研电设备制造、镜片合成与制成工艺。2004 年甘家安结束了在法国的博士后留学生活，归国后随即在国内某高校博士后流动站从事科研工作，然而还不到一年，科研团队便因故解散了。这一下子打乱了甘家安期望就职高校的规划，此时甘家安也不得不重新为未来打起算盘来。一个看起来非常偶然甚至有些被动的契机，让怀揣着科研攻关理想的他投身商海：导师田禾院士推了他一把，"去创业吧，苏州有个合伙人"。甘田光学的前身——"安田感光"落地苏州，甘家安口中的"技术研发小作坊"诞生了。

基于多年的科研沉淀，企业很快步入正轨，甘家安带领的科研团队在实验室内研发出光致变色材料，并具备了实现商业化的条件。毋庸置疑，作为科研人员，甘家安怀揣攻关技术的梦想，尽管"对自己十余年的科研成果十分有信心"，但他像很多初创公司的人一样，还是吃了不少闭门羹。由于长期以来受制于国外技术的垄断，作为国内首创本土变色技术材料的企业，安田感光在推广自己的技术产品时不断碰壁，本土生产商根本不买账。面对本土生产商的怀疑，甘家安一时间有口难言，别说将光致变色材料应用到眼镜上了，本土生产商哪里见过什么光致变色原材料呢？安田感光定位为技术材料研发型企业，面向的客户又全部是 B 端——眼镜生产商，小则销向周边区域，大则销往国内外。在没有任何保障的情况下，生产商确实很难冒风险去试用一个名不见经传的"小作坊"的产品，第一个吃"螃蟹"的眼镜厂商承担着绝对的风险。甘家安对此了然于心，做生意不是做慈善，如果还是按照传统"自我推销"那一套，任谁也不敢去做第一个吃"螃蟹"的人。创业需要技术，同时又需要创新的思路和勇于试水的精神。

“要想活下来就要持续地思考客户的需求是什么，要给客户创造价值。”尽管开辟变色眼镜高端产品线、摆脱低端产品竞争是国内厂商的普遍诉求，然而“要知道工厂投入一条新产品线不仅要砸钱，而且要消耗大量人力甚至牺牲眼前的利益，大多数厂商都是想求稳，他们担心国内技术不成熟”，生产厂商这样的担忧成了当时甘家安不得不面对的难题。一边是初创企业的举步维艰，另一边是未来客户对于风险的顾虑，怎么办？甘家安意识到，既然技术没问题，安田感光就是需要一个机会证明自己。

2　实现从技术到商业的蜕变

硬核的技术是新材料研发企业一封公开的推荐信。既然生产厂商担心投进去的钱打水漂，安田感光就顶住前期资金压力，采用“无偿使用以及和客户共同承担风险的方式”来打消客户的顾虑，并获得了与第一个客户的合作。和预想的一样，安田感光的第一个客户规模不大，工厂设在浙江省临海市。“当时工厂老板听到我们的方案时很兴奋，工厂迫切要开辟一条变色眼镜高端产品线，摆脱低端产品竞争。”

从实验室走向工厂，从技术导向转向市场导向。“有公司把研发和市场比作哑铃的两端，单纯的技术导向型公司是存活不下来的，企业一定要以客户为中心，坚持市场导向，满足客户需求，为客户创造价值，与目标市场有共鸣，这样才能走得更远。”然而，谈何容易。甘家安面临着各种各样料想不到的困难。临海市的眼镜厂商规模有限，是安田感光有限的选择内不多的合作对象。“商场如战场，创新这一条路注定是持久战、心理战、消耗战，只有随时做好最坏的打算，按照最悲观的状态准备所有火力。”相较于抱着试一试的心态，这次合作是安田感光的“背水一战”，一旦失败，再想谈市场，就会难上加难。“当时试片花了近 10 个月的时间，来回奔波上万里”，终于避免了技术夭折在实验室，换来了试片的成功，顺利投产，走向市场。这次成功，一炮打响，开启了国内变色材料民族品牌发展的新征程，安田感光获得了客户的认可，在行业内逐渐名声大噪。随后国内十大眼镜厂商闻名而来，安田感光成了名副其实的“香饽饽”，坐冷板凳的光景一去不复返。

甘家安所带领的科研团队推出的第一代变色产品成功突破国外巨头的技术壁垒，在变色灵敏度和抗老化性能方面均不亚于世界顶尖技术水准。安田感光“一下子就把国外供应商甩在了身后”，下游工厂生产的变色眼镜迅速占领国内外市场，国内主要眼镜生产商如上海伟星光学、鸿晨光学、上海康耐特、江苏明月光电、康美达、江苏视玥、俊视光学等均成为安田感光的客户。本土眼镜厂商尝到了甜头，国内眼镜行业也在短短几年内迅速崛起。无论在技术层面还是商业化赛道上，此时的安田感光都可谓超常发挥，成绩斐然。

2007 年年初，安田感光的技术创新又马不停蹄地迈上了一层新台阶，甘家安所带领的科研团队实现了产品迭代，合成第二代无底变色单体材料，在行业内独占鳌头。产品才在市场上推出，订单就紧接而至，最终以“1 公斤 20 万元”的零售标价，积累了“从技术到商业蜕变”真正意义上的第一桶金。

短短几年，甘田光学前身安田感光的研发成果显著，先后研制出第一、第二代变色镜片，公司拥有了变色材料及变色单体材料配方的核心技术，在镜片变色市场上占据绝对的领导地位。生意上了轨道，业绩也一路向好。2010 年，公司资产达两亿，本该继续前行的公司，合伙人却对未来产生了分歧。对于搞科研的人来说，两亿元并不是一个小数目，合伙人想要退出，带走其中的一亿元远飞国外安家。而甘家安该拿着剩下的一亿资金去哪里呢？

这一幕，像极了 6 年前博士后流动站解散的场景，甘家安又再次面临着抉择。上次尚且“光脚”，这一次，甘家安可是揣着“鼓囊囊的一袋子”资金站在分叉路口上，选择的背后是落袋为安与风险未知的矛盾。然而，甘家安自问：“创立安田感光的这些年让我拥有了经营企业的经验，这是我最重要的人生经验之一……为什么要创业？年复一年日复一日勤奋拼命地工作，通宵达旦地实验攻关难道仅仅是为了赚钱，然后拿着一笔钱从此过上安逸的生活吗？”

困难乃见才，不止将有得。多少人蛰伏多年等不来一个结果，做科研的人最不惧也最熟悉的就是“冷板凳”，最不该有的是已见山头却突然折回。眼看着刚“把国外供应商甩在身后”，帮助国内光致变色技术产业出头，打造民族企业的前景似乎也指日可待。古有夸父逐日，如今“追光”哪有追一半的道理。“我对自己的技术从来没有丝毫的怀疑，当时拥有的国内眼镜客户也已占据了一半的世界市场，因此我非常坚定，下定决心要踏上第二次创业之路。”谁又能说研究型的创业公司就不如纯粹的科研实验室有更多机会跑在前沿？商议之后，甘家安和合伙人一拍两散，在安田感光积累的原始资产也一分为二，各自分走了一亿元。

2010 年 12 月 14 日，上海甘田光学材料有限公司在上海金山科技园区悄然成立。金山区宽松优越的投资环境，以及与母校华东理工大学进行产学研合作的便捷区位条件，都是甘田光学选址上海市金山区的加分项。“高科技 + 分子机器 + 低污染”，也与金山区政府的招商诉求不谋而合，甘田光学开始了其光致变色技术的全套研发与商业应用，秉承“应用一代、研发一代、储备一代”的技术方针，拳头产品每 3 年迭代一次，成了甘田光学屹立不衰的制胜法宝。

3　盈利模式：从工业类产品→商业类产品

标价“1 公斤 20 万元”的变色粉，打开了一个博士的创业之门，也延续了其至今近二十载的光致变色科研路。甘家安回忆道：“当时变色粉 1 公斤 20 万是正好赶上了，现在再去卖就不可能了，我们做技术的必须一直创新，不然要被淘汰掉的。”如果说“第一桶金”有些机缘巧合的意味，那么凭借这一亿元的启动资金，一路以来稳扎稳打发展至今的甘田光学，可绝不像赚第一桶金那般轻松了。

2010 年，国内光致变色技术的商业化应用尚处于起步阶段，光变材料生产线还十分稀少，不仅关键技术匮乏，而且不知道拿什么设备去生产。处在创业初期的甘田光学尽管得到上海市金山区政府的大力支持，但也遇到了两个难题。一来，变色粉是很明显的工业产品，之前的创业也一直处在工业化这条赛道上，以后的路是延续工业化还是转向更为大众的民生领域呢？二来，巧妇难为无米之炊，做生意和做科研不一样，从实验室走向市场有相当的距离，这段距离的阻碍之一便是生产线匮乏导致无法实现工业化量产。把光致变色技术局限在实验室里，绝对不是甘家安想要的，也完全违背他当初继续二次创业的初衷。另外，为了真正实现完全的技术自主，生产设备也不能让国外“卡脖子”。彼时公司规模尚小，但对于发展路径，甘家安想得很清楚的。

在实验室突破光致变色镜片技术难题之余，甘田光学联合 IT 企业、机械自动化企业，在没有经验借鉴的前提下，开始了愈挫愈勇的生产线试验。通过前后 4 次优化改进和不断的测试，成功打造了一套柔性生产线，它能根据镜片涂层的不同工艺和性能需求进行调节，满足工业化生产需要。这一难题的解决，使得生产设备和配套能接得住技术发展要求，研发转化效率进一步加强，新产品将实现可持续落地。这无疑奠定了甘田光学供应链独立可控的现实基础，也成为甘田光学能在国内光学镜片市场走上康庄大道的重要因素之一。与此同时，2010 年，甘田光学首创第三代无底光感快变产品，达到国内领先水平。技术研发与商业化齐头并进。“从我想要这样的”一步步走向“我自主研发出这样的”。

甘家安认为：“甘田在企业技术的研发应用中，一方面要实现光致变色材料在眼镜行业的产品迭代系列化；另一方面也要不断拓展光致变色材料产品的应用范围和领域，形成跨领域综合应用的光致变色材料产品。”

发展中的中国变色镜片行业

1　镜片的“基变”与“膜变”发展

变色镜片，也称为感光镜片。变色镜片涉及光学、新材料、机械制造、AR 智能、软件、系统、时装设计等学科领域，变色镜片行业的发展离不开这些学科领域以及整个化工行业的成长与推动。目前的主流是树脂变色镜片，在亚克力树脂镜片上加入吡咯环等化学物质，让原本透明无色的镜片遇上强光照射变成有色镜片来做防护，主要用于露天野外、雪地、室内强光源工作场所，防止阳光、紫外线、眩辉光对眼的伤害，适合室内室外同时使用。变色镜片根据镜片变色部位不同分为基片变色镜片（简称“基变”）和膜层变色镜片（简称“膜变”）两种。前者为传统变色方式，即原材料变色，后者为附着膜层变色基片。

基片变色镜片是在镜片基片中添加了卤化银化学物质的镜片。利用卤化银的离子反应，或者在亚克力树脂镜片上加入吡咯环等化学物质，在强光刺激下分解为银与卤素，使镜片着色，光照变弱后，又结合成卤化银，颜色变浅。通过在单体原料中加入掺好的变色剂，整个镜片都充满变色剂。其优点是变色时间长，耐高温。其缺点是高度数镜片的中间和边缘颜色会有一点点的差距；镜片的边缘厚度和中间的中心厚度是完全不一样的，所以看起来颜色会出现偏差；使用一段时间后会出现底色，影响视觉体验；变色产品线较少，主要集中在 1.56 和 1.60 折射率。

2015 年中国基片变色镜片产量为 4 279 万片；2016 年中国基片变色镜片产量为 4 419 万片，同比增长 3.27%；2017 年中国基片变色镜片产量为 4 847 万片，同比增长 9.68%；2018 年中国基片变色镜片产量为 5 233 万片，同比增长 7.97%；2019 年中国基片变色镜片产量为 5 714 万片，同比增长 9.20%（见图 3.2）。

膜层变色镜片则是在镜片镀膜工艺中进行了特殊处理的镜片。比如采用螺吡喃类化合物，在镜片表面进行高速旋涂，根据光线与紫外线的强

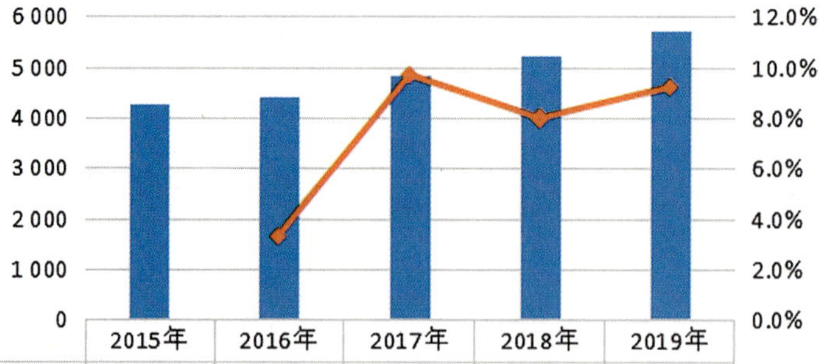

	2015年	2016年	2017年	2018年	2019年
产量 / 万片	4 279	4 419	4 847	5 233	5 714
同比增长		3.27%	9.68%	7.97%	9.20%

产量 / 万片　同比增长

图 3.2　2015—2019 年中国基片变色镜片产量
（资料来源：中经视野分析）

弱，利用分子结构自身的反转开合实现通过或阻挡光线的效果。单层膜变又称旋涂工艺式膜变，是在镜片表面喷上薄薄的一层变色剂，特点是底色浅接近无底。它的优点是变色迅速、均匀；缺点是变色时间较短，特别是高温时候，很容易不变色。另外，为了提高变色速度导致变色膜和其他功能膜层的膨胀系数不一样，因而在长期的温度变化（室内、室外切换）中导致裂膜，影响使用寿命，一般在 1 年左右。目前最好的旋涂工艺膜变技术掌握在美国全视线镜片公司。双面膜变即把镜片浸泡在变色药水中，内外膜层上都添加了变色层，变色均匀。其优点是变色较快，且膜层均匀；缺点是膜层附着率较差。

2015 年中国膜层变色镜片产量为 2 014 万片；2016 年中国膜层变色镜片产量为 2 111 万片，同比增长 4.84%；2017 年中国膜层变色镜片产量为 2 222 万片，同比增长 5.23%；2018 年中国膜层变色镜片产量为 2 466 万片，同比增长 11.00%；2019 年中国膜层变色镜片产量为 2 857 万片，同比增长 15.86%（见图 3.3）。

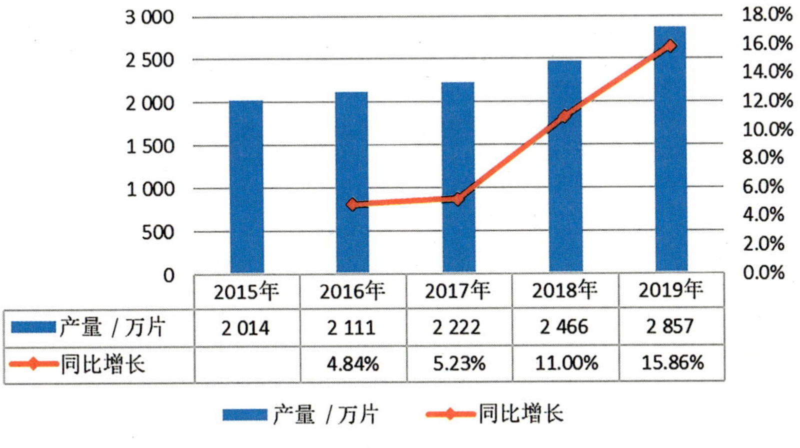

图 3.3　2015—2019 年中国膜层变色镜片产量

（资料来源：中经视野分析）

2　全球变色镜片行业概况

目前，全球变色镜片主要销售市场集中于欧洲的法国、德国、西班牙以及北美的美国、加拿大和亚洲的日本等地。这些地区变色镜片行业发展历史较长，居民对产品的认知度较高，因此变色镜片在上述地区的市场渗透率最高。作为全球范围内推荐排名第一的变色镜片生产公司，全视线[1]在全球各地都有稳定的市场份额：北美及大洋洲的市场占有率最高，达 15%～20%；欧洲地区达 10%～15%；非洲地区达到 10%。在这些市场较为成熟的国家和地区，由于全视线对渠道的不断普及和消费者教育的投入，销售数字仍在不断上升中。2015—2019 年全球的变色镜片产量情况如图 3.4 所示，全球的变色镜片基片产量和变色镜片膜片产量如图 3.5、图 3.6 所示。

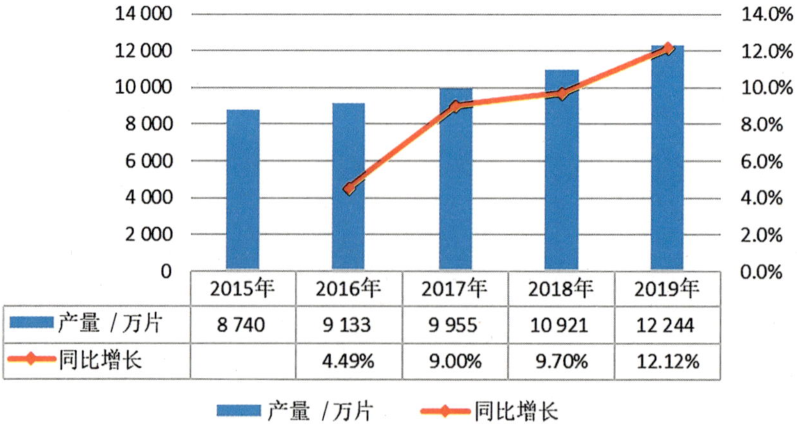

	2015年	2016年	2017年	2018年	2019年
产量 / 万片	8 740	9 133	9 955	10 921	12 244
同比增长		4.49%	9.00%	9.70%	12.12%

图 3.4　2015—2019 年全球变色镜片产量

（资料来源：中经视野分析）

1　全视线光学公司的简称。

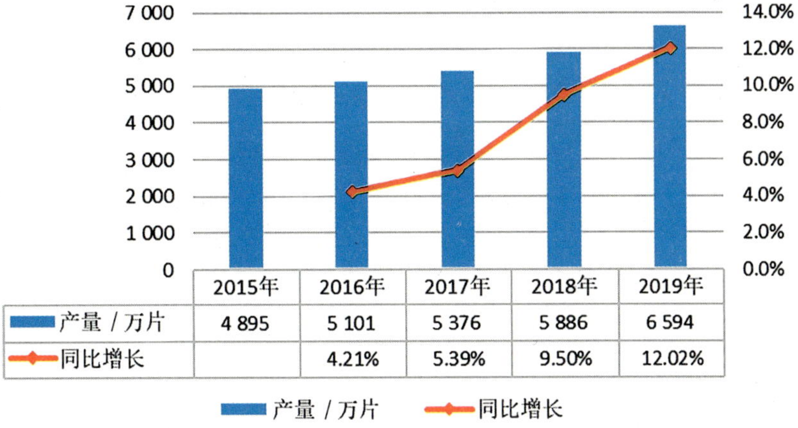

图 3.5 2015—2019 年全球变色镜片基片产量
（资料来源：中经视野分析）

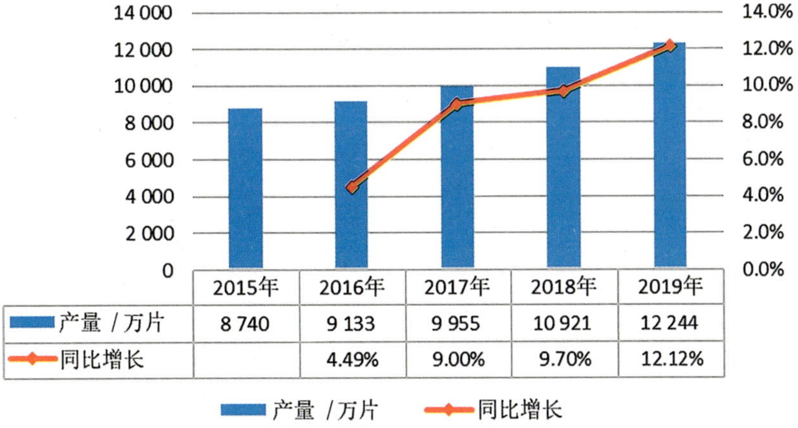

图 3.6 2015—2019 年全球变色镜片膜片产量
（资料来源：中经视野分析）

3 本土变色镜片业市场规模

近年来，中国宏观经济稳定发展，高近视率的刚性需求和太阳镜等时尚生活类用品需求，使得中国眼镜零售市场也稳步增长。随着生活水平、消费能力不断提高，消费者有能力购买多副眼镜以满足不同场合的佩戴需求，并且倾向于选择超轻新材质的镜架，抗辐射、抗疲劳等多功能的镜片，这些都刺激了眼镜零售市场的快速增长。

据欧睿国际（Euromonitor Internationa）[1] 预测，到 2023 年，国内眼镜产品市场规模有望突破 1 000 亿元，这个千亿市场将会成就一批企业[2]。而眼镜行业准入门槛低，行业集中度低，水平参差不齐是行业“公开的秘密”。随着技术的高速发展，传统的实体店不仅面临着线下的竞争，还面临来自互联网零售的冲击。

国内技术的进步，让中国变色镜片成本下降 90%，让变色镜片在国内市场的普及跨过了价格门槛，也提升了中国变色镜片在国际市场上的竞争力。

根据中华人民共和国工业和信息化部发布的报告，2015 年中国变色镜片行业市场规模为 7.52 亿元；2016 年中国变色镜片行业市场规模为 8.27 亿元，同比增长 9.97%；2017 年中国变色镜片行业市场规模为 9.37 亿元，同比增长 13.30%；2018 年中国变色镜片行业市场规模为 10.72 亿元，同比增长 14.41%；2019 年中国变色镜片行业市场规模为 12.11 亿元，同比增长 12.97%（见图 3.7）。

中国变色镜片的需求市场主要集中于华东地区、华北地区和华南地区等发达地区，其中，华东地区占比 33.56%，华北地区占比 16.44%，华南地区占比 10.47%。

我国变色镜片生产企业集中分布于华东的浙江、江苏、上海等地，以及华南地区的广东省。目前变色镜片行业生产企业大体分三大类：一是外资企业，如蔡司、依视路、豪雅、凯米光学等较大企业，具有品牌、渠

---

1 欧睿信息咨询有限公司。

2 欧睿国际《中国镜片行业白皮书》，2021 年 4 月发布。

	2015年	2016年	2017年	2018年	2019年
市场规模 / 亿元	7.52	8.27	9.37	10.72	12.11
同比增长		9.97%	13.30%	14.41%	12.97%

图 3.7　2015—2019 年中国变色镜片市场规模

（资料来源：工信部、中国视野分析）

道、资金等方面优势，基本占据国内高端市场；二是国内一些较大企业，如万新光学、明月镜片、鸿晨光学等公司，具有一定的创新和品牌影响力；三是中小规模的变色镜片企业，这一类企业数量相对较多，企业规模不是很大，产品同质化严重，创新能力差，品牌影响力很小。

2015 年中国变色镜片行业产量为 6 293 万片；2016 年中国变色镜片行业产量为 6 530 万片，同比增长 3.77%；2017 年中国变色镜片行业产量为 7 068 万片，同比增长 8.24%；2018 年中国变色镜片行业产量为 7 699 万片，同比增长 8.92%；2019 年中国变色镜片行业产量为 8 571 万片，同比增长 11.33%（见图 3.8）。近年来，伴随着眼镜市场的快速增长，中国变色镜片的总体生产能力及技术水平也有了较大的提升。甘田光学的基变变色镜片按产量市场占有率达到 70% 左右。

国内供给产量（包括外资在华企业）可以满足境内市场需求，市场整体呈现高端产品供不应求，低端产品过剩的局面。此外，我国本土光致变色镜片生产商除供给国内市场外，还大量出口至美国、澳大利亚及巴西等

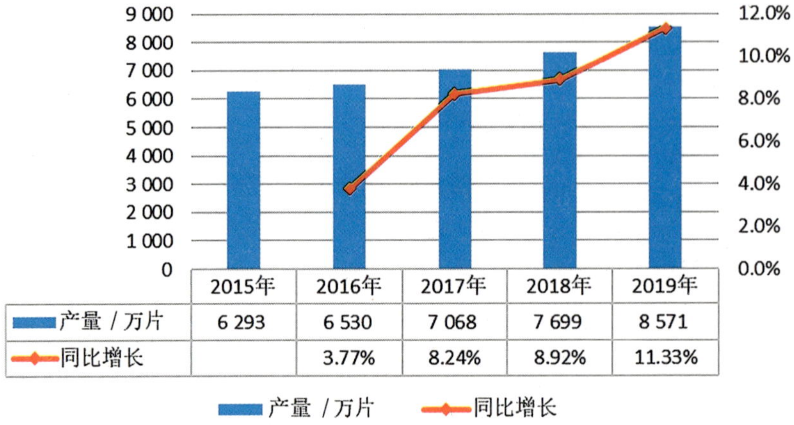

图 3.8　2015—2019 年中国变色镜片产品产量

（数据来源：中国轻工业信息中心、中经视野分析）

地，行业产销率较高；但国内市场认知度不高，行业空间有待开拓。对变色镜片供应商来说，向产业链下游延伸，发展多元化渠道是一个选择；对于变色镜片行业来说，未来智能化、精密化将成为主流方向。

4　变色镜片行业的竞争格局

依托于华东理工大学的科研基础，甘田光学成立于 2010 年 12 月，是一个拥有百余名员工，从事基础光致变色材料开发与应用的高新技术企业，也是国内首家具备自主研发能力的光致变色技术科创企业。其主营业务围绕光致变色技术展开，涉及光致变色浓缩液、光致变色树脂等多种新材料，孕育了光致变色镜片、光致变色指甲油等多领域的宽跨度产品（见图 3.9 至图 3.11），并销往东南亚、中东、印度、南美，部分产品还销往美、欧等发达国家。同时，在助推区域发展战略上，甘田光学拥有上海市科技小巨人（培育）、上海市战略新兴项目承担单位、上海市“专精特新”

环保型变色幕墙玻璃膜

浇注变色镜片

普通变色单体

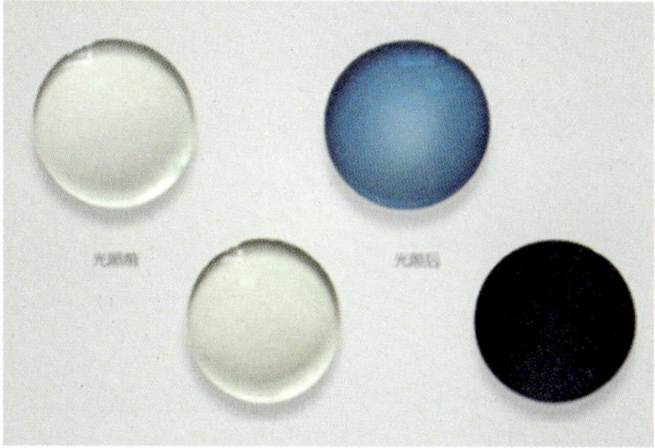

变色眼镜材料

图 3.9　甘田光学主要光致变色树脂产品

（资料来源：甘田光学官网）

变色指甲油

浓缩灰

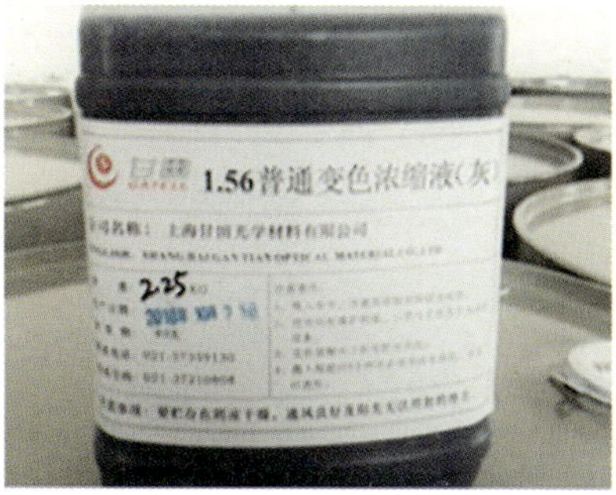

普通变色浓缩液

图 3.10　甘田光学主要光致变色浓缩液产品

（资料来源：甘田光学官网）

防蓝光系列单体

1.56防蓝光树脂单体产品特性

- 有效阻隔蓝光、保护眼睛
- 可生产的镜片范围 ±8.00/−2.00
- 镜片色散系数高40
- 单体粘度25℃ 70cps
- 镜片生产环境要求无非洁净度的特殊要求

变色系列

1.56变色产品特性

- 变色多样性(灰、茶、粉、紫、蓝、红、橙)
- 有效阻隔紫外线
- 镜片变色性能持久，经过10000次的变褪色循环后，其变色性能没有明显下降
- 可生产的镜片范围 ±8.00/−2.00
- 镜片色散系数高40
- 单体粘度25℃ 70cps
- 镜片生产环境要求无非洁净度的特殊要求

防蓝光变色系列

1.56防蓝光变色产品特性

- 变色前有效蓝光波段阻隔414 nm
- 变色后585 nm 吸光度1.57
- 基片透过率87%
- 色散系数40
- 单体粘度25℃ 70cps
- 镜片生产环境要求，非洁净度的特殊要求
- 可生产的镜片光度范围：半成品200~800B、成品±6.00/−2.00

变色系列

1.56快变色产品特性

- 变褪色速度特别快
- 有效阻隔紫外线
- 镜片变色性能持久，经过10000次的变褪色循环后，其变色性能没有明显下降
- 可生产的镜片范围 ±8.00/−2.00
- 镜片色散系数高40
- 单体粘度25℃ 70cps
- 镜片生产环境要求无非洁净度的特殊要求

变色系列

1.60变色产品特性

- 有效阻隔紫外线
- 镜片变色性能持久，经过10000次的变褪色循环后，其变色性能没有明显下降
- 可生产的镜片范围 ±10.00/−2.00
- 镜片色散系数高32
- 单体粘度25℃ 70cps
- 镜片生产环境要求无非洁净度的特殊要求

图 3.11 甘田光学主要变色产品性能
（资料来源：甘田光学官网）

中小企业等荣誉称号。2017 年，甘田光学与中科院院士、发展中国家科学院院士田禾协同成立“企业院士专家工作站”；2018 年，甘田光学被授予“费林加诺贝尔奖科学家联合研究中心”的孵化基地。与其他公司官网不同的是，甘田光学的官网上始终有一栏记载着光致变色产业的行业新闻，提醒着甘田光学不忘初衷。

卡尔蔡司[1]：全球领先的光学与光电行业科技集团，总部位于德国，业

1 蔡司中国官网，2022 年 2 月访问，https://www.zeiss.com.cn/corporate/home.html。

务遍及全球近 50 个国家，拥有约 60 家销售和服务中心、30 个生产基地和 25 个研发中心。焕色视界®（PhotoFusion）是其自有技术品牌，主要变色镜片产品为蔡司 A 系列焕色视界莲花膜和蔡司臻锐焕色定制片，其中后者满足商务需求。

豪雅[1]：作为视力保护部在中国地区的直属分支机构，专门负责树脂镜片的加工和销售，在北京、广州、成都设有办事处，并在外高桥保税区建有一座加工厂房。现已在全球 33 个国家及地区建立了 4 个总部机构，7 个生产基地和 80 余个分支机构，总资产拥有 180 亿美元。其主要变色镜片产品为豪雅变色眼镜片光智系列和豪雅单光变色系列，其中前者满足商务需求。

凯米光学[2]：一家专业生产树脂镜片的公司，是韩国业内最早从事树脂镜片生产的企业，是知名的树脂光学镜片生产销售公司。其主要变色产品有阳光卫士变色镜片和全视线第七代变色镜片。

依视路[3]：全球领先的视光企业，在全球范围内设有五大研发中心，迄今为止已拥有超过 9 500 项专利（含申请中专利）。为全球 100 多个国家和地区提供产品与服务，为约 35 万个客户提供镜片和镜片制造设备等。其主要变色镜片产品有钻晶®全视线®变色镜片。

上海明月光学[4]：一家集研发、生产、销售为一体的专业眼镜生产企业。在江苏丹阳建立了占地面积 2 万多平方米、投资总额 1 亿多元的大型生产物流基地，在沈阳、广州、成都等地设立了分公司。公司以生产沙克、贝格、卡尔伯、海顿、维腾、多朋、明月、剑牌品牌树脂镜片为主，并研制、开发了渐进多焦点、非球面、1.60/1.67 中高折射、PMC、七彩变色、棱镜斜视矫

1　豪雅中国视力保健官网，2022 年 2 月访问，https://www.hoyavision.com/cn/。

2　凯米光学官网，2022 年 2 月访问，http://www.chemilenschina.com/。

3　依视路中国官网，2022 年 2 月访问，https://www.essilorchina.com/zh-hans。

4　上海明月光学官网，2022 年 2 月访问，http://www.mingyue.com/。

正、超菲、双菲、金铱膜、新超防、超韧系列、沙克商务等多种树脂镜片，引进了1.74等高折射率镜片。同时，公司还将产品品牌规划为青少年、学生、玫瑰、商务、休闲、好医生六大系列，为广大消费者提供了丰富的选择。

上海鸿晨光学[1]：一家集开发、生产和销售为一体的国内大型镜片生产企业，年产高品质树脂镜片千万余副。公司产品遍及全国30多个省市并远销欧美、东南亚等28个国家。其主要变色镜片产品有鸿晨1.56变色灰非球面近视镜片、变色茶灰近视片和鸿晨哈雷系列1.56镜片无底变色近视非球面树脂镜片等。

表3.1列举了市场上主要的变色镜片及其价格。

表3.1　市场主要变色镜片及价格

企　业	规　　格	产品图片	价格
卡尔蔡司	焕色视界变色变灰冰蓝高清膜非球面树脂近视配镜现片2片焕色冰蓝膜1.60（较薄）0～800度		¥1 580
	非球面钻立方铂金膜变色太阳墨镜眼镜片蔡司变色镜片女墨镜灰色1.50（普通）建议联合光度600度以内		¥1 980
豪雅	镜片非球面1.60唯频膜/VP+智能变色变眼镜片光学镜片树脂远近视配镜定制1片装	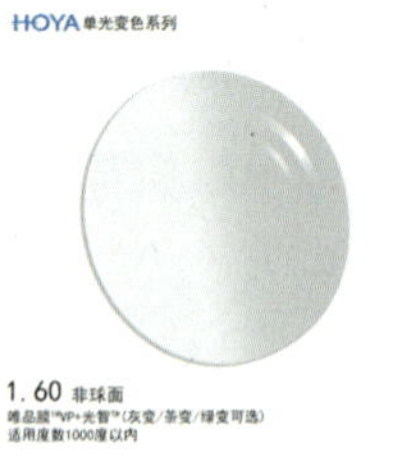	¥1 272

1　上海鸿晨光学官网，2022年2月访问，http://www.hc-optical.com/。

续 表

企 业	规 格	产品图片	价格
凯米光学	视焦点韩国凯米驾驶型镜片防蓝光防眩光 X-Driver 驾驶镜片近视眼镜片非球面阳光卫士变色镜片（2 片）		¥449
依视路	依视路（ESSILOR）单光 1.552 变色灰钻晶 A+ 第八代全视线变色非球面近视树脂眼镜片 1 片装		¥518
	依视路（ESSILOR）全视线炫镜系列眼镜片炫镜膜 1.591 炫酷蓝宇宙片炫镜膜 A360 变色定制 1 片装		¥1 410
	依视路（ESSILOR）镜片万里路自由视系列 1.552 变色灰钻晶 A+ 配镜远近视渐进眼镜片定制片 1 片装		¥871
上海明月光学	全季变色膜户外变灰 1.56 非球面近视眼镜片 2 片 1.56（较薄）现片非球面（变灰色）		¥538
上海鸿晨光学	鸿晨镜片抗菌镜片缤悦多彩变色配近视眼镜定制高度数智能变色镜片，灰色 1.56，1 片装		¥860

资料来源：京东平台电商价整理。

技术赋能行业：与下游企业共创产业生态

1 镜片领域专业技术支持：全资子品牌成立

规模做大是战略追求。甘田光学作为光学镜片市场的原材料供应商，于 2015 年 5 月 13 日成立了全资子品牌公司——丹玥光学，并由其主营光学镜片业务。

变色眼镜是光致变色技术在民生领域应用的一项重要产品，能够有效阻隔紫外线进入眼睛，并能防止眩光，从而对眼睛起到全面保护作用，深受消费者追捧。作为上游材料供应企业，其价值能否体现在很大程度上取决于是否有下游客户买单。眼镜行业产业链结构如图 3.12 所示。

图 3.12 眼镜行业产业链结构

（资料来源：基于前瞻产业研究院分析整理）

丹玥光学选址上海，毗邻江苏省。甘家安谈到，“中游的眼镜生产商是我们一手带出来的”，目前国内光致变色技术还有升级研发空间，市场需求尚未饱和，甘田光学仍可以有一番作为。如果说创立安田感光的初心是让自己十几年在光变色技术领域的研究成果发扬光大，而现在成立的子品牌公司——丹玥光学的愿景是追求为人类幸福生活、社会的技术进步发展做贡献，企业存在的意义是带领整个行业走向正向良性的竞争。具体来说，丹玥光学不仅提供光致变色镜片所需材料，而且结合客户需求提供变色技术应用方案，并进行技术升级指导，为客户进入技术赋能的光致变色镜片行业托底，提升客户在传统友商中的竞争力。为此，甘田光学选择与眼镜生产商建立密切联系，专门成立“驻厂技术交流中心”——甘田光学市场部大本营，指派售后客服驻点厂家负责与下游客户进行及时沟通，发现应用问题第一时间反馈到公司，直接由技术工程师协助解决问题。对于下游企业，丹玥光学会对其进行技术指导和跟踪生产，并协助其制造和生产出高品质产品。

此外，在保留原有镜片光学树脂材料技术的同时，考虑到眼镜销售商的销售需求，丹玥光学优化光致变色产品所对应的“浇注变色技术”和“涂层技术”，简化镜片技术应用方法。

浇注变色技术属于市面上眼镜制造商通用的技术，加工简单，就是将变色材料预先混入固性单体树脂浇筑固化成型。因此，该技术的优势在于推广快、普及面广，但缺点是在高度数产品中存在熊猫眼不均匀的问题。而涂层技术适用于各种高中低折射材料，原理是应用自动化旋涂技术，在镜片表面涂一层 10 μm 厚度的变色层。工艺涉及自动旋涂，受膜层材料牢固度及抗老化寿命等约束。涂层加工工艺复杂，技术门槛高，此前这项技术由美国全视线公司垄断，国内一直未能突破。此技术可以广泛应用于球场等有剧烈撞击的场景，满足基本抗冲击需求。

目前甘田光学的子公司丹玥光学通过新材料迭代应用研究，设备及生产工艺自主设计开发，已实现弯道超车。2016 年，公司推出的涂色膜变产品，在性能、耐温性和褪净程度上比全视线的产品更具优势。同时，甘田光学也将涂层技术进行了跨领域应用，如变色玻璃、变色指甲油、变色手机后壳等产品。

2　驻厂技术交流中心：业务模式换新

技术创新是一项高风险活动，创新过程中各种未知因素往往难以预测。一个新产品的推出离不开精准的目标群体、正确的时机、合适的定价。甘田光学立足于客户需求，基于驻厂技术交流中心，深入扎根市场。

2017 年，防蓝光概念腾空而出，这一概念催生了很多隐形的需求。刚开始，很多人对这一技术并不看好，认为防蓝光仅是噱头、让人交智商税而已。而甘田光学驻厂技术交流中心却看好这一技术，技术人员第一时间做了市场需求摸底调研，搞清楚大家不看好的原因是什么，市场客户需求到底是不是存在，是机遇还是噱头？拿到调研结果后，技术人员经过反复讨论，认定这是一次产品创新机会。

在技术层面，普通的防蓝光镜片可以有效减少有害蓝光的透过率来保护眼睛；而光变色镜片可以起到镜片调节光透过率的作用，使人眼适应环境光线的变化，减少视觉疲劳，保护眼睛。此前因技术上的限制始终无法研制出变色的防蓝光镜片。甘田光学研发部团队加紧攻关，2018 年年初，通过技术性的突破，终于成功研制出无底色的防蓝光变色镜片，即通过镜片基材加入纳米分子机器材料，将抗蓝光功能和变色功能整合在一起，不仅实现了变色，而且能够对有害蓝光进行有效阻隔，从而起到保护眼睛的作用。甘田光学成为目前国内唯一掌握这一高精尖技术并具有自主知识产权的公司，公司的抗蓝光单体系列产品在市场上供不应求，深受广大消费者青睐。

可以说，这一次时机的精准把握，与甘田光学设置的驻厂技术交流中心是分不开的。市场部研发人员常年驻扎在客户的厂里，在这样动态交互紧密配合的模式下，他们能第一时间听到、看到一线客户反映的技术问题。

研发工作不可以埋头拉车，而是要服务和满足客户的技术需求，跟竞争对手进行比较，比技术、比进度、比质量。根据第三方权威检测机构（COLTS）在对比甘田光学和美国全线视产品的报告：在褪变色、耐高温性技术指标上，甘田-丹玥光学的产品均已接近国际品牌同类产品水平，且产品还具有快变色优势。甘田光学成为国内唯一一家掌握光变色材料、涂层胶、全自动化生产加工流水线等核心技术的企业。

发展至今，甘田-丹玥光学生产的产品不仅在国内市场享有一定的占有量，而且在海外市场，尤其是亚太地区发展成为行业领先者。通过新材料迭代应用研究、设备及生产工艺自主设计开发，它已实现弯道超车，研发团队每三年推出一款迭代产品，第一代有底变色、第二代无底变色、第三代无底快变、第四代无底膜变并兼具快变特性。2016 年，公司推出涂色膜变产品，其性能在耐温性和褪净程度上比全视线更优异。中经视野调研报告显示，截至 2020 年，丹玥光学其产品在终端光致变色眼镜片应用已实现全国 82% 的占有量，全球占有量也高达 72%。[1] 目前，与丹玥光学合作的企业有上海康耐特光学、文新光学等。2019 年，甘田光学荣获“上海市品牌培育示范企业”。2020 年，甘田光学获得了上海市科技进步奖一等奖，这是上海市金山区建区以来首次以第一单位所在地获得该奖项。

甘家安多次强调要引领传统产业升级，这也是甘田光学一直在做的。

1　中经视野，《中国变色镜片行业市场前景分析》，2018 年发布。

"希望通过不断创新，在目前变色眼镜行业领先地位的基础上，将光变色技术解决方案成功推广应用到玻璃幕墙、变色饰品、指甲膜等多元化领域中，创造一个创新型的企业集团、民族品牌。"

追光者的可持续加速度

商场如战场，技术发展具有连续性，一旦出现中断就会让后发者超车。出于这样的思虑，甘田光学通过多种方式为技术创新搭建"快车道"，只有前期规范化的整合平台建好了，技术研发的节奏才能有条不紊地一一跟上。

公司创立之初，甘田光学延续了科研的老传统，在企业收益还不是很乐观的前提下，连续多年以 10 万 ～ 20 万元的金额赞助相关国际会议。2016 年，第八届光致变色国际会议首次在国内举办，华东理工大学作为会议承办方，为来自世界各地的科学家搭建共享研究成果、促进学术交流、孕育新合作的桥梁，为其相关领域的研究和发展凝聚智慧。甘田光学因此契机结识了当年新科诺贝尔奖得主费林加。

2018 年，甘田光学顺势建立了费林加诺贝尔奖科学家联合研究中心产业孵化基地。与此同时，以技术咨询和技术服务为目的，甘田光学与华东理工大学科研团队合作，建立校企合作项目，搭建科创平台，投入百余万元。同年，甘田光学为华东理工大学捐赠 1 000 万元科研基金，助力学校费林加诺贝尔奖科学家联合研究中心的建设，该研究中心是上海建设成为具有全球影响力的科技创新中心的重要支撑项目。同时，为了帮助母校招揽更多的人才，加大人才建设的力度，甘家安还设立了甘田奖学金，每年以 20 万元奖金资助激励优秀学子。甘田奖学金的设立，同时也吸引着华理的毕业生加入公司，让更多的华理人成为“追光者”。

在甘田光学的企业宣传册上还有这样一张照片，照片上有几个科研人员在讨论实验，分别是甘家安、王卓（技术总监）、宋雄能（科研员）等人。甘家安指了指这张照片，说：“这是我朱师兄的学生，华理毕业就来甘田光学了，好几年了。”小宋是华理毕业的一名学生，经导师朱为宏的推荐来到了甘田光学从事科研工作，凭借着扎实的专业基础和勤奋求实的工作态度，担任甘田光学的技术科研员一职。甘家安谈道：“过年的时候我都会开车送小宋回浙江余姚，顺便拜访一下他的父母。”

即便甘家安已担任甘田光学董事长一职，也不忘兼任研发总监。科班出身的甘家安延续了读研时的传统，至今仍会与研发员们展开“组会式”的研讨。“几乎是每周都会顺一下思路，甚至开发的时候也要继续盯一下，有的时候研发人员刚来没多久，对研发不熟悉，思路不顺，还是要帮助他们打开思路。”

“认真负责出成效的员工是甘田最大的财富，尊重知识、尊重个性、集体奋斗，是我们事业可持续成长的内在要求。”这些年来，甘田光学从组织架构、业务流程、绩效考核、团队文化这几个方面逐步进行环环相扣的系统化设计，为增强企业自主创新能力和市场引导能力提供强有力的支撑，培养大量的研发人才、应用人才与客户支持人才。

1 关注政策：自利则生，利他长久

作为材料研发企业，甘田光学认识到“安全环保”是企业生存和发展的基准线。公司成立了企业环保领导小组，每年与主管政府部门及公司各部门签订年度环保目标管理责任书。同时，公司还设立了环保专项资金，用于设备升级和工艺改进，逐步实现清洁生产，全面达成零污染、零伤害、零事故的总体目标。

2016年，全国天气问题以雾霾的形式进入大众视野，波及全国17省（自治区、直辖市），给所有工业生产敲响了警钟，引发了全国上下对于环境治理的进一步关注。2017年，国家加强环境治理立法，出台多项环境治理政策法规，包含但不限于《国家环境保护标准“十三五”发展规划》《建设项目环境影响评价分类管理名录》《固定污染源排污许可分类管理名录（2017年版）》等。这一年风云突变，行业格局发生巨大颠覆。国家层面出台了多项环保政策，从顶层设计上对材料研发企业的生产工艺以及企业生存都带来了不小的挑战，甘田光学也不例外。依照《环境保护主管部门实施限制生产、停产整治办法》的规定，有以下行为的企业会被环保部门实施限产停产处罚：通过暗管、渗井、渗坑、灌注或者篡改、伪造监测数据，或者不正常运行防治污染设施等逃避监管的方式排放污染物，超过污染物排放标准的企业；非法排放含重金属、持久性有机污染物等严重危害环境、损害人体健康的污染物超过污染物排放标准三倍以上的企业；等等。

按照当时的生产工艺，甘田光学面临严峻考验。甘田光学严格遵守生产过程产生的污水经处理后达标排放的要求，顶住资金压力，自主研发出高度适配、可灵活调控的酸催化剂和原位还原剂，废弃高能耗、低效率的传统柱层析分离方法，采用多级重结晶技术和溶剂套用回收方法，真正实现绿色节能环保工艺。这套产品工艺技术曾是世界级科研难题，研究这项工艺耗费了企业大量人力和财力。

政策既是压力又是机会。甘田今后的另一个重要目标是发展新型节能型光致变色玻璃，实现根据阳光强度智能调节颜色深浅，以阻隔太阳光线中的紫外线，达到绿色节能节电效果。绿色节能变色玻璃对提高使用的舒适性、降低环境的负荷、提高建筑的经济效益、解决能源危机和实现人类社会的可持续发展有着重要意义，符合并支持国家提出要在2030年之前实现二氧化碳排放达峰，到2060年实现碳中和目标的远景规划。

2 战略抉择："分蛋糕"还是"做大蛋糕"

甘家安在讲述光变材料的商业化应用时侃侃而谈，喜上眉梢，但与此同时也陷入了对未来的焦虑。"光学镜片的技术研发我们暂时能做的差不多就是这些了"，两个抉择又摆在了甘家安面前：继续在光学镜片这一赛道深耕，垂直整合光学镜片产业链，将下游眼镜商的业务纳进公司经营范围；或者拓展光致变色技术新的应用场景，将技术研发执行到底，通过技术升级向相关产业横向拓展，进入较大需求的新市场，以"增品种"来实现公司的进一步壮大。伴随激烈的市场竞争，中国变色镜片的上游产业链主要向下游眼镜制造延伸，这样有利于产品销售，产业链的延长将减少企业经营风险，提高竞争力。

可以了解到，甘家安并没有将业务内容延伸至眼镜制造，而是选择通过增强自主研发能力，在行业上游开拓新的可能，从源头将技术发展路径不断拓宽。"没有向下游合并的意向，他们是我们一手带起来的，这个行业的生态格局不能被打破。"

3 产品创新：规模化与精细化

捷孚凯[1]曾公布了眼镜零售行业的一些数据，2017年中国眼镜零售业

---

1 捷孚凯市场咨询（中国）有限公司，于2000年7月成立，隶属捷孚凯市场研究集团（Gesellschaft für Konsumforschung，GFK），是一家外商独资企业，总部位于德国纽伦堡。

销售额为 505 亿元人民币，且每年都以 20% 左右的速度增长。相对欧美市场，国内变色眼镜佩戴率有 10 倍增长空间，市场前景巨大。玻璃行业分析报告显示，建筑玻璃市场每年消耗 13 亿平方米，其中节能玻璃每年消耗 4 亿平方米。中国汽车玻璃行业市场规模在 2019 年高达 200 亿元。有市场需求、有持续的需求前景，因此具有技术实现、商业化落地的可能性。甘田光学将视野投向了建筑玻璃幕墙。

透光性强、视觉效果好的玻璃幕墙是现代建筑的“宠儿”。玻璃幕墙大约于 20 世纪 80 年代传入我国，深圳、广州、北京、上海等大中城市，大面积采用玻璃幕墙的建筑随处可见。自 1984 年上海第一幢玻璃幕墙建筑联谊大厦落成，近四十年间上海的摩天大楼如雨后春笋冒不停，玻璃幕墙建筑总数高达 1.2 万多栋，其中 100 米以上的超高层玻璃建筑近 500 栋。玻璃幕墙的设计使用年限一般为 25 年，据 2019 年的数据统计，上海 10～25 年楼龄玻璃幕墙建筑约占 60%，这也意味着整个城市玻璃幕墙体系步入中年期，存在着老化及材料不环保等问题。研究表明，建筑能耗占人类社会总能耗的 30% 以上，其中约 50% 的建筑能耗是通过玻璃窗流失的。如果玻璃窗流失的能耗降低 10%，可节约标煤 1 亿吨，减排二氧化碳超过 3 亿吨，达到社会效益和经济效益的双赢。

从技术标准来看，大部分老旧玻璃幕墙不符合建筑节能标准，能耗浪费严重。从人体健康的角度来看，玻璃幕墙存在光反射和热辐射的问题，引发了许多社会矛盾。光致变色玻璃是一种新型的节能玻璃，光照增强时玻璃逐渐变得灰暗，降低光及其携带热量的透过率；光照减弱时玻璃又恢复明亮，提高光及其携带热量的透过率。这种随日夜及四季环境的变化而自动改变透过率和遮阳系数的智能玻璃，具有低辐射等以往节能玻璃所不具备的特点，已经引起市场的特别关注。而文献报道的 WO_3/TiO_2 被认为是理想的光致变色材料，而且具有原料广、性能稳定、耐腐蚀、耐高温等优点。经市场分析和国内外文献论证，可以预计 WO_3/TiO_2 材料可被应用在光致变色玻璃上，目前市场上这类光致变色节能玻璃产品还比较稀少。随着新材料、新技术的不断出现，幕墙玻璃正逐步被纳入建筑造型、建筑材料、建筑节能的综合研究体系中，作为整体设计中的一个问题被深入的探讨。

相关报告显示，2018 年全球光致变色膜产业规模约 3 500 万美元，同比 2013 年的 1 670 万美元增长了 109%。预计 2025 年全球规模将达到 1 亿美元，2019—2025 年的复合增长率为 16.40%。基于光致变色技术对强光特别敏感这一特点，结合长期稳定的行业格局和向好的增长前景，窗膜产业和建筑窗膜或将成为光致变色技术商业应用可能的落脚点。但由于光致变色材料的成本较高的、加工技术复杂，因此不适合制作大面积光致变色玻璃，这也限制了其在建筑领域的商业应用。

2020 年 8 月 28 日，甘田光学带着最新研制的光致变色玻璃走进了上海金山区科技节，作为金山区第二工业区材料开发的领先企业，其展示的光致变色玻璃是一种革命性变色技术的成果。它主要的功能表现如下：根据阳光照射强度智能调节颜色深浅，可隔绝高达 61% 的日照热能；可以阻隔太阳光线中 99% 以上的紫外线，有效预防人体肌肤暗沉和家具老化褪色，增加室内人体舒适度，减轻空调负担，达到绿色节能降耗效果；兼具美观和设计感，未来预计可用于建筑幕墙玻璃、隔断玻璃、顶棚玻璃、高铁车窗玻璃等。相较于普通电镀玻璃而言，光致变色玻璃节能环保，但并不能像电镀玻璃那样实现对其功能的主动控制。从甘田光学所呈现的技术要点来看，玻璃幕墙的工艺分为“干法”和“湿法”两种。湿法是指在两块玻璃中浇注变色积累，生产线运作较为困难。而干法则采用贴膜的方法，操作容易，产量高，一天产量可达几十吨几万平方米，进入市场更具有可行性。正如甘家安所说：“现在技术已经攻克并且成熟了，下一步就是商业落地了。”2020 年 12 月 25 日，甘田光学以品牌像徽“甘田”申请了建筑材料相关商标，目前已成功注册。

无论是光致变色玻璃幕墙，还是光致变色眼镜，其核心还是光致变色技术。在每个发展阶段，企业的战略都会有所调整，甘田光学坚守的原则就是一切以客户需求为中心，采用“两条腿走路”方针。一是充分利用老技术、老产品的市场领先优势，集中行业资源抓住主营业务不放松，结合客户要求开发生产高性能光致变色染料系列，形成模块化高效定制配方技术平台，升级业务生态链以满足市场全方位需求，挖掘老技术，产生新价值。二是加速突破新技术，推进新产品应用拓展，在玻璃幕墙领域加大产业布局投入力度，加强核心技术的专利布局，实现跨越式发展。

甘家安作为一个开创新科技的先锋，带领甘田光学旗下全资子公司丹玥光学持续创造惊喜。2021 年与一线智能手机厂商联合打造新应用——光致变色手机后盖，阳光照射下，只需 3 秒就能够从泛着橙色光感的冰蓝色变成纯粹的“克莱因蓝”，离开阳光后，又会逐渐变回原来的颜色，给用户带来了高科技感的视觉震撼（见图 3.13）。甘田光学是率先

图 3.13　变色手机后壳
（资料来源：甘田光学官网）

将相关技术应用到手机领域的企业，未来还将继续努力开发更多穿戴领域的应用。

蓄力加码竞争力：企业发展多点开花

甘田光学在市场开拓上还较依赖技术带来的竞争优势，市场主动进攻空间还有待拓展。随着下游眼镜生产商不断增加高端功能涂层变色眼镜片的产量，不断扩大生产及销售规模，甘田光学作为上游技术研发及原材料供应企业正全面占领国内外高端市场，但与国内外头部光致变色材料研发企业的技术赛跑也日渐胶着。由于科研人员占到了公司总人数的大多数，团队组织架构上对科研人员的比例倾斜明显。而针对消费者消费水平的升级情况以及国内眼镜生产商对公司品牌、产品认知度仍有不足的情况，甘田光学正着手从内部进行架构、模式和人才三方面的整合提升：一是搭建符合行业特点的团队架构；二是改变传统的关系营销模式，采用“营销＋产品管家”的模式；三是做好人才培养和储备，培养一批业精于勤、行成于思，学习力强且有真正战斗能力的一线人才——不仅具备产品和专业技术知识，还兼具营销理论、销售技能技巧、沟通影响力、客户服务和项目管理等方面的知识和素养。

十余载创业路，“提品质、增品种、创品牌”成为甘田光学一路走来的风向标。当甘田光学凭借着“应用一代、研发一代、储备一代”的技术突破与商业应用在行业内一路扶摇直上，并瞄准机会做出进军建筑玻璃幕墙的战略抉择之时，一个更深层次的拷问也抛向了甘田光学的创始人：终其长远发展，甘田光学究竟期望以及能够成为一个怎样的企业？

谈及企业的未来，甘家安给了答案：“历经 18 年的艰苦创业，我带领甘田光学从一个技术研发小作坊到如今拥有自主知识产权的高科技企业，我坚守深耕于光致变色材料领域，潜心研究，为的就是继续勇往直前将民族产品、民族品牌做实做强做大。”

甘田光学未来会有什么样的表现？是否会按照既定的计划将产品在建筑幕墙上多点开花，实现光致变色技术跨领域的应用，拓宽产品布局？让我们继续期待甘田光学探索技术“无人区”，以产品攻城拔寨，填补市场缺口，以前沿的技术引领市场新风向！

案例四

俺来也
IM COMING

俺来也

打造智慧校园
新生态

本案例由
华东理工大学商学院
陈万思、侯丽敏撰写；
案例目的是为教学之用，
非为说明案例公司管理是否有效。

如果你想创业却不知道从何开始，

如果你心怀梦想，有一颗不甘平庸的心，

如果你不知道该怎样度过大学四年，

如果你在职场的磨炼中偶感焦虑或迷茫，

如果你在创业中正被巨大的压力所裹挟，

如果你在前行的过程中正经历着两难的抉择，

……

不妨读一下孙绍瑞肇始于大学的连续创业史。

大学生创业背景

大学生是创造价值的特殊群体，他们肩负着国家未来的重任，自然成为国家为提升创新、创业能力而重点培养的对象。进入 21 世纪的中国，在每年几百万大学毕业生就业压力下，在现行经济社会发展的需求下，大力鼓励大学生自主创业。

2002 年 3 月国务院办公厅转发教育部等部门下发的《关于进一步深化普通高等学校毕业生就业制度改革有关问题的意见》中明确规定："鼓励和支持高校毕业生自主创业，工商和税收部门要简化审批手续，积极给予支持。"

2003 年 5 月，《国务院办公厅关于做好 2003 年普通高等学校毕业生就业工作的通知》中规定："鼓励高校毕业生自主创业。"同年 6 月，财政部、国家发展和改革委员会联合下发文件，为切实落实《国务院办公厅关于做好 2003 年普通高等学校毕业生就业工作的通知》精神，提出了 6 项有利于高校毕业生自主创业的政策规定。同时，原国家工商行政管理总局在《关于2003年普通高等学校毕业生从事个体经营有关收费优惠政策的通知》中，就高校毕业生从事个体经营、灵活就业和自主创业，制定了一系列有关税费优惠政策，促进高校毕业生自谋职业、自主创业。

2008年，为推动以大学生创业带动就业，国务院办公厅转发人力资源和社会保障部等部门《关于促进以创业带动就业工作指导意见的通知》；2010年5月，教育部发布《关于大力推进高等学校创新创业教育和大学生自主创业工作的意见》；等等。

这些文件规定高校毕业生自主创业的税收优惠：（1）在实际应缴纳的营业税、城市维护建设税、教育费附加和个人所得税方面有减免。对高校毕业生创办的小型微利企业，按国家规定享受相关税收支持政策。（2）给予小额担保贷款和财政贴息的支持政策，对合伙经营和组织起来就业的，可根据实际需要适当提高贷款额度。（3）加大财政投入，并积极引入风险投资资金，探索财政资金、风险投资等与大学生创业赛事的对接模式，规范发展民间融资，多渠道加大创业资金投入。

在2014年9月的夏季达沃斯论坛上，李克强总理发出“大众创业，万众创新”的号召，要在960万平方千米的土地上掀起“大众创业”“草根创业”的新浪潮。

2015年5月，新华网发表了《国务院：允许大学生休学创业》一文。在此政策下，自主创新创业已成为大学生就业的必然趋势。当代大学生具有教育水平高、文化知识新、敢于冒险思想开放的特殊优势特征，这对促进社会经济改革、缓解就业压力、服务经济的可持续发展、推动科技进步都有极其重大的现实意义。

近几年，一方面经济下行压力增大，国内市场需求有待进一步开发，经济发展环境“硬约束”进一步加强；另一方面2020年开始的新冠肺炎世界性大流行，全球经济发展放缓，国际经济形势不稳定，国际市场需求减弱，传统产品的国际竞争压力进一步增大。中华民族伟大复兴，必须走集约经营、提高产品科技含量及附加值的可持续发展之路。

20 年前，国家开始鼓励大学生创新创业之时，也是俺来也（上海）网络科技有限公司（以下简称“俺来也”）创始人孙绍瑞踏入华东理工大学校园之际（2003 年入学）。在创业氛围日益浓厚的时代大背景下，孙绍瑞经历创业的非主流到主流发展形势，赶上了实现大学生创业梦想的快车道。

梦想从大学开始腾飞

“上海，一个无数次出现在我梦里的城市，一个我认为是通向成功之路的机会宝地。我对这里充满了向往和渴望，所以从高中开始，我就下决心要考到上海，成就自己的梦想。”[1]

——孙绍瑞

1　大一：受邀合伙——君惠卡项目

2003 年 9 月考入华东理工大学之后的精彩生活，让意气风发的小伙孙绍瑞很快融入了进去，活跃于各类活动——篮球、音乐、辩论等比赛中，并获得了不菲的成绩，在学校开始“小荷才露尖尖角”。也正是缘于

1　迩半坡：《孙绍瑞：“餐厅白墙”成就的 CEO》，《时代青年：悦读》，2012 年第 11 期。

此，被 4 位学长看中，请孙绍瑞加入他们的合伙公司，参与一个大学生创业的项目，担任君惠卡（“君之优惠，无所不在”）的推广部经理，招募学校周边店铺加盟君惠卡联盟，每家收 200 元加盟费，以 20 元一张卡的价格卖给学生。

当时，综合打折消费卡的概念还没有普及，孙绍瑞进入创业公司，立马就与团队成员一行穿着西装、顶着烈日，一家一家地跑，清早出去夜晚归来，被访店铺今天不行明天再去，明天不行后天再去。曾经就有这么一家店铺，孙绍瑞在说服其加盟君惠卡时，遇到极大的阻力，在他一次、二次被拒绝，第三次进入该店时，老板娘已经不耐烦了，说“你下次再来，我一定把你赶走”。第四次拜访后，被心烦的老板和暴躁的厨师一起架着扔出了店门，孙绍瑞的身体沿着抛物线重重地落在地上，顿时传出火辣辣的痛感……遭受了如此不堪的际遇并没有让他死心，过了两天他又上门去了，第五次终于说服老板在合同上签了字。[1]

2004 年孙绍瑞与团队花了一个夏天的时间，辗转了大半个上海，住遍了 10 个学校的寝室和阳台，完成了招募 600 家加盟商户的目标。学生可以在上海 10 所高校周边的 600 多家店铺使用君惠卡。

这家经营打折卡的合伙人公司（永磐贸易有限公司），因为团队中几位学长创始人毕业和公司经营不善而人心涣散，大学生创业在当时还仅仅是个时髦的口号，学生有更好的选择和去处，没到迫不得已，下决心自主创业者很少，最终只能少数服从多数——解散公司。孙绍瑞第一次参与的合伙创业惨遭失败，清理资产时，只分得一张桌子，父母资助投入的 3 万元打了水漂。

---

1 孙绍瑞:《在最好的年华做最酷的事情》，中国青年出版社 2017 版，第 8—9 页。

2 大二：拓展能力——真维斯项目

正当孙绍瑞沉浸在第一次创业项目失败的悲愤中，他抑郁、痛苦，不断怀疑自己的人生，只好没日没夜地通过阅读充实自己。

2005 年 4 月，在第一次创业时积累的人脉资源发挥了作用，真维斯服饰公司——君惠卡服务过的客户，联系孙绍瑞，邀请他策划一个上海赛区的服装设计大赛，策划者邀请了三家参与比稿。对一名大二管理专业本科生来说，策划服装设计大赛，一切都是那么陌生，但又具有诱惑力和挑战性。

依据客户需求和该项目诉求，孙绍瑞从宣传、校企合作、路演答疑、指导教师专题讲座、专业院校约稿、奖金奖品、实习就业等项目关键节点入手，完成了一份“真诚、务实、可落地、深入、有系统、有结论、性价比高”的比稿方案。对于这次比稿，孙绍瑞信心满满，尽管是菜鸟中的菜鸟，但他志在必得：“这个项目比稿，我赢定了！”最终，孙绍瑞获得了该项目的承办权。[1]

孙绍瑞利用在君惠卡项目积累起来的各个学校资源，把此次商业活动成功转化成一个服装系大学生的课外实践活动，主题被设计为“真维斯上海市大学生服装设计大赛”，用服装设计大赛的概念帮助真维斯在校园做推广。当时上海有 14 所高校有服装专业，而参与社会企业做实践案例的少之又少，高校缺乏社会资源，也亟须引入企业，提升学生的设计能力，开阔学生的眼界。高校愿意提供免费的场地，同时请真维斯企业方做宣讲，校方以布置作业的方式把真维斯服装设计大赛的表格请学生填写，最

1　孙绍瑞：《在最好的年华做最酷的事情》，中国青年出版社 2017 版，第 20—22 页。

后学生踊跃地报名参赛，大赛一炮打响。

此项目突破了当时“商业元素不得进入高校领域”的规定，为大学和社会搭建了联通的桥梁，做到了商业与校园文化的完美结合，受到了真维斯和参与高校的一致好评。孙绍瑞的第一个商业项目成功了，赚得了创业以来的第一桶金。随即孙绍瑞在校园营销圈子声名鹊起，校外商家嗅到了高校的商机，各路品牌商相继寻来，要求合作宣传项目。孙绍瑞看到了高校渠道和社会之间的强大链接需求，从此，他坚定地走上了深耕校园的创业之路。

初创公司——梵谋文化传媒

“梵谋”源自我们刚开始建立的一个网站宣传语——“We are fashion maker，We are 高校传媒”中 Fashion Maker（时尚制造者）的首字母 F 和 M，“梵”寓意高雅和神秘，“谋”代表谋略和策划。作为一家立足高校精英部落的传媒公司，我希望“梵谋”成为伫立在高校部落里高雅的策划者和文化传播者。

——孙绍瑞

2005 年 8 月，进入大三的孙绍瑞白手起家，他不惧失败和同学的嘲笑，也不告诉父母，开始独自创业，花了 1 200 元，注册了一家资本 50 万的传媒公司。他和几个同学组成团队，在华东理工大学附近的居民区租了一间 40 多平方米的民房，创办了日后奋斗青春十余年的上海梵谋文化传媒有限公司（以下简称“梵谋”），首次提出高校传媒的概念，以“搭建大学生与社会的桥梁、联通大学文化与社会文化”为企业宗旨。

1　机会青睐时刻有准备的人

初创梵谋，孙绍瑞和一帮同学一起承接了一系列企业在校园里的企划活动，尽管挣钱不多，但积累了不少经验和信心。他们将社会商业文化引入大学校园，策划和举办各类场面火爆的校园活动，从企业赞助和运作经营中学习和创收。这一时期，孙绍瑞带领团队承办“名家进校园”系列讲座、李宁运动服饰在上海 14 所高校的服装设计大赛、商家义卖和连锁促销等经营活动，担任“百年唱片巨星演唱会”总代理，接了不少项目，取得了较大的商业价值和市场声势，但同时也感受到了项目制公司的局限性和危机，孙绍瑞开始考虑突破现有的商业模式，建立一个资源性的平台。

2006 年上半年，学业繁重，生意繁忙。一次，孙绍瑞像往常一样走进校园餐厅就餐，在吃饭时眼光无意识地停留在四周空荡荡的白墙上。突然，灵光乍现，一个创业灵感从脑海中一闪而过，这餐厅白墙不就是很好的广告阵地吗？买断高校餐厅广告位的想法油然而生。

孙绍瑞有了想法马上开干，决定把高校餐厅的广告阵地催生成商业广告项目。他马不停蹄地在上海各大高校转悠，从上海交通大学到上海财经大学，从上海西南角到东北角，走进了一家家高校的餐厅，吃遍了“闭门羹”……功夫不负有心人，绝处逢生，孙绍瑞迎来了人生中一个最重要的转折点。2006 年 8 月，孙绍瑞终于说服了一家三产公司，买断了上海 22 所高校 100 多个食堂餐厅 5 年 500 万元的广告位经营权。至此，梵谋发展进入了新的阶段——从项目制公司转变为拥有资源性阵地的高校传媒公司。

2 创业的跌宕大戏：商场险恶，两次被坑

500 万元买断高校餐厅 5 年的广告经营权，对一个学生创业者来说无疑是天文数字。创业需要投资，为了签下这 500 万元的合同，没有资金的孙绍瑞，每天跑中央商务区（CBD）“扫楼”，寻找投资者和广告运营方面的合伙人。为此，他两度被坑，差点被踢出局。

遭遇对手的觊觎

第一次洽谈合作时，孙绍瑞毫无防备地将项目方负责人介绍给了投资方和广告运营方的负责人。然而，第一次谈判后就杳无音信了……原因是投资方和广告运营方看孙绍瑞仅是个初出茅庐的大学生，觊觎他拿到如此有发展前景的项目，于是起了贼心，想甩掉孙绍瑞，跳过他直接与项目方负责人联系。这让初入商界的孙绍瑞始料不及。

孙绍瑞再次找到项目方负责人，当项目方负责人了解了其中的原委后，觉得之前找到的投资方和广告运营方负责人不厚道，并没有完全答应与他们合作。项目方负责人答应给孙绍瑞一个月时间，让他尽快找到其他投资方。

合作方再起贼心

孙绍瑞另外找了投资人和广告运营商，并吸取了上次的教训，谈判时自己都在场，几经运作，终于把每年的价格谈到了最低。第一年付款 80 万元，先付 45 万元即可拿下合同，这样就可以启动项目运营了。但是，新的投资人和广告运营商同样动了小心思：觉得这个项目太好了，又想把孙绍瑞甩掉……

还好，投资人和广告运营商两方起了争执，孙绍瑞利用这个机会，在谈判桌上凭着智慧和勇气摆脱两方，决定谁也不靠，自己想办法筹钱。最

终在父亲的全力支持下，与项目方成功签约。

项目签下，孙绍瑞开始招兵买马，招聘了梵谋的第一批十余名员工，并对第一批400块广告位进行招商，创业跌宕大戏拉开序幕。

人生历练——创业的光环与市场的残酷

1 创业的光环

张爱玲说："出名要趁早。"但现实却迎头痛击了孙绍瑞，过早成名并非好事。梵谋从孙绍瑞大二时以父母给的半年6 000元生活费起步，到他大三时签下500万元合同，买断上海高校食堂餐厅的5年广告位经营权，名噪一时。2006年年底，梵谋与一家乳业公司合作成功，新事业的第一桶金让梵谋成为一家年营收百万级规模的企业，孙绍瑞一下子成为大学生创业者中的佼佼者。

接下来正好碰上国家鼓励大学生创业，中央媒体开始寻找大学生（80后）创业典型，各地媒体如潮涌动，"大学生创业"这个词如同惊蛰之雷，惊醒春天万物。当时北京有高燃、茅侃侃、李想和戴志康，上海也有四位所谓的"80后创业富豪"，其中一位就是孙绍瑞，一时成为全国大学生的榜样。

在学校的力推下，各路媒体采访梵谋的商业模式，"500万年买断5年广告经营权的事迹"成为媒体宣传亮点，媒体也把公司租借学校旁边的办公地点围堵了个水泄不通。东方早报、东方卫视、上海一周等媒体铺天盖地做了报道。这阵势给孙绍瑞来了个措手不及。接下来，孙绍瑞四处接受采访，全国各地做演讲，参加京沪80后大学生富豪论坛……风光无限。

在孙绍瑞的苦心经营下，梵谋发展迅速，很快在北京、上海、广州等地开设了79家分公司，覆盖了全国1 000多所高校的几千家餐厅，累计平面媒体总数达50 000个，成为中国高校最大的学校平面媒体运营商。

这位年轻的大学生创业者，年龄不大，却已满身光环：2007年被评为“中国青年创业成功案例50强”，2008年荣获“上海青年创业先锋”奖，2009年荣获“时代中国十大创新企业家”称号，2010年被《中经评论》评为“2010年最值得期待的十大传媒人物”，2011年被选为上海市崇明区政协委员，等等。

2 市场的残酷

媒体是把“双刃剑”

媒体铺天盖地的报道，把孙绍瑞高校创业的商机告诉了全世界。后来孙绍瑞为此十分后悔：因为没有经验，因为年轻人的第一次成功，自己亲自用“大喇叭”告知了全世界，后面在不到一个月的时间里，仅上海就冒出了30多家大大小小的模仿机构，而全国竟涌现了200多家，有些成了梵谋以后的强劲竞争对手。

在媒体的发酵下，被捧上天的孙绍瑞自我膨胀到以为自己无所不能，开始向全国扩张业务，最高峰时一下子拓展到十几个城市，人员一下子增加到两三百人。而那时候孙绍瑞才刚大学毕业，管理知识、实践经验严重不足，财务方面的问题也不懂。这直接导致了一系列问题：首先，在疯狂拓展业务的过程中，管理幅度过大——把中层干部全部派到外地去，致使总部的中层干部少，孙绍瑞一个人要管理几十家分公司和总部业务，没有一个合伙人帮助其管理团队。其次，现金流严重短缺……所以，在当时公司根基尚未扎实的情况下盲目做出扩张业务的决定，酿就了许多苦果，甚至将公司直接推到险境中，几乎资不抵债。

内外夹攻，合作方毁约

随着媒体的曝光，梵谋受到内外部的夹击围攻。外部的竞争对手从梵谋签下的 22 所高校以外的高校（如专科学校和民办大学）入手，同时还派出人员绕过梵谋，直接与梵谋合作的学校签约，引起各个高校的注意，原来高校食堂白墙广告阵地那么值钱。因而，各个高校的三产公司对与梵谋的签约产生不满，致使梵谋的广告终端——高校食堂广告在执行中经常遭遇种种阻力。例如 2006 年年底，一家乳业公司与梵谋签约了 260 万的媒体广告，这是高校的里程碑式广告招商案例。但因为受到一些高校的阻挠，梵谋花了 4 个月的时间才让该乳业公司广告进入了 8 所高校。这导致该乳业公司的后续款项中断了，这个项目也就被迫流产。而原本跟梵谋签约的那家三产公司，因控制不了高校的广告位，反而一味地催促梵谋履行支付广告位的租金义务；梵谋则要求该三产公司联系相关高校加快广告位的进度。双方互相扯皮形成拉锯战，梵谋的高校媒体广告运营无法正常进行。

面对外部竞争对手的大举进攻，以及与梵谋签约的三产公司对各高校的食堂广告阵地的支配权有限，即广告阵地是各个高校的产权还是高校三产公司的产权，这里意味着产权不明晰，梵谋与之签订的合同存在巨大风险。加上三产公司百般刁难，梵谋的广告无法上墙刊登，广告位的产权问题成了几方争议的焦点。最后，梵谋被告上了法庭。此时，梵谋的广告位正常经营不可能了，常常是商业广告刚上墙，就被不明真相的人给暴力扯下，威胁电话也收到不少。更有甚者，用卑劣的手段，让公安局协助调查，说梵谋侵占了别人的广告阵地……后经法律专家了解事情的来龙去脉，说是合作方希望用此举来吓唬孙绍瑞，合作方想彻底毁约。合议庭仲裁中梵谋败下阵来，同时退款、赔款等接踵而至，孙绍瑞损失惨重。

经过大半年的折腾，近百万进入市场的投资付之东流。多年后，孙绍瑞回想此事还犹如进入人生的至暗低谷期，感觉特别无助、无力……

屋漏偏逢连夜雨：2008 年金融危机

屋漏偏逢连夜雨，2008 年金融危机最先波及的就是广告业，所有的企业都停止投放广告。品牌厂商市场紧缩，高校传媒营销无人问津。最严峻的是当时梵谋广告业务的现金流非常紧张。第一，梵谋是 B2B，跟企业、学校合作，只有先付场地费，才能使用广告位；第二，跟企业是有账期的，而孙绍瑞再用仅有的现金流去拓展业务，又没有做投融资规划，所以现金流非常紧张，各地分公司都在出现亏损，眼看着公司现金流从吃紧到清零；再加上合作方毁约、仲裁诉讼、法院纠纷，公司面临前所未有的危机。

最后孙绍瑞忍痛将除了上海之外的所有分公司全部关闭。那是非常痛苦的几个月，所有的人，有痛哭的、有反目成仇的……连锁反应随之而至，包括已经上了广告的广告客户跟梵谋打官司。那时的孙绍瑞一筹莫展……可谓墙倒众人推：公司原来有将近 200 人，最后只剩下 3 个人。

但孙绍瑞没有倒下，当时支撑他的只有一个信念：打造中国最大、最专业的高校传媒机构。他说："公司是我创立的，死也死在我手上。"就这样一直坚持着，他既当前台，又当市场推广部经理，还当销售经理、总经理。经常是在接听前台电话时又要接另外一个电话。从专车到公交车，从公司董事长到集前台、销售、客服、工程师、策划于一身，简直又是完全经历一次清零状态，开启了从无到有的全过程。在最困难的时候，孙绍瑞卖掉了人生第一辆车为公司抵债，最后还是一个好朋友借了他一笔资金，渡过了难关。

互联网时代——“试水”新商业模式

2008 年的危机使公司差点儿倒闭，之后梵谋触底反弹，沉稳、低调、精致、服务，一步一个脚印，用真诚和努力打动合作伙伴，在生死边缘慢慢恢复了元气。孙绍瑞用“建设以内容为核心的高校传媒”战略，在上海又重新站稳了脚跟，并在 2009 年获得盈利。之后的 5 年，梵谋吸取了上次失败的惨痛教训，几经运作，开始陆续收复失地，从成立北京分公司开始，稳扎稳打，将曾经失去的城市又都一一拿了回来。2010 年，梵谋北京分公司开张，2011 年又重新开了广州分公司，2012 年开了武汉、成都分公司。到 2013 年年底，梵谋才把当年所有丢失过的阵地全部都收复回来，最后一个恢复的是辽宁分公司。到 2014 年，梵谋完成了全国高校传媒的整合。

在创业途中尽管屡经波折，但正是孙绍瑞的坚持，在梵谋创立 10 周年的时间节点，完成了当初的创业梦想，即“打造中国最大、最专业的高校传媒机构”——在全国 1 000 多所高校拥有自己的媒体。

1　商业模式的创新迭代

2014 年被誉为中国移动“互联网 +”元年，为了迎接新的网络时代，孙绍瑞认识到“不迎合时代的发展必将被时代所抛弃”。他开始进行互联网领域的试水，梵谋集团下的笑得商贸公司、开心茄子网络科技公司相继成立，形成校园的整合经营网络——校园电子商务和校园销售渠道（见图 4.1）。

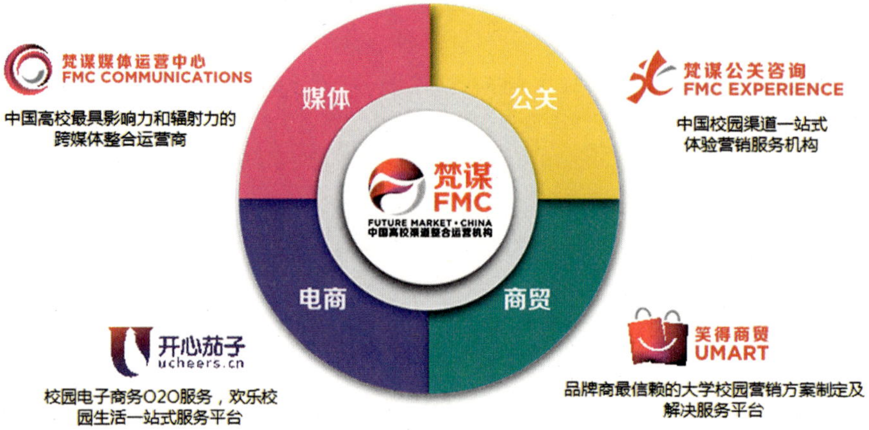

图 4.1　梵谋集团校园整合经营网络

开心茄子

作为传统媒体人的孙绍瑞与公司传统快消品渠道管理人老刘（前统一集团高管）一起，在完全没有 PC 互联网的经验和大脑储存基因的情况下，就一头扎进了移动互联网这一崭新的领域进行拓展。

2014 年 3 月，梵谋旗下的开心茄子网络科技公司（以下简称“开心茄子”）成立，一个号称“中国第一个校园 O2O”的项目呼之而出，它汇聚大学生最为追捧的热门产品，建立集线上购物、门店体验、自提及物流于一体，是真正属于大学生的电子商务 O2O 平台。

2014 年 10 月，在第一个学校上线。上线当天通过一元活动的火热疯抢场面，开心茄子火爆了一阵，后面就进入了冷冷清清的境地……原因一，没有大量的货源，消费者上线看不到需要的产品就退出了；原因二，其 O2O 模式实际还停留在线下门店给线上导流阶段，是“顺丰嗨客”模式，即顾客到线下店扫码下单，然后商品到店后，再到店铺自提。如此商业模式，注定难以为继。

笑得商贸

梵谋在做广告业务时，需要帮助委托广告产品打入全国高校传统商超销售渠道，在这个过程中，孙绍瑞发现了高校传统经销渠道存在很多的痛点：

① 经销层级烦冗

校园超市利用线下盘口经济，收取品牌商多种不合理的渠道费。

② 商品质量参差不齐

校园线下零售商尤其是非连锁店售卖的商品中，品牌产品较少，尤其是在三、四线城市和双非院校的零售商。

③ 学生消费渠道匮乏

校园零售空间有限，学生线下消费受限。

这明显是“卖方市场”，孙绍瑞从中悟出门道，决定一不做二不休，对中国高校渠道供应链来个彻底的改变和创新。2014 年，联合老黄（前奔腾电器销售总经理）专做供应链管理，笑得商贸也应运而生。笑得商贸通过 60 多家企业、100 多个校园总经销商，给学校超市供货，最高峰供货达 5 000 家超市。笑得商贸签约了大量商品，但因为传统校园小店和商超渠道分布零散，还有各种苛捐杂税等问题，销量一直没有打开。

两家公司的初创都遇到了阻力和风险。孙绍瑞原来预想着：开心茄子做校园电子商务，笑得商贸做校园销售渠道，形成校园整合的营销环境，目的是帮助梵谋从做广告→广告落地的活动执行→线下销售渠道的布设→电子商务的销售，形成一条龙服务。

但不幸的是，理想很丰满，现实很骨感。笑得商贸没有 2C 的能力，没有定价权，还是超市的定价；开心茄子虽然有 2C，却没有货源，跟天猫、淘宝直接竞争，根本就没有任何优势。所以，这两家公司直接又把梵谋的现金流差不多耗尽了。这次试水，两家公司都没有帮助梵谋抵御寒流，有的只是不断地烧钱，几百万的投资钱烧光了……最后落到快关门的地步。

在商业上，往往设想和落地之间存在很大的差距，孙绍瑞第一次想到了放弃。

2 校园商业“O2O 全渠道贯通”孕育产生

上帝要关闭一扇窗，必定会打开另一扇窗。

突然有一天，孙绍瑞面前的另一扇窗打开了，何不将笑得商贸的供应链与开心茄子触达用户的业务打通呢？为什么非得是线下经济去导流线上呢？说白了，就是把开心茄子 2C 的资源与笑得商贸的供应链打通，形成一个直接从品牌商到客户端的 O2O，从而建立从品牌商品到消费者的直接渠道，通过互联网模拟学生去学校小店购物的场景，形成真正去中间化的 O2O 商业模式。让学生以最低的价格、最快的时间买到超市里的货，真正的 O2O 商业模式想法诞生了。

孙绍瑞就是一个时代弄潮儿，不怕失败，不沉溺于一城一池的得失，在创业的路上不断迭代，通过开心茄子和笑得商贸两家公司模式的前期试水，2014 年年底，笑得商贸从一个传统公司全面转型成为一个移动互联网 O2O 服务平台。笑得商贸和开心茄子合并成一家全创新公司——俺来也。

孙绍瑞披荆斩棘，生生扒出了一条转型之路，踏上了移动互联网 O2O 领域的创业旅程，进入了移动互联网 O2O 创新事业领域。俺来也成为中国领先的校园服务平台开发商及运营商、中国领先的校园科技型企业，定位于中国校园绝对领先的移动互联全生态链的生活服务，将校园 O2O 买卖、高需、高频作为切入点，建立全互联网的校园生活平台。

3　各路神仙大战校园 O2O

2014 年，移动互联网和 O2O 新商业时代的发展彻底激活了校园里无数的“懒人”，进而也掀起了校园 O2O 服务的创业大潮，多家公司在背后风险资本的加持下纷纷瞄准校园及在校生，进驻校园，抢占商机。那时在校园中与俺来也正面竞争且比较有代表性的竞争对手，主要包括以下几家公司：

59store

2015 年 3 月，校园 O2O 平台 59store 融资 3 000 万，进入校园市场。59store 店是校园生活服务平台。其主营业务包括 59 家夜猫子店、59 家云印店、59 家饮料店等。它通过 O2O 型网上便利店，直接与品牌厂商和目标用户联系，并承诺在 59 分钟内将商品送到用户手中。59store 正式上线于 2014 年 5 月。2015 年，59store 上共有近 3 000 家学生店。夜猫服务是 59store 的特色服务，以“5 元起送，9 分钟配送”的效率深受大学生的欢迎，这也得益于 59store 深入“毛细血管”的学生店覆盖以及其对商品的高效分发能力。

59store 的优势在于，其核心的技术人员多数是上海交大的硕博研究生，十套系统全部是团队自主开发，包括订单管理、市场营销、供应链管理、配送管理、团队管理、财务管理等。这些系统的开发直接决定消费者的体验，如配送时长、商品调配等。

2015—2016 年的校园更加开放，商业氛围浓厚，加之国家支持大学生创业，也使得学校方面在各种资源上都给予了很大的支持。当时 59store 能覆盖上海和杭州两地的百所高校，近 150 万的大学生。59store 拥有的销售渠道是手机 App、微信和 PC 客户端。

8天在线

8天在线——校园网上超市，是八天在线网络科技有限公司推出的校园学生技术型服务平台。创立于2012年9月，主要研究校园电子商务平台、校园LBS定位系统、校园物流系统等技术服务平台和系统。

8天在线以“9天工作、8天在线、7天服务”为创业理念，以“8天，就在你身边”为服务口号，以“技术让服务更美好”为创业宗旨，打造高校连锁的最快捷、最方便、最新潮的校园服务系统。8天在线核心团队以高校在校大学生为客户群，以远程仓储管理系统、物流管理系统、客户信息数据库为重要技术，实现连锁运营。5元起送、免邮、1小时内送到宿舍的商务物流，受到高校学生欢迎。8天在线以低价优质、送货上门、超时赔付等先进O2O电商服务理念为基石，推进整个校园商超体系的互联网模式，被誉为当时高校里的小“京东商城”。

宅米

宅米，2014年11月诞生，从2015年2月底推出高校寝室便利店后迅速发展，在短短半年里完成4轮融资，覆盖全国上百座城市、上千所高校、上万宿舍楼，成为全国最具影响力的高校生活服务O2O平台之一。宅米采用了手机App的方式取代了原来的网页版订购方式，而且宅米可以进行定位，锁定用户所在位置。宅米坚持无配送费用。

宅米用户定位主要是“宅”的用户，年轻人、90后、在校生、白领是宅米的目标用户，宅米前期的市场切入点是高校。

宅米的服务方式：客户端通过定位加搜索来帮助用户快速定位到学校，以便查看距离最近的店铺，定位到学校后，通过选择楼栋，宅米能精准找到可以配送到用户所在楼栋的店铺。在店铺里面，用户可以方便地将喜欢的美食加入购物车。下完单后由店长立即送货上门。

宅米的校园渠道：宅米以零售赚钱，但由于客单价低，毛利上不去，零售本身无法带来可观的盈利。宅米想要创造的是一条校园内的渠道，它当时在全国“占领”了2万栋宿舍楼，就相当于2万个营销中心。任何一个App和服务要进校园做推广，楼长拥有的影响力能起到至关重要的作用。这就是校园渠道的价值所在。

大学校园这个细分市场相对封闭，上述这些公司中既有电商巨头也有创业公司，都想尽办法进入高校校园这个细分市场，都渴望影响未来最有消费能力的大学生。2015—2016年是校园O2O大战打得最激烈的时期，各个平台都在校园里开超市，烧钱做流量，俺来也在前期也经历了烧钱赚流量的阶段。

但最终俺来也能成为这场大战中的胜利者，靠的不仅是资本的力量，还有背后的技术实力、团队以及深层次的企业基因等。当年与俺来也竞争的59store、8天在线和宅米背后都有资本巨头撑腰，如今已经不知在何处，校园内只剩下了俺来也。

迭代创业——俺来也，校园“轻”掌门

2014年年底，孙绍瑞依托梵谋这家他第一次创业的公司的发展，轰轰烈烈地成立了进入互联网领域的俺来也。他在全国范围内进行公司的征名活动，从800多个名字中选中“俺来也”，而孙绍瑞理所当然成为俺来也的花果山中的“老孙”。孙绍瑞作为俺来也的董事长和CEO，没有带梵谋任何一个员工，而是重新组建了合伙人团队，与供应链中心总经理八戒——黄勇战、首席运营官（COO）沙僧——刘群智，联合创立校园移动生活服务平台，用全新的团队、全新的方式进行全新的改革，彻底以用

户思维来解决企业基因的问题。

孙绍瑞称进行再次创业的俺来也为校园的“轻”掌门，即“移动互联网 O2O 模式”。公司自主搭建及运营俺来也：“基于互联网 O2O 模式的校园产业整合平台”、基于自创的“分享经济 + 全链集群”的创新模式；利用云计算、人工智能技术和理念，研制开发服务于校园生活全生态链的综合生活服务平台，打造以大学生自组织创业社群为概念的智能生活服务集群平台，为高校学生提供集社交、生活、娱乐、学习、创业、就业等全生态链一体化服务，全面覆盖校园学生生活场景及服务，形成“校园新零售 O2O（校超、云订餐）”“内容 + 社交”“校园传媒”和“校园综合服务”几大业务板块，具体业务及项目包括校园网上订餐、校园支付、O2O 校园超市、社交电商、教育、招聘、社交、创业服务等，构成校园生态整合营销闭环。以下是俺来也自 2014 年成立以来，进行创新校园 O2O 数字化平台模式的发展历程。

1 “定位校园”的 1.0 版本（2014 年 12 月）

俺来也初创时期，俺来也 1.0：定位校园商超（自营超市 + 寝室分销 + 校超 O2O），模拟校园线下小店场景，打造相对高频流量入口，完善物流体系。1.0 是“重模式”的代表，坚持自己在学校里开店，建立自己的供应链和物流系统。这符合当时的商业逻辑，O2O 产业本身，线下占 70%，线上占 30%。运营模式在上海两家试点高校取得成功后，迅速在北上广等 9 个主要城市同期开设 36 家校园分仓，这是全链条式的 O2O 互动模式。孙绍瑞预测，未来线上比拼的是产品体验和客户心智，线下比拼的是窗口价值和具有丰富线下经验同时又被赋予移动互联网思维基因的人。

2 “主打供应链”的 2.0 版本（2015 年 3 月）

俺来也品牌升级 2.0 加速进入“俺来也 +”时代，孙绍瑞深知把握住学生真切想要的服务是立足校园 O2O 之本。2016 年 3 月，俺来也产品 2.0 版本——学生生活服务类 App 开发完成并测试上线，运营模式在上海两家试点高校获得成功后，在北上广等 40 个城市同期覆盖 1 000 所学校。

俺来也 2015 年提出生态链思维，建立校园 O2O 全生态链服务平台，以 O2O 电商相对高频刚需流量入口，向低频刚需市场渗透，关注用户“横资产[1]”延伸。俺来也积极扩充业务品类，提高物流速度。从单品类走向平台，主打围绕大学生生活的供应链生态平台，具体做法包括对内创新、对外投资合作，链接校园内外资源，将服务场景随着学生走出学校向外延伸。

孙绍瑞致力于打造“校园轻生活掌门”概念，以“俺来也 + 优质的生活态度 / 生活方式”模式——围绕校园开展全方位的业务，涵盖了早餐服务、品牌馆、金融服务、人力资源、游戏数码等多方面，聚合俺来也、商户、校园用户三方面服务平台，并链接优质社会资源。

3 “以人为本的校园社交”3.0 版本（2016 年 9 月）

2016 年俺来也成立 IP[2] 创造事业部，负责运营创意社群，进行自有形

1 “横资产”是一种诙谐的比喻，即大学校园学生日常生活中必须消费的“资产”（费用）以外的其他延伸性消费费用。

2 IP（Intellectual Property）指知识产权，是基于智力的创造性活动所产生的权利。

象开发和创新，与品牌商进行 IP 合作；与已有 IP 形象合作，发展和拓展 IP 产品代理权和改编权。其成果就是 2016 年 9 月俺来也 3.0 版本，直指以人为本的校园 O2O 新王国，以社交场景为切入点，独创了“即时通信 + 社交 +O2O”新模式，全面布局校园生态链，以“校园电商 O2O、内容 + 社交、校园综合服务”三大业务板块构成的“校园生态整合行销闭环”（见图 4.2）。

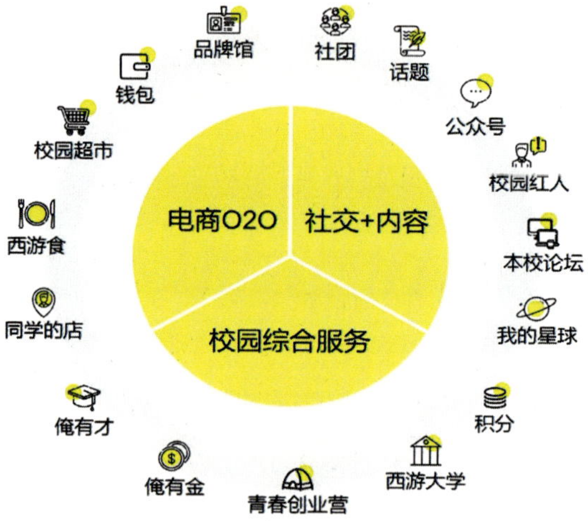

图 4.2　俺来也 3.0：校园生态整合行销闭环

俺来也 3.0 是在 2.0 工具化思维基础上迭代而来的，增加了个人主页、聊天、社区、社团等板块，打造了一个社交关系链和内容相辅相成的超级关系链。俺来也 3.0 社交板块有四大功能——链接人与自己、人与人、人与组织、人与物，主要致力于“社交功能沉淀学生情感，以品质服务满足学生消费需求”。

4 “强化社交功能——我的星球”的 4.0 版本（2017 年 8 月）

2017 年 8 月，俺来也 4.0 上线：强化社交功能，创新社交玩法，通过“校园社交 + 新零售 + 大数据”升级校园生态链布局；同时，基于大数据与新零售的布局，俺来也所有业务都将实现数字化转型，抢滩校园数字化的创新餐饮市场，开启校园智能化商业布局。

4.0 版本的亮点是“我的星球”产品的衍生。“我的星球”是对 3.0 版本“个人主页”的改版，能够更加鲜明地展示用户的个人特质，带给用户有趣、新鲜的使用体验：每个用户登录俺来也 App 时都需要选择一个居住星球，这些星球以兴趣划分，有运动狂人、音乐达人、吃货联盟、颜控狗、最强王者、中二至上等星球；增加了个人标签和兴趣标签，包括运动、游戏、音乐、电影、美食等各方面的标签选择和自定义。

5 “科技 + 人文的校园生活体验”的 5.0 版本（2018 年 9 月）

在俺来也成立三周年时，俺来也 5.0 问世，如图 4.3 所示。

2018 年 9 月，俺来也 5.0 版本全面上线：结合线上线下校园生态新范式，打造科技 + 人文的校园生活体验。其首页体现高频刚需的餐食 O2O 流量 + 校超 O2O 流量的一个聚合。学生的早餐、中餐、晚餐、下午茶、零食等都是付费产生的高频刚需流量。这些流量后续又通过个人中心（个人星球）的社区聊天生活等，形成俺来也的社交内容 + 校园综合服务。这些流量都是学生付费流量，这样的流量在线上不断沉淀。这些数据的沉积可以让俺来也的供应链、IP 产品 + B2B 模式更适应渠道的拓展。

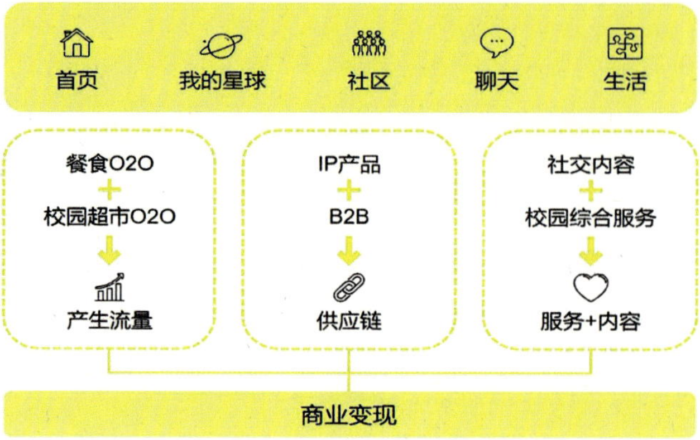

图 4.3 俺来也 5.0：科技 + 人文的校园生活体验

6 “中国版 Costco——麦店社交电商平台”的 6.0 版本（2019 年 5 月）

2019 年 5 月，俺来也 6.0 版本上线“社交电商”板块业务，麦店电商产品接入俺来也端。麦店是中国版的线上 Costco，这是俺来也旗下的新业务，是聚焦大学生即青年群体的会员制社交电商平台，以丰富的线上产品体系，以年轻、潮、文化、话题、自传播五大商品特性满足当代大学生的需求。

麦店从原先的“土地公[1]”学生经销商发展而来的。“土地公”的模式有瓶颈：第一，随着大学生注册人数的增多，其服务半径趋于饱和；第二，“先进货，后售卖”的方式，需要相对高的资金成本和人力成本。

1 “土地公”是指在宿舍楼里开零食铺的人，即校园以楼舍为单位的各个楼栋大学生兼职经营者。这是一个大学生自组织创业社群电商平台，关联了另一个货源 App——易筋经，通过一键进货的代销模式，实现线上开店，再通过售卖商品赚取差价进行盈利。

为了将“土地公”模式规模化，以及降低学生的购物成本，打破原有模式的玻璃天花板，俺来也以此为基础，创立了麦店社交电商平台。这个平台以中国版的 Costco 模式呈现，是俺来也的一个抓手——既能让毕业生留下，又能吸引更多校外用户到俺来也的平台上来。在这个过程中，麦店也是学生第一个接触社会的渠道，以此实现俺来也用户关系链的延伸。

7 “全面升级俺来也校园云餐厅”的 7.0 版本（2020 年 1 月）

2020 年 1 月，俺来也 7.0 全面升级“校园云餐厅”，无接触配送、自提柜取餐、堂食数字化等，实现配送环节可监控，餐食安全可溯源，保障师生就餐健康安全。

俺来也 7.0 具有以下特点：

①“西游食”：提前预订三餐，畅享校园餐厅创新美食，热心服务的“西游侠”同学为你送餐到寝，餐品丰富又安全。

②“掌上超市”：线上下单，不出门不排队，无论是休闲零食、饮料乳品还是生活用品，校园超市的丰富商品，贴心服务的“筋斗云”同学为你送货到寝。

③“IP 产品”：汇聚高品质、高颜值、有态度的品牌个性产品，让你与众不同。

④“社交”：聊天、交友，盘点校园生活、参与事件评说、积极展现自我，趣事热门话题一应俱全。

⑤“新鲜星球”：俺来也会员生态店，布局于校园餐厅，为大学生提供优质、健康的生活服务，主营业务包括西游食预订、俺来也 IP 产品服务、人才招募培训、线下活动等。

此次升级，为之后新冠疫情下的校园生活提供了无数便利。

8 全链条互动、全业务延伸 8.0 版本（2021 年 11 月）

“俺来也” 8.0 版本的战略布局可以用两个公式总结：一是全链条互动，即“信息链 + 物流链 + 供应链 + 服务链 = 高校全方位服务”；二是全业务延伸，即“俺来买 + 俺来帮 + 俺来卖 + 俺有才 = 大学生生态文化社区”。总之，超市商品应有尽有；29 分钟送到手，免运费；全校最低价。

自 2014 年公司创立以来，俺来也 1.0 定位校园 O2O → 2.0 主打供应链→ 3.0 直指以人为本的校园社交→ 4.0 线上线下结合的校园生态新范式→ 5.0 打造科技 + 人文的校园生活体验→ 6.0 麦店电商社交平台→ 7.0 全面升级俺来也校园云餐厅→ 8.0 全链条互动、全业务延伸……

几年来，俺来也的科技团队针对校园经营的电商平台 O2O 业务模式，已实现了前端应用程序、中端系统管理平台、后端数据报表系统的一体化研发。俺来也把所有能接触到客户、合作伙伴的端叫“前端”，“中端”服务这些“前端”。俺来也所有的前端可以第一时间收集到消费者的习惯，更好地服务消费者。通过正规的大中台的布局，形成了俺来也 API[1] 的接口，把所有的交易环节、订单环节，一切的一切沉积到俺来也的后端，形成数据中心，以此形成一个数据正循环。

俺来也作为上海市高新技术企业，拥有强大的自主研发能力，并提供

1 API（Application Programming Interface，应用程序编程接口）是一些预先定义的函数，目的是提供应用程序与开发人员基于某软件或硬件的以访问一组例程的能力，而又无须访问源码，或理解内部工作机制的细节。

优质的平台服务。自O2O平台上线以来，顺其自然从“O2O + LBS”的商业模式延伸到“O2O、LBS（基于位置的服务）、P2P（互联网金融点对点借贷平台）、SNS（社交网络服务）”四位一体的整合模式，其系统稳定性以及更新的及时性已得到了各方的广泛好评。平台以每1～3个月一次的频率进行更新迭代，不断满足校园业务的各种需求。俺来也打造出一种“科技 + 人文”的全新校园生活体验，已全面转型O2O轻模式，成为一枝独秀的校园“轻”掌门。

一枝独秀——“俺来也”智慧校园新生态布局

自2014年俺来也成立以来，高校围墙内的线下生态正在觉醒，正在从传统的线下盘口经济，向线上线下新零售全面迈进。2017年12月全国高校后勤移动互联网大会召开，800多位参会的高校后勤集团的负责人聚集一堂，通过对智慧校园服务生态体系的展望和后勤信息化未来发展趋势的探讨，希望积极借助先进技术将互联网技术与教育后勤相结合，促进校园服务供给侧结构优化创新，推动校园服务模式转型升级，以开放、包容的精神形成高校后勤服务新模式，推动建设开放、合作、共享的智慧校园新生态。因此，各高校信息化改革的决心和热情超乎想象。此时的孙绍瑞认定：学校要加大力度建立智慧校园、数字校园，这对于所有的商业社会、商业生态来说都是一个巨大的机会，而俺来也恰是连接大学和社会的一个非常重要的桥梁。

从创成立第一天开始，俺来也的定位就是“校园轻生活掌门”，为所有校园线下经济做线上新零售的赋能。而俺来也所做的一切，就是要把校园线下经济和场景全面线上化。

俺来也的数字化校园在俺来也 App 中得以体现：连接所有学生的生活空间——食堂、宿舍、超市等。这套系统帮助校园线下的生态线上化。在整个 O2O 大潮中，俺来也遇到了到很多竞争对手，但它通过自身的不断迭代和创新，从 1.0 版本到 8.0 版本，俺来也已经在数字化校园领域扎根。

经过这些年的努力，俺来也除了形成“校园新零售 O2O、社交 + 内容、校园传媒和校园综合服务”的“校园生态整合行销闭环”外，还形成了全链条互动和全业务延伸。

俺来也最想做到的是联动校园的线下和线上，给用户一个平行的消费的“对话空间”。所以，它从初创开始就具备“生态型”的思维——把校园的线下生态线上化，而非工具化思维。俺来也的 O2O 新零售的核心目的是让所有校园围墙内的商业生态都智慧化、数字化、智能化。

在“以消费者体验为中心”的数据驱动下，俺来也对智慧校园新生态做了如下的布局。

① 校园数字化 O2O 新零售：餐食 O2O，校园超市 O2O，新零售赋能。

② IP 产品 - 供应链升级：C2B 产品研发，大品牌联合 IP，供应链升级。

③ 校园社交新地标：校园红人战略，明星及导师 PGC，本校论坛及校友录。

④ 360° 全生态校园传媒：线上 App 流媒体，线下校园框架，品牌行销活动，等等。

俺来也在这几大方面始终围绕着大学生在整个校园里的生活场景，即“校园场景全生态”进行布局，最终在校园实现全面控“场”（见附录）。

1　校园数字化新零售 O2O 赋能

俺来也是如何从 1.0 发展到今天 8.0 的？核心就是与大学生的消费场景紧密地结合在一起，所有的商业模式围绕着学生消费者的生活场景，全面覆盖和服务校园各类场景。俺来也 App8.0 俏皮有趣的广告语面向大学生消费者，针对性极强。例如：

上自习饿了、超市买东西死贵、宅在寝室不想见光、追剧玩游戏断粮了、万一上厕所没带纸……

“肿、么、办”？？！！

马上下载“俺来也”：一触即发，乐享生活！您可以在大学校园享受“俺来也”以下服务：

- 超市商品啥都有
- 西游侠“童鞋”为您免费快速送达
- 全校最低价
- 校内订餐送到寝

（1）校园超市线上化

俺来也起家于 O2O 校园超市，在全国发展了三四百个连锁 O2O 超市，助力如新世纪超市、教育超市等几百家校园超市进行新零售的线上化赋能。最早进入试点的是陕西一所高校的一家国营超市。该校超市向俺来也负责人孙绍瑞发出了邀请：“绍瑞，你看你的这个 O2O 超市干得很好，能否帮助我们国营超市做 O2O 和线上新零售的赋能呢？”

依据这样的请求，俺来也的产品和技术团队花费了两个月时间研发，攻克难关，帮助该超市做了 O2O 的线上校超模式，把线下超市做线上化的赋能。学生点开俺来也 App 直接下单，然后在线下超市专设“筋斗云”（快递员），筋斗云取货后不用付款，扫描二维码后就可以走了，然后俺来也在两周之内跟超市进行结算。

得益于此次成功，其他大学的校园国营超市也向俺来也伸出了橄榄枝，希望合作。于是，俺来也全部打通了这套系统，赋能所有校园线下生态，不管是学校的花店、礼品店还是文化用品商店，只要用这套系统，就能把所有的 O2O 零售全部线上化。

在这个基础上，孙绍瑞认为，超市本身将会从纯粹的交易场所慢慢地变成以体验为中心的空间。所以俺来也与很多大学合作，把校园超市从“交易”场所变成“以体验为中心”的大学生休闲生活的第四空间，即俺来也的“未来超市”设想。

（2）校园餐厅线上化

校园餐厅是大学生生活的重要场所，在用餐高峰期，人员密集，俺来也一改原来学校线下的餐厅不提供外卖服务的生态，把传统的校园餐厅进行线上化，形成“俺来也西游食”。学生通过“俺来也”微信服务号或 App 便捷下单订购早、中、晚三餐等，订单由学生自由兼职快递员——“西游侠”抢单，并采办配送，在 29 分钟内把餐食送到下单学生手中。

俺来也西游食外卖

俺来也与传统外卖最大的不同在于：利用安全、稳定、健康的校园餐厅作为供应链，学生对校园餐食最基本的要求是安全、稳定和健康。把校园线下生态线上化后，学生用户需求量增加。下面是某大学某届“校园爱吃节”当天食堂采访的一个场景。

学校食堂负责人：加入俺来也以后，我们食堂也可以配送了，同学们也不用买校外没有食品安全保证的外卖了。

校园西游侠社团CEO：今天是校园爱吃节，现在已接近有1 800单了。我们排满了签约西游侠，就是兼职学生送外卖到寝室……

商铺档口出餐员：俺来也使我们餐食卖得更多，今天有200多单，都急死我了……

西游侠：加入俺来也之后发现，身边有很多西游侠，可以有很多的交流。在学校里利用零散的时间去做一些工作，生活很充实，还可以赚一些零花钱，减轻父母的负担。

学生用户：不出寝室门，就可吃上美食，感觉速度非常快，因为我以前点外卖的话，大概是要一个小时才能送到，但俺来也大概15分钟就送到了。每次学校食堂到饭点的时候，要花时间排队，而在俺来也下单的话，非常方便，很快就可以送到手上。

西游食 + 新鲜星球——打造餐厅生态

俺来也在校园餐厅内设置了“新鲜星球”销售点，“新鲜星球”不是一个简单的线下小卖部，它是连接线上和线下的一个重要窗口，俺来也称“新鲜星球”是“可以任人打扮的百变星君”。这是俺来也在校园餐厅内布局的会员生态店，它是一个约15平方米的服务点，以此延伸的业务有西游食预订、俺来也IP产品、人才招募培训、线下活动广告营销等。“新鲜星球”是提供优质、健康生活的校园全生态链综合平台落地的辐射点。

当俺来也赋能学校的线下生态之后，辐射效应非常大。目前这个体系已经在全国300多所大学推行。

（3）校园新零售——学生众包模式

俺来也校园O2O新零售模式的特色在于校园内的众包配送物流，即学生点击购物，由兼职筋斗云、西游侠同学抢单，然后到餐厅拿餐食，在29 分钟之内给学生送货上门。其目的是助力学生成长，通过西游侠的体验，让莘莘学子走出网络、走出懒惰、走向自立，把服务学生变成大学生课余生活和第二课堂，既勤工助学又助力人的成长。

总之，校园超市、校园餐厅线上化后，其需求和存量市场成倍增加，2021 年日订单量平均已达到 1 500 万单。在学校围墙内的学生每日消费额，这两年单新零售这一块就达到 3 亿元，一年近 1 000 亿的市场容量。

孙绍瑞预测：在未来几年内，校园 O2O 新零售的消费需求会超过线下经济达到至少 50% 的市场份额，将近有 3 000 亿的规模。原因是学校围墙的生态没有全部线上化，而学校围墙内的优质的供应链线上化之后，释放出的能量将是巨大的。

2 IP 产品开发 + 供应链升级

俺来也经营校园的 IP 产品 + B2B，即产品本身。俺来也的整个 IP 创造能力是围绕着学生消费的需求，把各个品类和所有行业内有知名度的、有品质保证的产品做全新、全生态的开发。

（1）IP 产品的创意——重塑大品牌经典

俺来也从学生客户的需求出发（C2B），从学生喜欢的日常商品中获得灵感，即从 C2B 的创意而产生 IP 产品，让品牌年轻化，融入大学生消费群体。俺来也对经典产品进行品牌重塑、品牌换新。

- 蒙牛牛奶。“这只牛来”的蒙牛系列牛奶：吃饭时，有“靠牛吃饭”；考试时，有“喝奶送智商”陪伴；请客时，买“请客喝奶”；希望脱单时，为自己买一盒“指日脱单”；等等，设计了 18 款不一样的封面评标牛奶盒（见图 4.4）。

图 4.4　年轻人喜欢的牛奶盒

• 维维豆奶。“豆智豆勇”（“斗智斗勇”的谐音）的“情绪豆奶饮料”，跟自己的学习斗智斗勇、跟家长斗智斗勇、跟自己的同学斗智斗勇……在不同的情况下斗智斗勇、施展才华，并且 4 盒组合贩卖，适合大学生在宿舍分享。

• 来伊份零食。“我要变辣”产品是反映学生不同情绪状态的来伊份零食包，代表学生白天、晚上的不同状态，代表学生在吃辣的食物之前与吃辣的食物之后的两种状态。另外还推出来伊份的“蛋蛋”系列产品，如情绪蛋、人生巅峰蛋、逢考必过蛋……

俺来也给传统产品 IP 化赋能，赋予这些产品一些有趣、独特的内容。做出有差异、有内容、人格化的产品，其 IP 产品要求具备“五好”品质，即品牌强、品质精，价格稳、促销多，空间大、利润足，谈判强、终端靓，颜值高、产品赞。总之，以新、奇、特、精、潮的特点，推出年轻人喜欢的“尖叫产品”。

俺来也的 IP 产品是与知名品牌厂家联动、互动、合作而成的。所以，俺来也的 IP 产品：一是厂家喜欢，这是对厂商品牌的宣传；二是代理商喜欢，因为使其有足够的销售空间；三是学生喜欢，这些产品让他们有情景感、归属感。

大学生通过俺来也 App 选择餐食：一盒饮料（豆奶 / 牛奶）、一包饼干、一款薯片、一盒蔬果干等快消品，外包装使用的是年轻化的色彩，产品是与各大品牌携手重新塑造的符合年轻人心理特点和消费需求的新款。

目前，俺来也推出了千余款大学生和年轻人喜欢的独家 IP 产品。除了快消品之外，在旅游领域，俺来也与同程共同开发了一个大学生的旅游 IP 品牌产品，专门为大学生提供聚集交流的旅游平台。大学生旅游市场潜力巨大，并且需求旺盛，如班级游、宿舍游、周末短途行、班会游、假期游、毕业旅行、海外游学等。在教育领域，俺来也与新东方等在线教育机构合作，通过俺来也平台，新东方的在线教育可以与高校合作分销，为大学生设计四六级、考研等的 IP 辅导产品。此外，俺来也还有很多新的尝试……

（2）B2B、B2B2C——供应链升级

创造品牌连接力，升级供应链

国企品牌与品牌之间是彼此独立的，但是俺来也将品牌商资源和渠道商资源在平台上给予共享，基于此升级供应链。

俺来也 IP 品牌 / 产品的合作开发流程

俺来也的 IP 产品本身会创造新的消费需求。俺来也联合众多校园快消品大品牌，与每个产品线中最优质的品牌商合作。品牌 = 品质，俺来也把品牌焕新、品牌传递、品牌销售集成一体化去经营。近几年来，俺来也供应链升级，与百个大品牌合作，创新千余个校园 SKU（一般指最小存货单位，全称为 Stock Keeping Unit），通过供应链的升级给传统的校

园线下零售赋能。

进一步地，在校园里畅销的产品，俺来也会在全社会卖，比如“这只牛来”、情绪豆奶、“我要变辣”这些产品在上海的很多知名超市都有售卖。这些创新、年轻态的产品不单大学生喜欢，很多年轻人、中小学生甚至家庭用户都非常喜欢。这使得大学成为前沿创新产品的一个试验场所。

俺来也的目标（B2B）

通过重构校园供应链，通过供应链端的创新、研发、赋能，引导校园B端企业标准化、连锁化。让每个大学的零散店铺，通过俺来也对供应链的赋能，获得提升；通过俺来也“一键进货”和移动互联网化，零散的店铺在供应链前端完成连锁化。在供应链方面，俺来也强调的是与大品牌联合创造新的IP来增强对大学店铺的吸引力。

线上线下一体化营销

有人问孙绍瑞：“为什么我做电商不赚钱？‘双11’做得越大，亏得越多……”

原因在于：他们线上线下是分离的，并没有做一体化的营销。俺来也的校园新供应具备智能分仓“一盘货”与门店发货的柔性属性。学生在买西游食时，还可以买到零食、饮料、生活用品等。单点发全国，所有的东西都是互通的，俺来也通过“一盘货”的方式，让门店＝仓，仓＝门店，通过小批量柔性的供应链，让俺来也的门店仓进行调拨，一切都通过技术赋能产品，形成一个大的数据后台和供应后台。

而消费者的行为，即C端的需求，通过平台化的数据沉积，倒逼俺来也供应链，进行柔性化的操作，用“一盘货”的方式去考虑问题。这样，俺来也就有了规模上的建议、款式上的建议、数据的建议和备选备料的建议。俺来也做电商的预售，把上游的生产商、服务商和下游的消费者完全连接在一起，即B2B2C。

校园新供应

校园新供应有四个关键点：重塑消费者的体验、重塑品牌和营销、重塑供应链、重新定义制造。俺来也通过“一键进货”可以快速地服务好客户和供应商。

校园新供应链的进行是通过一个 App 平台——“易筋经”。该平台于 2018 年推出，开放俺来也创新供应链和物流。在易筋经 App 上，任何一个店家，只要是服务学生的，都可以一键进货，俺来也通过自身的仓储物流，隔日就给配送到这家店铺里。这就是俺来也给线下的盘口经济所做的赋能，如学校的食堂档口可以卖牛奶、卖豆奶。这个平台也为学生提供创业机会，即俺来也平台上的“土地公”同学店也通过这个 App 实现一键进货。俺来也把所有线下生态线上化，把供应链全部都嫁接进去。

总而言之，在供应链升级的基础上，创新年轻化的产品，由高校孕育、升级迭代，先火遍校园，然后走向全社会。只要在大学里火了，产品通常也会在社会上取得较好的反响。

关于高校传统供应链，俺来也通过调研发现，可供去中间化和优化的空间至少有 10%。这 10% 的空间是纯中介属性的空间，这 10% 空间其实可以释放给厂商和大学生用户。同时，未来 5 年之内，通过供应链升级，可释放至少 600 亿的中介空间，让品牌方直接触达学生消费者。

俺来也创新供应链、赋能供应链，带来了新的消费场景。孙绍瑞认为，不是场景创造产品，而是产品引导消费场景。因为学生是愿意尝鲜的，愿意因为某个产品而跟着走某些场景。比如说，大家在宿舍里聊天，可能宿舍里某个学生想吃一些零食，但没有合适的零食，所以他就不吃了。但是，如果有这样的零食，大家可能会因为买了这个零食而去聊天。所以，整个产品创新核心是为了创造新的消费需求，创造超过千亿的新增用户消费需求。

3 校园社交新地标

（1）俺来也 App 社交线上内容

孙绍瑞发现，大学生是比较容易产生“无聊感”的群体：每天早上起床就去刷各种社交软件，而俺来也的核心的理念是“校园轻生活掌门”。什么是校园轻生活？一方面是线上产生人与物的关系，另一方面是线上产生的人与人关系。2016 年 3 月，俺来也发布的社交版 3.0，做线上的“社交 + 内容”，满足学生的需求。经过多年的发展，在校园里大学生用的三个社交软件中就有一个是俺来也。

俺来也在大学生社交场景方面，创造了其他软件所没有的校园场景。俺来也在社交内容上的布局，增加了适合校园年轻人社交的内容，很多学生喜欢用俺来也平台上的 UGC（User Generated Content，即用户生成原创内容）来分享信息。

- 在“交友频道”，学生可以定向地找到自己隔壁班级或是其他学校的同学。俺来也的“个人星球”空间是一个很私密的空间，让学生愿意在自己的空间里沉淀自己的“心情日记”“心灵日记”。与微信朋友圈不同，微信朋友圈可以设置只展示 3 天，不让别人看到更多的内容。但是俺来也的这个空间可以沉淀很多的内容，有自己熟悉的人和合作伙伴等，形成一些商业化的标签。学生可以通过个人兴趣，找到有共同爱好的人，从而形成一个交流的氛围圈。
- 俺来也平台有众多导师级的优质 PGC[1]/UGC 内容。平台邀请不同

1 PGC（Professional Generated Content）指专业生产内容，也泛指内容个性化、视角多元化、传播民主化、社会关系虚拟化。

专业的导师为大学生答疑解惑，做到内容个性化、视角多元化、传播民主化、社会关系虚拟化。

• 俺来也有“话题”团队，学生之间可以进行互动，如“90后为什么会秃头”“为什么会有中年危机”……通过“话题”社交，产生很多具有传播性的内容。在俺来也平台上，二次传播的广告和营销都针对在校大学生群体。

• 俺来也还有“校园论坛”，通过“本校论坛”服务校园学生，还可以通过这个功能形成校友经济，学生毕业后可以在这个平台上找到以前的同学。

（2）俺来也 App 社交线下个人中心（个人星球）

• 个人中心（个人星球）。这是一个线下场景，可以让学生拥有自己专属标签以及心情日记。例如，学生在遇到一个传统外卖人员时，一般不会跟他发生社交联系。而俺来也的线下活动，每天筋斗云、西游侠送单给同学的时候，面对的都是同校的学生，或许是同寝室、同一栋楼层的同学，送单员会说：“同学，感谢你，给我个好评啊！”这时，直接点击收单人的个人主页，就进入他的个人星球，看他是什么专业、什么系的，如此，就产生了社交情境。把线下的人员通过 App 连接到线上，再把线上的流量通过线下的消费来实现收入，形成了整个校园行销的闭环。

• 校园红人。俺来也重视校园社交的头部力量，签约上千名校园 KOL[1]，校园 KOL 不同于传统网红，俺来也打造真正引领这个时代潮流的校园红人，如俺来也联合来伊份、必胜客，举办了首届“最红高校生”选拔大赛，评比项目包括形象、气质、知识属性、母校荣耀、演艺等，其内

1 KOL（Key Opinion Leader）指关键意见领袖，是营销学上的概念，通常被定义为拥有更多、更准确的产品信息，且为相关群体所接受或信任，并对该群体的购买行为有较大影响力的人。

容都是原创的、独特的、个性化的、多元的。校园 KOL 抓住了学生的关注点：同班、同寝室的同学，或是自己身边熟悉的朋友，平时都能碰到。校园 KOL 也会把每天的新鲜事发在俺来也 App 的“新鲜事”平台上。

把社交的头部力量长时间地沉淀在一个平台，带来社交蔓延。俺来也的后台数据显示，俺来也原来的纯 O2O 服务平台，用户停留时长最多 3 分钟，而现在平均用户停留时长达 15 分钟。这恰好体现了移动互联网的核心本质：“你能跟用户建立关系的时间纽带的长度，决定了你商业变现的可能。”

4 360° 全生态校园传媒

虽然移动互联网对人们生活的影响已成如火如荼态势，但是校园媒体到今天已经是稀缺资源了。俺来也的校园媒体，即俺来也全国校园传媒事业部，整合形成了全国最大的高校传媒机构（深耕十多年的基础），是中国最大的高校媒体运营商，线下覆盖全国 37 个城市，近 700 所高校，辐射 1 500 余万名在校大学生，拥有 23 万块校园媒体版面。包括校园餐厅桌面媒体、校园餐厅墙面媒体、新媒体、线下促销体育媒体、校园自组织社群，多维落地。

以前很多品牌商和俺来也的合作伙伴，在进校园的时候，方法无非两种：一种是先在线下搭个棚子，然后开始做派发，再 1 元领或 0 元领；另一种是做招贴广告，不管最终效果如何。现在的俺来也新媒体与此明显不同，其依据每一位大学生的消费行为，用 LBS（Location Based Services，基于位置的服务）技术，定向推给每位大学生想要的信息。此外，还依托每个学校的 KOL 做互动，这是俺来也开拓出的新营销体系。

核心校园媒体是一个卖方市场，大家想在高校做广告，必须找俺来也。俺来也在校园媒体领域已经深耕了十多年，在高校媒体市场有口皆碑。俺来也通过线上线下媒体的告知 + 落地活动感知 + 销售渠道搭建，形成了一个行销闭环。

在俺来也校园的线上线下广告、数字营销以及活动营销的基础上，其校园行销这一块的体量还远远没有释放出来。俺来也“以内容为核心的高校传媒”，围绕着学生做学生原创音乐、做篮球体育活动、做最红高校生选拔，这三大品牌活动会长时间开展。在这种情况下，从一般广告消费角度而言，一个市场的广告媒体投放预算，基本上是这个市场消费总额的3%。但是高校市场的投入是产出的7%，为什么？为了培养俺来也的忠实客户群，虽然是赔本赚吆喝，但高校市场产生的现实消费力一年预估有6 000亿元，所以这个市场的空间巨大。

尾声：俺来也——未来的“独角兽”

> 未来其实并不远，未来已来，未来就在我们脚下。每一次思考俺来也的未来发展时，都特别头疼，但不得不去思考，因为现在移动互联网时代已开始接近尾声。我们现在所处的时代是ABC时代[1]。
>
> ——孙绍瑞

1 加速俺来也生态全国校园横向复制

对俺来也来讲，一切都是以未来推导现在。孙绍瑞经常提醒团队，人

1 ABC时代，即人工智能（AI）、大数据（Bigdata）、云（Cloud）时代。

无远虑，必有近忧，一定要从未来的终点来看俺来也现在的努力进程，这样才不会迷茫。俺来也正在做的是加速俺来也生态全国校园横向复制，开展大学生创业合伙人裂变行动，在全国三、四、五线城市开放校园创业合伙人加盟计划。在很多三、四、五线城市的校园里，大学生创业热情很高，但他们没有平台、没有产品，而俺来也的团队到这些城市去蹲点发展，以三年为基数，深入校园。俺来也把自己的产品、技术、研发、供应链全部开放给各个校园的大学生创业团队，让他们一起把俺来也的校园生态沉淀于他们的学校，这是俺来也除了直营之外的一个裂变战略。

2 启动俺来也“大学生用户毕业资产”延伸计划

俺来也 2014 年创立后，就考虑到每四年就有一届学生要毕业，那么，如何留住这些客户继续服务他们，达到从校园辐射社会的延展，将业务像滚雪球一样越做越大呢？所以，俺来也在餐食服务、金融服务、社交内容、人才服务、IP 产品、教育服务方面都有一定的前景。从校园辐射社会，才是俺来也真正长远战略的方向和目标。

3 从大学生到知识青年

大学是知识青年的一个集聚地，俺来也服务的核心人群是大学生、知识青年。俺来也要为知识青年创造一个全生态的服务平台。例如，“俺来也青春创业营”已走出校园，走向全球。俺来也的海外特训营、俺来也未来领袖创业营已经不再仅针对大学生，而是针对 45 周岁以下的青年创业者，包括俺来也的赴美国留学计划，以及去以色列交流互访计划等，都是针对全社会的知识青年。

4 从国内大学到海外名校

通过定点邀约，俺来也现在已经进入了若干美国和英国的名校。孙绍瑞发现有很多国外的大学生，包括中国的海外留学生已经入驻俺来也，他们希望与国内大学生交流。尽管 facebook 还进不了中国，但是他一直在考虑：如何能够让俺来也面向全球，让全球的知识青年和大学生连接在一起。比如说，武汉某个大学的学生，想认识一个斯坦福大学的学生。在原来的这个互联网情况下，没有办法实现链接，而未来情况就是不管你是印度的、美国的还是英国的学生，所有的青年大学生，通过俺来也 IMCOMING，都可以连接在一起。

5 认知未来 创造未来

现在移动互联网的时代已经开始接近尾声，ABC 时代已经到来。在这样的时代，如何去认知本来、创造未来？而孙绍瑞想把所有的这些复杂体系进行精简，如大家熟悉的中国互联网公司三巨头——BAT[1]，其商业模式值得借鉴，在若干年前它们瞄准的正是那批青年大学生和青年人。BAT 能有今天的辉煌，当然有很多商业逻辑，但最先认知其产品的就是那些大学生，所以孙绍瑞说："谁掌握了高校，谁掌握了青年，谁就掌握了未来。"

---

1 中国三大互联网公司百度公司（Baidu）、阿里巴巴集团（Alibaba）、腾讯公司（Tencent）首字母的缩写。百度总部在北京市、阿里巴巴总部在浙江省杭州市、腾讯总部在广东省深圳市。

附　　录

孙绍瑞创业大事记 / 人生历程

孙绍瑞，花名“老孙”，1985 年生，华东理工大学管理科学与工程学本科、中国人民大学新闻学硕士。俺来也（上海）网络科技有限公司创始人、CEO，上海梵谋文化传媒有限公司 CEO，上海青联委员，上海市崇明区政协委员。

（1）人物经历

2003 年，大一时与学长共同创立“君惠网”——大学生休闲生活点评网，从此走上自主创业之路。

2005 年，大二期间独自创立了上海梵谋文化传媒有限公司——中国第一家专业高校传媒机构。随即成功独家买断上海 22 所本科院校的近百家高校餐厅内墙面广告 5 年经营权，成为全国大学生创业典型。

2009 年 7 月，公司注册资本增加 5 倍。

2011 年 3 月，公司总部乔迁，坐落在松江区星月企业总部花园；6 月，《梵谋报》正式创刊；7 月，校园媒体新视界、梵谋媒体全面升级；12 月，梵谋文化传媒集团成立。

2014 年 11 月，在梵谋传媒校园广告业务的基础上，俺来也（上海）网络科技有限公司成立正式成立，进入互联网领域（公司经营范围包括从事网络科技、计算机科技、软件科技领域内的技术开发等），老孙、八戒、沙僧联合创立了校园移动互联生活服务平台——俺来也；11 月 17 日，第一家土地殿在华东理工大学开业。

2015 年 1 月 28 日，Pre-A 轮 2 630 万元融资成功；3 月 16 日，9 城 36 店全面开花，安卓及 IOS 版客户端同步上线；7 月 20 日，校园 O2O 平台“俺来也”宣布获得 A 轮 1.1 亿元投资，由景林资本和 Pre-A 轮投资方分享资本联合主投，跟投方为森马集团董事长邱坚强和“中欧独角兽众投计划”之俺来也专项投资基金“希游记”。

2016 年 1 月，俺来也完成 A+ 轮融资 2 亿元；9 月，俺来也 3.0 红灿上线，俺来也宣布完成 B 轮融资 2.4 亿元；荣获“创业黑马 TOP100——中国最具潜力创业公司”。

2017 年 3 月 21 日，俺来也荣获 2017 年度上海市高新技术成果转化项目；12 月 28 日，俺来也宣布完成 B+ 轮融资 1.2 亿元。

2018 年 1 月，完成 B2 轮 1.2 亿元融资；3 月，易筋经 App 上线；8 月 14 日，俺来也集团易筋经公司成立；9 月 8 日，俺来也 5.0 全新重磅上线；11 月 29 日，俺来也 IMCOMING“校内订餐”国际版正式上线；12 月，俺来也二度成为上海市高新技术企业：“俺来也跳蚤市场软件”“俺来也校园 O2O 平台软件”成为高新技术成果转化项目。

2019 年 1 月，俺来也大学生驾校项目正式上线；2 月，俺来也云订餐海外版 IMCOMING 登陆美国；5 月 8 日，麦店电商板块（专注年轻人的社交零售空间——进军社交电商，聚焦年轻群体，打造中国版线上 Costco）正式上线。

2020 年 1 月，俺来也“校园云订餐”上线；4 月，俺来也“我们有温度”年度服务理念发布；9 月，俺来也支付宝小程序正式上线；9 月，成功举办 2020 高校“场”域创新营销论坛。10 月，战略并购上海未途网络科技有限公司，这是全面加速俺来也“智慧校园”系统开发的新发展战略。

2021 年 1 月 1 日，俺来也旗下支付品牌——俺来支付正式上线；1

月 11 日，俺来也 7.0 全新重磅上线；1 月 29 日，俺来也官网全新上线；3 月，俺来也堂食数字化业务升级。

（2）所获荣誉

2007 年，荣获“中国教育新闻人物 50 强”

2007 年，荣获“2007 年度上海市大学生就业创业典型”

2008 年，荣获“‘上海银行杯’第一届上海青年创业先锋”奖

2008 年，应邀参加上海市大学生先进就业创业典型座谈表彰会

2009 年，入选“中国骄傲·第 8 届中国时代新闻人物”，被授予“时代中国十大创新企业家”

2009 年，入选“B&M2008—2009 年度品牌贡献奖系列影响中国推动企业品牌人物”

2009 年 7 月，孙绍瑞以梵谋传媒发展案例荣获中国共青团中央“‘儒风泰山杯’青年创业成功案例二等奖”（上海市选送代表中的最高奖项）

2010 年，荣获英国《中经评论》2010 年中国最值得期待的十大传媒人物

2013 年，当选上海市青联委员，上海市青年企业家协会会员

2014 年，荣获“第二届上海市新锐青商”

2014 年，当选 2014 年度十大黑马风云人物

2016 年，获评胡润创富新势力企业家

2017 年，荣登《中国青年》杂志封面人物

2019 年，当选上海青创协新一届副会长

2021 年，俺来也授予“消费者连续开发奖”

2022 年 7 月，俺来也总部乔迁西岸·央视总部大楼

……

公司组织、营销架构图[1]

（1）俺来也组织架构

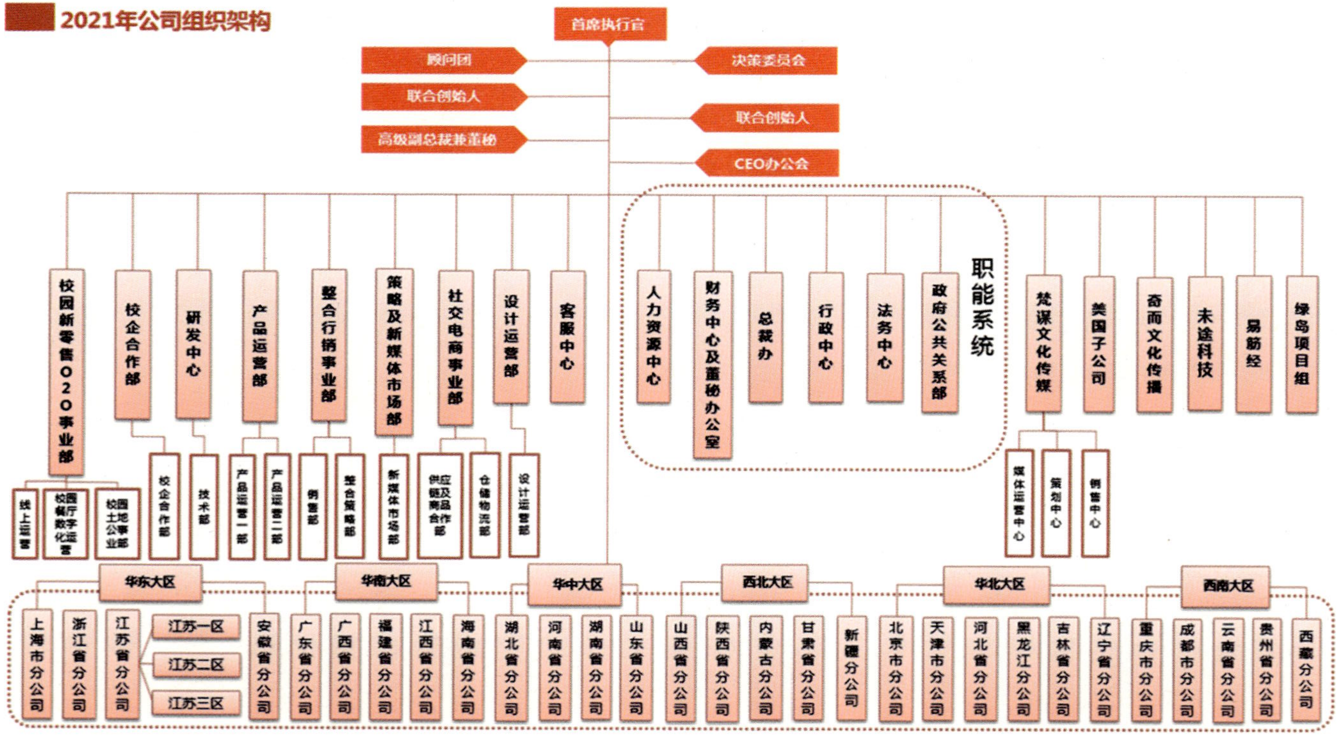

1　图片由俺来也公司提供。

（2）俺来也数字化智慧校园整合运营布局图

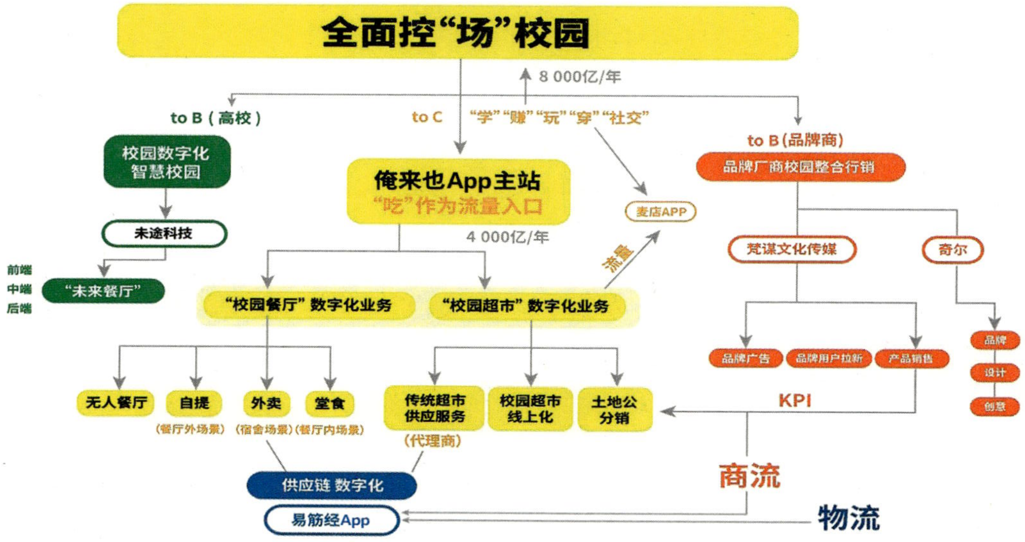

案例五

上海探能
SHANGHAITN

上海探能

清洁能源之路

本案例由

华东理工大学商学院

钱嘉怡、阎海峰撰写；

案例目的是为教学之用，

非为说明案例公司管理是否有效。

2021年10月12日，伴随着热烈的掌声，上海探能实业有限公司董事长万辉在莘庄镇政府、龙源电力集团和上海探能公司三方合作协议上签下了自己的名字。他的内心是怎样的汹涌澎湃尚未可知，但10年前刚刚接触龙源电力集团的他定未曾想到今日的合作签约仪式。虽是如此，可他过往十余年做的每一个抉择都为这份寓意着新征程的机遇做了铺垫……

引　言

朝霞绚烂，旭日初升，柔和的阳光洒在地板上，细腻而温暖。光伏发电站楼房上的网罩，仿若针脚细密的帽子，在旭日的映衬下熠熠生辉。经过一夜电力补充的新能源电动汽车精力充沛，已驰骋于路上，它们不再仅是分布式光伏电站的用户，更是为城市电网“削峰填谷”出力的优质移动储能单元。再往远处，一架架迎风转动的风电机屹立在海面上，惹得海水跟着荡漾。与海上风电机遥相呼应的是沙漠之上有序排布的太阳能板，一望无际的金色沙漠成了大型清洁能源基地——沙漠光伏发电站，甚至由于太阳能板的布置，原来的沙漠地貌避免了阳光直射，土质逐渐得到改善，水分也得以保留，竟渐渐长出了稀疏的小型植被。分布式光伏、移动储能单元、海上风电、沙漠光伏发电站……一张巨大的清洁能源网将城市包裹住，温润无声、生生不息。夜幕逐渐降临，霓虹漫天的城市之中，白日里太阳的光辉又以夜间彩虹的形式湮没在奔流不息的车潮中……这便是上海探能实业有限公司（以下简称“探能”）董事长万辉心中“人人尽享清洁能源”的理想愿景。

“什么叫人人尽享？就是又好又便宜，好是节能环保、绿色电力，便宜是不能比传统电力贵”，这一信念后来成为探能的使命。从风电 MRO（Maintenance，Repair and Operating）非生产性物料供应商到构建风电后市场智能生态系统，再到进入光伏行业，探能秉持初心，将发展思路从传统贸易方式转向互联网商业模式，以步步为营的清醒平衡风险和机遇，敢为人先的胆量谋求未来竞争的一席之地。

探能成立于 2009 年，是致力于探索“碳中和”，编织绿色电力网，实现“人人尽享清洁能源”的高新技术企业。其业务涉及风电、光伏和电力传输三大板块，以新能源电站生产物资数字化解决方案为核心，以开发和运营分布式光伏项目、直流特高压和海上风电柔性直流传输为两翼，为电力集团提供新能源综合解决方案。其下属快备新能源科技（上海）有限公司（以下简称“快备”）、甘肃探玉新能源科技有限公司和上海探能光伏科技有限公司三个子公司。2021 年，探能公司员工为 50 多人，营业收入为 2 亿元，且以每年 20% 的速度增长（见附录）。探能每年的研发投入始终保持在营收 5% 的水平，研发人员占员工总数的 20%。快备自 2016 年成立以来，营业收入每年均保持 50% 以上的增长，2021 年成交额破亿元，完成 2 000 多笔交易，客单价 5 万元。

能源产业概况

2020 年 9 月 22 日，习近平在联合国大会上讲话提出，我国二氧化碳排放力争在 2030 年前达到峰值，努力争取 2060 年前实现碳中和。2021 年 10 月 24 日，中共中央、国务院印发《关于完整准确全面贯彻新发展理念做好碳达峰碳中和工作的意见》，提出构建绿色低碳循环发展经济体系、提升能源利用效率、提高非化石能源消费比重、降低二氧化碳排放水平、提升生态系统碳汇能力等五个方面主要目标。该意见在碳达峰碳中和“1+N”政策体系中发挥了统领作用。该意见指出，到2025年，绿色低碳循环发展的经济体系初步形成，非化石能源消费比重达到20%左右；到2030年，经济社会发展全面绿色转型取得显著成效，非化石能源消费比重达到25%左右，风电、太阳能发电总装机容量达到12亿千瓦以上；到2060年，绿色低碳循环发展的经济体系和清洁低碳安全高效的能源体系全面建立，能源利用效率达到国际先进水平，非化石能源消费比重达到80%以上，碳中和目标将顺利实现。

2022年3月22日，国家发展改革委、国家能源局印发《“十四五”现代能源体系规划》，指出中国能源低碳转型进入重要窗口期。“十三五”时期，我国能源结构持续优化，低碳转型成效显著，非化石能源消费比重达到15.9%，煤炭消费比重下降至56.8%，常规水电、风电、太阳能发电、核电装机容量分别达到3.4亿千瓦、2.8亿千瓦、2.5亿千瓦、0.5亿千瓦，非化石能源发电装机容量稳居世界第一（见表5.1）。“十四五”时期是为力争在2030年前实现碳达峰、2060年前实现碳中和打好基础的关键时期，必须协同推进能源低碳转型与供给保障，加快能源系统调整以适应新能源大规模发展，推动形成绿色发展方式和生活方式。

据东方证券估计，到2030年，化石能源消费占比将从2020年的84%下降至70%，到2060年下降至5%。到2030年，非化石能源消费占比将超过30%，到2060年超过95%。从一次电力的结构变化预测来看，除水电外，光伏发电、风电、核电都将快速发展，并将在“十四五”和“十五五”期间成为覆盖增量用电需求的主力，并在2030年以后逐步对火电的电量份额进行替代。其中，加快发展风电、太阳能发电是加快推动能源绿色低碳转型的关键。

表 5.1 “十三五”期间我国能源发展主要成就

指　　标	2015 年	2020 年	年均 / 累计
能源消费总量 / 亿吨标准煤	43.4	49.8	2.8%
能源消费结构占比			
其中：煤炭 /%	63.8	56.8	[−7.0]
石油 /%	18.3	18.9	[0.6]
天然气 /%	5.9	8.4	[2.5]
非化石能源 /%	12.0	15.9	[3.9]
一次能源生产量 / 亿吨标准煤	36.1	40.8	2.5%
发电装机容量 / 亿千瓦	15.3	22.0	7.5%
其中：水电 / 亿千瓦	3.2	3.7	2.9%
煤电 / 亿千瓦	9.0	10.8	3.7%
气电 / 亿千瓦	0.7	1.0	8.2%
核电 / 亿千瓦	0.3	0.5	13.0%
风电 / 亿千瓦	1.3	2.8	16.6%
太阳能发电 / 亿千瓦	0.4	2.5	44.3%
生物质发电 / 亿千瓦	0.1	0.3	23.4%
西电东送能力 / 亿千瓦	1.4	2.7	13.2%
油气管网总里程 / 万公里	11.2	17.5	9.3%

注：①[ ] 内为五年累计数。② 水电包含常规水电和抽水蓄能电站。

（资料来源：国家发展改革委、国家能源局印发的《“十四五”现代能源体系规划》）

1　风电行业现状及发展前景

（1）风电行业的现状

我国风电行业受政策调整影响较大，呈现周期发展的特点。2005 年，中国风电装机规模达到 1 GW[1] 以上。2008 年进入快速增长阶段，年装机

1　GW 是 gigawatt 的缩写，常用来表示发电装机容量，代表 10 亿瓦特，1 GW=1 000 兆瓦 =100 万千瓦。

规模达到 6 GW，全国累计装机规模翻倍，突破 12 GW。2011—2018 年，除了 2015 年受政策激励装机规模突破 30 GW 外，其他年度装机规模多在 15～20 GW。2018 年之后新增装机规模逐年增加。2019 年，中国新增的陆海风电装机量已经名列世界第一，实现“超英超美”。在全球风电整机企业前十位中，中国占六席，其中金风科技排名第三，远景能源排名第五。在技术难度较高的海上风机市场中，中国企业包揽全球第三至第六名。2020 年，我国新增装机规模达到 72 GW，创下历史新高。到 2020 年年底，我国风电累计装机 281 GW，在全球风电市场中占比约为 38%。2021 年，风电装机容量约 3.3 亿千瓦，同比增长 16.6%。据东方证券测算，到 2025 年，我国风电发电装机规模预计达到 5.6 亿千瓦左右；到 2030 年，风电发电装机规模预计达到 9.4 亿千瓦左右。

在碳中和背景下，风电有望成为中国第二大电力供给来源。风电行业已整体步入供给创造需求的阶段，“技术降本—需求创造”的脉络逐渐清晰。但就行业所处发展阶段而言，目前风机仍处于技术的快速迭代期，并且考虑到风电技术降本转化为需求的时间相对较长，风电发力相对晚于太阳能光伏。就国内风电行业发展情况而言，尽管国内风电并网装机量稍稍超过光伏，但与光伏产业各个环节全球市场占有率超过 90% 的现状不同，中国风电产业的中高端零部件还大量依赖进口，如碳纤维和轴承，风电的国产替代还处于从中低端向中高端慢慢攀爬的阶段。

（2）风电后服务市场的催生

在风电后市场这一细分领域，我国数量庞大的在运机组，以及装机规模的迅速扩大催生出一个日益可观的风电后服务市场，涵盖了风电机组运行状态监测、风电场智能化管理、部件维修维护、备品备件管理、机组技改与退役等需求。当前我国风电后市场已基本形成了整机企业、开发企业与第三方企业“三足鼎立”的竞争格局，具体包括风电场开发商、整机制造商及其成立的运维公司、第三方运维公司、大部件制造企业，以及包含金融、保险、培训、检测、认证等行业的各类专业服务公司。2021 年，在风电后市场 363 亿元的市场容量中，运行维护服务为 115.6 亿元，占比 32%；大部件为 103.6 亿元，占比 28%，备件、油品及耗材为 79.6 亿元，占比 22%（见图 5.1）。按 CWEEA 测算，到 2022 年，中国风电后市场总体容量预计为 458 亿元，到 2023 年预计为 519 亿元（见图 5.2）。

然而，我国风电后市场依然处于发展的初期阶段，仍存在诸多问题待解。① 关于风电场运维：风电事故，批量的设备（如螺栓、发电机、齿轮箱、叶片等）问题，发电性能不足。② 关于运维数据：运维数据尚未得到很好的运用；故障管理、故障记录缺乏标准化。③ 关于老旧机组：存在延寿、技改、提质增效问题；缺少扩容政策，如审批手续等；拆除下来的设备回收问题；供应商（整机、部件）退出市场后的运维服务问题。④ 人才短缺问题：高端人才缺口大、运维队伍培训问题、缺少培训标准和规范等。⑤ 关于物资管控：一方面备件供应不足，一方面又库存积压

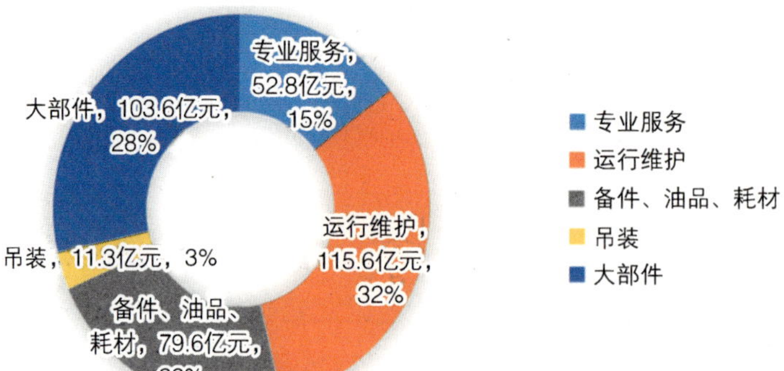

图 5.1　2021 年风电运维市场构成
（资料来源：《中国风电后市场发展报告（2020—2021）》）

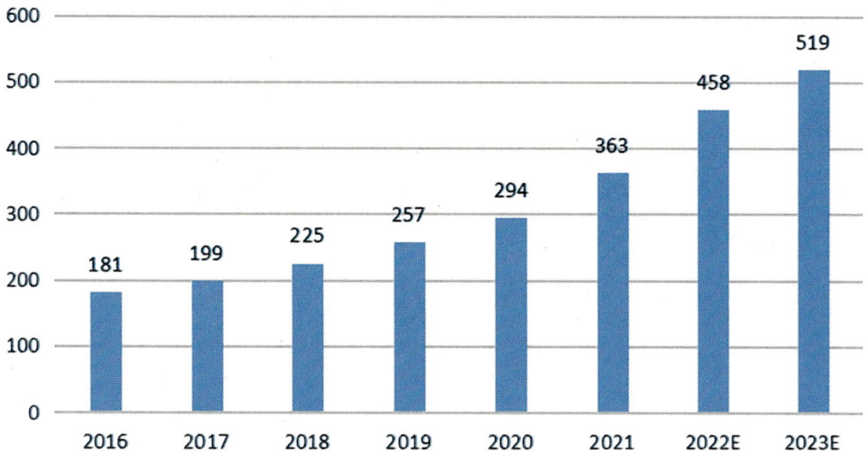

图 5.2 风电后市场容量预测（单位：亿元）
（资料来源：《中国风电后市场发展报告（2020—2021）》）

造成浪费，急需库存共享、联储等解决方案。⑥ 关于运维服务生态：参与企业众多，良莠不齐；竞争激烈，低价低质泛滥；缺乏约束服务质量的标准规范。

2 能源革命与数字革命的深度融合

能源革命与数字革命正在走向深度融合，能源数字化成为我国实现双碳目标的重要途径和必然选择。2016 年 2 月 24 日，国家发展改革委、国家能源局、工业和信息化部印发的《关于推进“互联网 +”智慧能源发展的指导意见》表明，能源互联网是推动我国能源革命的重要战略支撑，应当以改革创新为核心，以“互联网 +”为手段，以智能化为基础，促进能源和信息深度融合，推动能源互联网新技术、新模式和新业态发展。据国际能源署（IEA）《数字化和能源》预测，通过大规模应用数字技术，到 2040 年全球可将光伏发电和风力发电的弃电率从 7% 降至 1.6%，将减少 3 000 万吨二氧化碳的排放。《BP 技术展望（2018 年版）》预计，随着数字技术依托云计算而得到应用，到 2050 年全球一次能源需求和成本将减少 20%～30%。

《“十四五”现代能源体系规划》指出，要加快推动能源基础设施数字化。具体内容包括如下方面：

一是加快信息技术和能源产业融合发展，推动能源产业数字化升级，加强新一代信息技术、人工智能、云计算、区块链、物联网、大数据等新技术在能源领域的推广应用。

二是建设智慧能源平台和数据中心。面向能源供需衔接、生产服务等业务，支持各类市场主体发展企业级平台，因地制宜推进园区级、城市级、行业级平台建设，强化共性技术的平台化服务及商业模式创新，促进各级各类平台融合发展。

三是实施智慧能源示范工程。推广电力设备状态检修、厂站智能运行、作业机器人替代、大数据辅助决策等技术应用，加快“智能风机”“智能光伏”等产业创新升级和行业特色应用，推进“智慧风电”“智慧光伏”建设，推进电站数字化与无人化管理，开展新一代调度自动化系统示范。

创业伊始：风电后市场的先行者

1　创业初始的蓄力

故事要从 1980 年讲起。万辉的童年是在陕西榆林一个小镇里度过的。虽然彼时物资匮乏，但改革开放的春风却率先吹到了这个普通的家庭。万辉的父母是当地颇有名气的石雕手艺人，借着改革的春风，这对勤劳的夫妻率先做起了石雕的小本生意，生活水平自然也比街坊邻居高出了一大截。“做生意”这件事像一颗种子一样深深埋在了幼年万辉的心里，直到大学毕业这颗种子才生根发芽，最终长成了今天的一棵参天大树。然而这颗种子的生长也并非一帆风顺，其觉醒的源头还得追溯到万辉的一次实习。

本科就读于华东理工大学机械专业的万辉在大四时，和大多数同班同学一样选择了在工厂实习。然而实习期间每天规定时间上下班，日复一日与冰冷的机器打交道的生活让这个热血青年感到极其压抑和痛苦。他认为这种一眼可以看到头、整日与机器为伍的工厂生活并非他未来理想中的生活。于是，他果断放弃了唾手可得的高薪工作，毅然决然地去了一家民营的进口设备贸易企业做销售。他坚信，在中国市场经济蓬勃发展的趋势下，销售人员未来的发展前途一定会好。工作第一年，万辉每月的底薪仅有 1 200 元，而且工作十分辛苦。很多时候他需要挤两个多小时公共汽车，只为了一场可能 5 分钟就会结束的面对面谈话，而销售成功的概率通常不到 1%。祸兮福之所倚，福兮祸之所伏。这段五年半的销售生涯不仅重塑了万辉的性格和能力，也让他积累了创业的第一桶金。

机会的到来往往是悄无声息的，一次偶然的机缘巧合造就了今日的万辉。2008 年，万辉所在公司需要将无功补偿电容卖给一家原本毫无交集的风电场。原来这家风电场的风机无功补偿电容柜意外爆炸，而从欧洲调货又需要很长时间，几经辗转才联系到他们企业。这次合作让万辉结交了风电行业的朋友。在朋友的引荐下，万辉有幸参加了当时风靡整个中国风电行业的上海虹桥展会。这次展会给了他强烈的心理冲击，也激起了他对未来能源行业的无限畅想。清洁能源的种种应用场景在万辉的心里久久不能消散，只要一闭眼，他的脑海中便能浮现出中国能源的未来。

上海虹桥展会后，激情澎湃的万辉迫不及待地向老板建议开拓风电行业市场。然而令人沮丧的是，老板认为风电行业的零件销售并不是公司的核心业务，拒绝了开拓新业务线的建议。一腔热血被当头浇了一瓢凉水，万辉的心里很不是滋味，但他并没有因此心灰意冷，反而开始认真考虑独自创业的可能性。此时的万辉不仅拥有丰富销售经验，而且几年的销售工作使他积攒了可观的存款。几经思索后，万辉决定拿着人生的第一桶金去风电市场闯一闯。

万辉作为风电行业的行外人，一没有专业技术，二没有核心产品，根本无法取得进军配套市场的资格。这个孤勇青年经过多番考察后，发现当时风电行业的大多数企业都忙于风电机组的制造和销售，未注意到备品备件这一风电后市场的细分领域。“备品备件对风电机组来说是必不可少的‘柴米油盐’，是只要风电机组转动就离不开的‘刚需’，看似简单实际却很复杂，并不是一个简简单单的贸易活，而是个技术活”[1]，万辉在一次杂志访谈中说道。一旦他的公司能在该细分市场建立起属于自己的竞争优势，后来者很难将其取代。2009 年，探能正式成立，成为中国第一家进入风电后市场的独立第三方服务企业。

2　机会青睐有准备的人

2009 年的中国风电后市场与初生的探能一样，都还处在蹒跚学步的阶段。尽管此时风电行业装机容量正热火朝天地增长，但由于几乎没有风

1　王润茁：《十年进取　驭风而行——〈风能产业〉专访探能董事长、快备创始人万辉》，2018 年 12 月 17 日，https://mp.weixin.qq.com/s/XETtUW3dx56MGVe-qaAV2A。

电场出质保期，整个风电后市场十分冷清。除了早期的个别进口风机，如通用电气（GE）公司 1.5 兆瓦风机、西门子歌美飒 850 千瓦风机和苏司兰 1 250 千瓦风机出质保期外，其余风机皆未出质保期。受萧条的风电后市场大环境影响，探能第一年的营业收入仅有 50 多万元。

正当万辉为公司的未来发展一筹莫展之际，转机也随之而来。2010 年，在朋友的介绍下，万辉带领初始创业团队造访了位于内蒙古锡林浩特市的一个风电场。这个风电场的 33 台 1.5 兆瓦 GE 风电机组已出质保期，此时急需一批备品备件来进行独立的运维工作。风电场向探能提供了估值 832 万元的备品备件清单，并声称只要备品备件的价格低于 GE 的供货价格，便与探能签订供货合同。如此庞大的订单对于刚成立不久的探能而言无疑是一个巨大的机遇。然而，挑战往往会在机遇之后接踵而至。GE 公司仅向风电场提供了一张简单列明了型号、产品描述、数量和单价的备货清单。由于 GE 公司的技术封锁，风电机的多种备品备件也被替换或撕去标签，使得探能无法有效识别部分备件信息。同时由于供应链的封锁，许多备件为 GE 定制，供应商无法卖给第三方。即使是可购买的备品备件，小订单也需支付比 GE 多出十倍甚至百倍的价格，缺乏竞争优势。面对如此之多的挑战，万辉没有退缩与放弃，而是在之后的一个月里带领初创团队一起扒风机、寻找渠道、确认备件，最终成功交付了 170 多万元的备件。这次的订单给了万辉很大的触动与启发：“这是探能完成的第一笔大订单，意义非凡。最重要的是，我清楚地认识到备品备件绝不是一个贸易活，而是一个技术活。未来风机大规模出质保期的时候，客户不可能再等我们一个月来报价、来完成交易。那探能的竞争优势在哪里？答案是数据库。我们必须从现在开始建立备品备件数据库，提前确认备品备件、打通渠道，如此才能快速响应客户需求。”随后，探能在行业中率先提出基于风电场的备品备件数据库概念，并建立了行业内领先的数据库，也为

2016 年快备电商平台的上线做了铺垫、打了基础。

“虽然现在看来这笔订单的金额并不高，但对当时的我们来讲却是身家性命、全副家当。”万辉笑道。他还记得发货时正值冬天，为确保备品备件万无一失，他们不仅定制了几个大木箱，还用棉被将货物包裹住。“备件到了之后，客户十分惊讶，说你这备件竟然是盖着被子来的。后来我实地看到了物流条件后，觉得这被子盖得真值！”风电场地理位置偏僻，备件到了锡林浩特市之后，还需转车送往风电场。卸货时更是惊险万分。由于没有叉车之类的卸货工具，但凡是搬不动的箱子，工人就采用两个木条架住箱子再往下掀的方式卸货，因此木箱的损坏率极高。运输过程中探能的木箱也被损毁了，但好在包裹严实，备件既没有损坏也没有丢失。万辉并没有沉浸在订单成功的喜悦中，此次艰难而又幸运的交付让他意识到了风电后市场末端物流存在着严重缺陷，这也为后来万辉在二次创业中致力于改善末端物流埋下了伏笔。

探能前进的步伐一直没有停止，在与客户对接交流的过程中，探能还拓展了新的业务方向。由于缺乏足够高效的维修渠道，当时合作的客户库房里囤积了大量需要更换的进口变频器的控制板卡，这些板卡单价少则 3 万～5 万元，多则 10 多万元。因此客户建议探能借助上海的技术力量，对这些板卡进行技术维修。万辉在与其团队讨论之后一致认为这对探能的发展大有裨益，而且很可能是一个新的业务拓展方向。探能积极联系相关技术专家对这些控制板卡进行了检修。在开展维修工作时，探能发现其中一些板卡存在着设计缺陷，在对其进行初步改进之后，探能将控制板卡带向国产化，这在一定程度上解决了客户在该领域被供应商“卡脖子”抬高价格的问题。

在该风电场的引荐下，探能还接触到了后来最大的客户龙源电力集团在西北区域的一些需求。龙源电力集团成立于 1993 年，现隶属于国家能源集团。2009 年，在香港主板成功上市，被誉为“中国新能源第一股”。龙源电力集团是中国最早开发风电的专业化公司，其率先开拓了我国海上、低风速、高海拔等风电领域，率先实现我国风电“走出去”，不断引领行业发展和技术进步。自 2015 年以来，龙源电力集团持续保持世界第一大风电运营商地位。目前，龙源电力集团已成为一家以开发运营新能源为主的大型综合性发电集团，拥有风电、光伏、生物质、潮汐、地热和火电等电源项目，构建了业内领先的新能源工程咨询设计、前期开发、发展研究、行业公共服务、碳资产开发管理、职业培训、网络安全等十大技术服务体系，业务分布于国内 32 个省区市以及加拿大、南非、乌克兰等国家，为全球能源绿色低碳发展和可再生能源利用做出积极贡献。截至 2021 年 9 月 30 日，龙源电力集团控股装机 2 489.2 万千瓦，其中风电 2 241.4 万千瓦、火电 187.5 万千瓦。

经过多方询问，探能发现龙源电力集团在西北区域的需求统一由龙源北京备件中心采买。龙源电力集团率先在行业内采用了集约化采购模式，形成了专业化采购中心。这种采购模式与探能的业务方向不谋而合。2012 年年中，探能与龙源北京备件中心建立了联系。由于公司业务独树一帜，又契合龙源的需求，探能成功进入了龙源北京备件中心的合格供应商名单。此后，探能每周都能接到几张来自龙源北京备件中心的询价订单，只要价格合适，就能签下订单。这些订单极大地促进了探能业务量的扩展，在与龙源合作的短短半年时间内，探能便完成了 60 余万元的业务，其后业务量的发展更是一发不可收。万辉并没有自得于探能的飞速发展，而是在实践中不断总结与分析，他认为这个阶段探能找到了龙头、抓住了关键，实现了从 0 到 1 的突破才是成功的关键。当然，探能的快速发展除了归功于找准龙头外，还与其供应链体系密切相关。2009—2012 年，探能凭借地处上海的优势——众多外资品牌供应商的中国总部和制造基地所在地，连续召开数届风电后市场论坛，邀请客户、供应商以及行业专家共同探讨风电后服务市场的发展方向，逐步建立起自己的供应链体系，形成了自己在行业中的影响力，为后续的发展奠定了基石，这也是探能之后有着良好发展机遇的重要原因所在。

二次创业：打造风电后市场智能服务平台

1　创业困境和解决方案

在风电后市场站稳脚跟后，探能公司一直在探索快速发展的路径。彼时风电运营企业基本采用线上电子平台询比价和线下公开招投标两种备件采购模式，不仅采购周期长、监管不到位、质量不可控，而且缺少应急采购预案，带来故障停机、损失发电量等效率和成本问题。此外，风电运营企业大多采用备品备件自储模式，储备计划准确度差，呆滞库存不断增加，在占用大量资金的同时，还存在高保存费用、高备件报废率等情况。

作为风电后市场的独立第三方，探能深切体会到传统采购和储备模式所带来的用而不备、备而不用、资源重叠和供货周期长等诸多痛点。若是继续墨守成规，沿用传统的贸易模式，探能无法从根本上解决风电后市场的运营效率低下问题。只有创新风电后市场备品备件采购模式，利用工业互联网垂直电商平台，实现风电运营企业的自主化采购和低库存容量，才是行业痛点的解决之道。

2016 年 6 月 18 日，由探能打造的全国首个基于大数据的风电后市场智能服务平台（快备网，www.kbwind.com）上线（见图 5.3）。作为一个

图 5.3　快备网官网首页

开放平台，风电行业的生产商、代理商、第三方公司以及主机厂家均可在此平台上进行交易。探能由此成为中国风电后市场首家由传统贸易商转变成采用互联网技术解决大规模分散式物资供求问题的企业。同年 10 月 23 日，在北京风电展上，探能的子公司快备与用友能源、鋆馨供应链等多家行业企业签订了战略合作协议；11 月，快备 2.0 上线；12 月，快备北京运营中心成立。

（1）电商运营体系：目标客户是谁

尽管快备的网上服务平台在行业内名气很大，但第一个难题却很现实地摆在了探能面前：目标客户究竟是谁？在快备网投入运行之时，国有风电企业还未进行互联网转型，依旧坚持传统的采购模式。而行业的小公司基本是私人企业，这些公司可以依靠人脉资源拿到订单，但经常面临着货源短缺的问题。两相抉择之下，基于互联网商业逻辑的快备不可能直接与国有风电企业进行交易，所以只能将目标客户定位为小公司，以此作为突破口。

经营一段时间之后，探能发现这种目标客户群的运营模式存在很大问题：首先，小公司需求占比低，导致探能能够接收的业务量小；其次，一些小公司仅考虑短期利益，有时会为了盲目追逐利益而选用假冒伪劣产品；最后，招标是一年一度的，一些小公司通常打一枪换个地方，业务不具备可持续性，这给探能带来了极大的风险和不确定性。这一系列现实问题直接将探能扩大客户规模的可能性横刀斩断，初出茅庐的快备网很快陷入了困境。互联网平台的本质是网络效应。无法扩大客户规模以实现网络效应的快备网，显然是只具其形、未具其神的残次品。此时的探能进退维谷，要么安于现状，维持着传统业务；要么断臂求生，放弃已有战略，寻找新的出路，重塑商业模式。

董事长万辉和公司高管将目光重新聚焦于最初的问题："我们的目标客户是谁？"正值此时，国有企业在不断地加大"触网"力度，积极建设专属电子商务平台（如国能 E 购电商平台），服务于本单位的子公司、孙公司以及重孙公司，对内统一需求。这些国有企业的电子商务平台通过直接接入京东、苏宁等社会化的成熟平台，将办公用品、劳保用品以及节假日福利等后勤服务模块上线电商平台，以达成改变传统采购模式并提高采购效率的目标。其他专用产品的供应商则可以与其专门设计的接口建立链接，从而触达国有企业的电子商务平台。2017 年 7 月，国网电商公司联合 13 家央企电商共同发起成立了中央企业电子商务联盟（简称"央企电商联盟"）。中央企业电子商务联盟的统计数据显示，2019 年，72 家央企已成功开展电子商务业务，发展规模和质量不断上升，央企电商交易额占全国电商交易额的比重超过 17%，且仍以较快的速度增长。

探能分析总结了其自身与国有风电企业长期打交道的经验，发现这些国有风电企业经常疲于应对与供方沟通、备件存储、质量管控以及问题溯源等问题。Vestas[1]的统计数据显示，一台风电机的零部件在 7 万个左右，包括变桨、变频器、冷却、润滑、防腐以及液压等，而真正发生买卖的零部件约为 1 000 个。以变频器为例，变频器有不同的生产厂家、不同的生产年份，而且不同功率风电机组的变频器型号也是各式各样的。将这些物料信息梳理成一个庞大的变频器备件数据库是一项极其复杂烦琐的工作，不仅需要熟悉各类零部件的功能，还需要整合分散的零配件厂家并保持渠道畅通、及时供应，如果有停产还要另找替换产品。此外，相对于消费互联网，国内工业互联网信息技术的使用效率要低一大截。整个中国工业市场的数据基础十分薄弱，数据人为割裂度大，供应商之间数据壁垒也非常高，这些问题导致信息的搜集和整理需要耗费极大的人力、物力成本。

相对于庞大的国有风电企业，已经在风电行业摸爬滚打多年的探能有很大的优势：积累了大量的专业资源、准确的数据资源和供应链资源，具备了构建庞大备品备件数据库的基础和能力。此外，探能还可以低成本、小规模地调度人力与技术资源，实时更新和补充相关信息。再加上探能前期已完成建设和运营快备网的工作，可快速链接国有风电企业电商平台，对其起到补充作用。

通过不断摸索和总结经验，快备网在更新之后再次上线，成为真正意义上的线上电商交易平台。快备利用互联网、物联网、大数据和人工智能等技术连接了供应商与电力集团，凭借新能源电站 MRO 的电商交易平台实现了物资的数字化和交易全过程的在线、高效、透明和可追溯。目前，快备智能平台已汇集了包括超过 850 个品牌、111 家旗舰店的供应资源（见图 5.4）。供应商可以在线展示备件资料和库存信息，业主可以免费实

1 Vestas Wind System A/S 集团创建于 1945 年，已在全球安装了 26 000 多台风电机，是世界上最大的风电系统供应商，也是最早开始制造风机的公司之一。

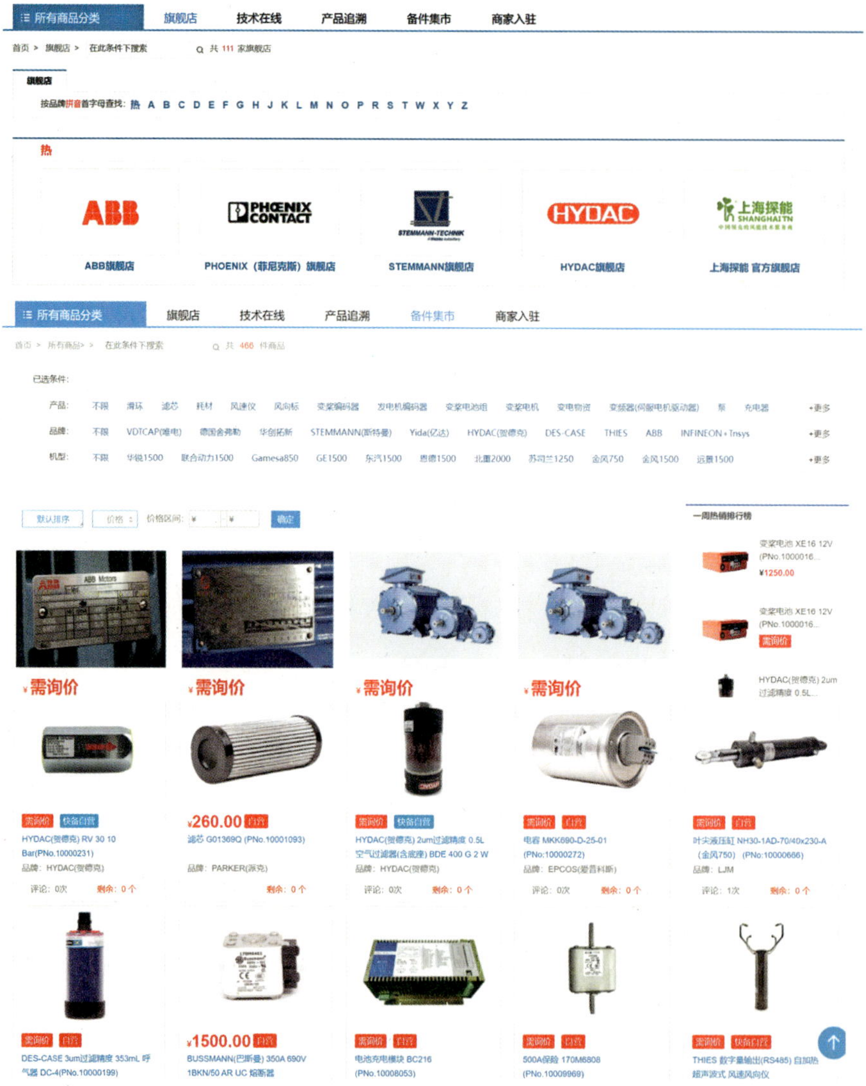

图 5.4 快备网“旗舰店”和“备件集市”页面的部分展示

时获取备件信息和库存情况。交易过程显示，客户购买备件简捷、快速，购货成本合理可控，产品质量和服务得到了充分保障。互联网商业模式得到了初步的验证，供应链的聚集效应已初步形成。

（2）仓配交付体系：如何吸引目标客户

在确定目标客户之后，接下来的难题便是如何吸引目标客户。尽管目标客户国有风电企业接受新技术并大规模应用的速度非常缓慢，但是电力市场化改革的深化倒逼国有风电企业加快变革速度。2015 年 3 月 15 日，中共中央、国务院发布《关于进一步深化电力体制改革的若干意见》，电力体制改革的进程提速。2016 年，全国各区域电力交易中心批量成立，促进了风电、光电等新能源电力的消纳，降低了电价。市场机制在优化资源配置过程中的重要作用日益凸显。由于需要参与电力市场交易，与火电企业竞争，与别的集团竞争，此时的国有风电企业面临着前所未有的效益压力，因而改善运营水平迫在眉睫。然而风电场的固定投资都不可改变，除了不可抗的自然因素制约以外，企业运营水平的就成为提高效益的关键。如何既能保证设备的可用状态，以及备件、人员的充足，又能最大限度地降低运营成本？国有风电企业必须在这矛盾的两者之间找到一个最优解。

这同样也是探能吸引国有风电企业的切入点。万辉及高管们曾给探能进行过定位，大家都一致认为，“探能存在的价值是不断提高整个产业链的运营效率，从提高的效率中分成”。这需要探能为客户解决备件的交付和库存问题，使国有风电企业实现“按需取用”。但当时的快备网仅仅将交易过程从线下搬到了线上，整个采购流程依旧遵循传统的“客户下单—探能向供应商下单—供应商排产制造—交付”模式，未缩短供货周期，也未能降低风电场的库存。国有风电企业每年还是需要购买大量备件，并且由于闲置备件属于不能处置的国有资产，只能始终堆积在库房。为此，探能将数字技术嫁接到风电后市场，进行集成式创新，构建了“区域服务中心＋终端智能无人仓”的线下智能交付体系，改变传统零散服务的贸易形式，提供集约化、规模化的服务，实现了通过提高售后服务的专业化水平推动产业链运营效率提升的目标。

“智能无人仓—区域仓”两级仓配体系

2019年，探能研发了由“智能无人仓—区域仓”组成的生产物资智能交付和管理系统，实现了MRO的数字化和无人化管理，持续为新能源电站投资运营商降本增效和数字化管理赋能。探能在国家风电大基地陆续建设“区域服务中心”（Regional Distribution Center，RDC）。它们既用于存储低频大件物资，也是终端智能无人仓的“补给站”和联储中心。区域服务中心的库存用以供给多家客户，联储模式无形中扩大了备品备件的种类和数量，减少了“用而无备”的情况。此外，区域服务中心还具有维修和技术服务本地化、库存的实时盘点和优化、仓库自助领料和远程视频查勘等功能。终端智能无人仓（E-platform Distribution Center，EDC）部署在风电场里，用于存储高频小件物资。探能与客户签订品牌框架协议，根据客户使用情况备货和定期补货，确保常用备品备件随用随取，并实现了手机下单、楼下取货的便捷交付方式。用万辉的话来说，区域服务中心就像一艘开到风电场附近的航空母舰，而智能无人仓就如同直接触达风电场的舰载机，我们真正做到了靠近用户，把服务和物资送到用户的家门口。

在制造成本方面，尽管外部技术已经成熟，但原始设计和真实需求的脱节、客户需求的持续涌现都要求探能不断迭代和打磨产品。探能基于快备网平台上超过万种新能源电站生产物资数据，根据尺寸、重量、消耗量与使用频率等特征，定制化开发和设计终端智能仓，如快备智能仓EDC-A2-16/X支持小物料的多数量放置，容量大、效率高，而快备智能仓EDC-B2-40专为超大体积物料设计（见图5.5）。探能可根据风电站机型与消耗情况组合，积木式拼装搭配终端智能仓，以满足不同应用环境。最终单个智能仓成本被控制在10万元以内。一个区域服务中心的建设成

EDC-C8-192

EDC-C4-67

EDC-A2-16/X

EDC-B2-40

图 5.5　智能无人仓（EDC）外观图

（资料来源：探能官方网站）

本为 50 万元，大概需要两三名库管员，人工成本每人 10 万元 / 年。区域服务中心对人力资源的水平要求较低，基本实现全自动化管理，库管员按指令操作即可。

在库存方面，目前的备品备件基本是自营，探能通过“确定品牌框架”和“联合存储”降低自营库存成本。首先，探能根据业主集团装机机型和配置情况，针对年度需求量大的产品，同生产厂商及其指定的授权代理商以招投标、询比价、单一来源谈判等方式，锁定年度供货价格和供货渠道，签订年度采购框架协议，以此提高探能的物资采购效率，保证原装正品和厂商售后服务，减少库存储备及资金占压，提高风机可利用率和发电量，最终降低运营维护物资综合成本。主要物资类型包括碳刷、滤芯、油品、滑环、液压刹车、编码器、变频板卡、风速风向仪等需求量大的品类。其次，快备根据同业主单位签订年度采购框架协议，结合业主装机配套和行业损耗数据，确定联合储备备件清单和数量，签订联合储备协议，部署智能仓，实施联合储备，从而使客户在减少库存容量、减少资金占压、减少呆滞库存并降低备件综合成本的同时，也享受自有库存、渠道库存和生产商储备库存。

在物流方面，探能在干线物流上使用高铁、飞机和车队等成熟的物流线。由于风电场地理位置偏僻，末端物流完全靠自建来解决“最后一公里”的配送时效、货物安全、运输成本等问题。“到今天为止，国家提农村电商，而实际上我们是农村再下一级——无人区电商，这‘最后一公里’如何解决依旧是个难题。我们希望能够通过解决‘最后一公里’逐步把整个交付体系建立起来，真正成为行业的有力抓手。”万辉说道。

在选址方面，市场规模和客户成熟度发挥了决定性作用。2019 年，探能在国家风电千万千瓦基地甘肃玉门建成快备平台西北区域服务中心，服务半径 3 小时车程范围内覆盖超过 700 万千瓦装机，并在部分风电场部署终端智能无人仓。2020 年，探能继续追随客户龙源电力集团，在内蒙古兴安盟建立快备蒙东区域智能联储仓，并在部分风电场部署终端智能无人仓。2021 年 10 月，探能完成了龙源在祖国最西边的风电场——新疆阿拉山口风电场终端智能无人仓的铺设工作，结合甘肃玉门市已落成的快备平台西北区域服务中心，形成了完整的线下智能交付系统。2021 年 11 月，探能完成了河北龙源主要风电场终端智能无人仓的铺设工作，并结合快备华北区域服务中心形成完整的线下智能交付系统。2021 年 12 月，探能完成了龙源西北角风电场——新疆哈巴河风电场联储智能无人仓的建设任务。2022 年，探能与龙源电力集团达成全面合作，实现终端智能无人仓的规模化铺设。

作为供应新能源电站物资的垂直电商平台，探能属于第一批接入央企专用物资电商采购平台的企业，目前已入驻国家能源集团、三峡集团以及华能集团的电商平台。一旦接入多家央企的电商平台，探能的智能交付体系就能实现全国范围内的大规模使用。根据探能的初步计算，一个智能无人仓能够覆盖的装机容量是 10 万千瓦。截至 2020 年年底，中国风电、光伏总装机容量为 5.84 亿千瓦，需要 5 000 台智能无人仓才能完全覆盖；到 2030 年风电、太阳能发电总装机容量将达到 12 万亿千瓦，需要 12 000 台智能无人仓。光伏电站属于静态装置，备件损耗量小，需要配置的智能仓数量也相应下降。如果要覆盖全部的装机容量，到 2030 年至少需要 10 000 台智能无人仓。而一个区域服务中心最多可以覆盖 100 台智能无人仓，5 000 台智能无人仓就需要 50 个区域服务中心。于探能而言，这是他们正在勾勒的蓝图。

（3）智能无人仓电商运营模式

探能根据电力行业主要是央企和国企的采购特点，以客户需求为中心，以市场化分工为导向，以信息技术为手段，构建新能源电站生产物资（MRO）在线交易、智能交付、无人管理和远程技术服务的一站式解决方案，助力新能源电站数字化转型、无人化值守和基于预知维护的无故障运营，开创了风电备件智能无人仓电商运营模式。风电备件智能无人仓电商运营模式由电商运营体系、仓配交付体系、运营管理体系三个部分构成。

一是电商运营体系。指风电备件产业电商平台快备网，可实现“电商平台下单—智能无人仓取货—协议结算”的完整闭环。在与发电集团合作的过程中，线上平台方面，探能可以依托产业大数据帮助发电集团完善风电备件的物资采购体系。终端入口方面，智能无人仓可以适配接入发电企业的电商平台。

二是仓配交付体系。指“智能无人仓—区域仓”两级仓配体系，可实现高频备件随取随用，低频备件半日送达，确保风电场高效运营。在与发电集团合作的过程中，探能可以帮助发电集团投资铺设智能无人仓，并结合区域服务中心为风电场提供系统化的仓配交付服务。

三是运营管理体系。探能已围绕风电备件的高效供应建立了“终端优化—柔性匹配—供应链—设备研发”全流程闭环的运营管理体系。终端优化方面，探能结合大数据分析，给出所需机型的备案配置方案。柔性匹配方面，探能结合优化算法，柔性匹配风电备件离散需求和离散制造。供应链方面，探能已实现风电备件合规经销品牌 850 个，可服务当前市场上儿乎所有风电机型，同时探能建立了产品溯源系统，确保备件正品可靠。设备研发方面，探能针对海外可能卡脖子的备件物料进行定点研发，形成多项专利和国产化替代方案，保证备件供应的安全。探能采用数据驱动，行业共享，优化调度的方法，将风电场端离散需求转变为基于行业年度需求预测的规模化制造，大幅度降低制造成本的同时实现基于风电场位置的联合储备和快速交付。在与发电集团合作的过程中，探能可以为发电集团提供管理运营服务，帮助风电备件物资供应高效运营；同时探能可以将目前建立的风电备件物资供应能力接入发电集团，作为供应保障之一。

智能无人仓电商运营模式具有以下优点：一是减少备件因素带来的停机损失。以一台 1 500 千瓦的风电机组、0.54 元 /（千瓦·时）、平均每年满发 8 小时为例，一天的发电量约为 12 000 千瓦·时，电费收入为 6 489 元人民币。而单个风电备件物资的货值平均不超过 5 000 元。根据风电场运维人员的经验粗略计算，等待 8 天的发电效益损失是 51 840 元人民币。使用智能无人仓电商采购模式，即便是低频备件物资等待时间也不超过 24

小时（见表 5.2），可直接避免 45 360 元人民币的直接经济损失。二是避免了新增呆滞库存，减少了产品质保期及定期维护问题造成的积压。三是共享区域服务中心扩大了库存品类和数量，并且按厂商规范管理与保养备件，保证备件始终处于优良状态且始终处于厂商质保期范围内，提升了电站运营效率。四是区域服务中心储存低频共享物资，智能无人仓储存高频物资，减少了资金占压。根据相关风电场的信息，在与快备公司实行智能货柜联储模式后，风场在快备公司的备件采购成本降幅 17%。五是新能源电站终端无须设专门仓库，无须专人管理库存，降低了仓储管理成本。

表 5.2　传统备件供应模式和智能无人仓电商采购模式采购周期对比

	传统备件供应模式		智能无人仓电商采购模式
	批次采购模式	长协采购模式	
采购周期	60～150 天不等	30～100 天不等	0～1 天不等
具体步骤时长	✓ 发起批量采购需求并通过内部审批 15 天 ✓ 挂网招标签订合同 30 天 ✓ 按订单生产 10～90 天 ✓ 交付 5～15 天	✓ 发起批量采购需求并通过内部审批 15 天 ✓ 签订合同 10 天 ✓ 按订单生产（有长协部分物料可以备货）0～60 天 ✓ 交付 5～15 天	✓ 高频备件物资配货在风电场智能无人仓，电商下单后直接取货，零延时 ✓ 低频备件物资区域服务中心快速配送，24 小时内送达

以目前已铺开风电备件智能无人仓电商运营模式的某能源央企数据为例，该模式可降低机组的停机损失，显著提高发电效率，2021 年该集团风电发电小时数高于行业平均 134 小时，装机容量超过 2 000 万千瓦。按照备件物资因素造成的停机占比 50% 计算，应用智能无人仓电商模式预计可挽回 85% 的因备件物资原因停机的电量损失，则该集团可

增加净利润为 134 时 ×2 000 万千瓦 ×0.5 元 /（千瓦·时）=13.4 亿元 ×50%×85%=5.7 亿元。根据该集团的数据分析和模式总结，该模式同时可以降低 15% 以上的风电备件综合成本。按照年度备件物资综合成本 30 元 / 千瓦计算，则为该集团节约备件综合成本 30 元 / 千瓦 ×2 000 万千瓦 ×15%=0.9 亿元。按照行业年平均小时数为 2 000 小时计算，该集团年度总发电收益为 2 134 时 ×2 000 万千瓦 ×0.5 元 /（千瓦·时）=213.4 亿元；预估净利润为 60 亿元；智能无人仓电商采购模式为其增加收益为 5.7+0.9=6.6（亿元）；占总发电收益的比例为 6.6/213.4=3.1%，占净利润的比例为 6.6/60=11%。

总之，探能集十年风电 MRO 大数据积累，携八百余家风电零部件供应商，利用互联网、物联网、大数据和人工智能等信息技术打造线上电子商务平台，建设区域服务中心（RDC）和风电场智能无人仓（EDC）二级线下智能交付系统，实现风电备件物资从工厂到风场高效流转，持续为新能源电站投资运营商降本增效和数字化管理赋能（见图 5.6）。

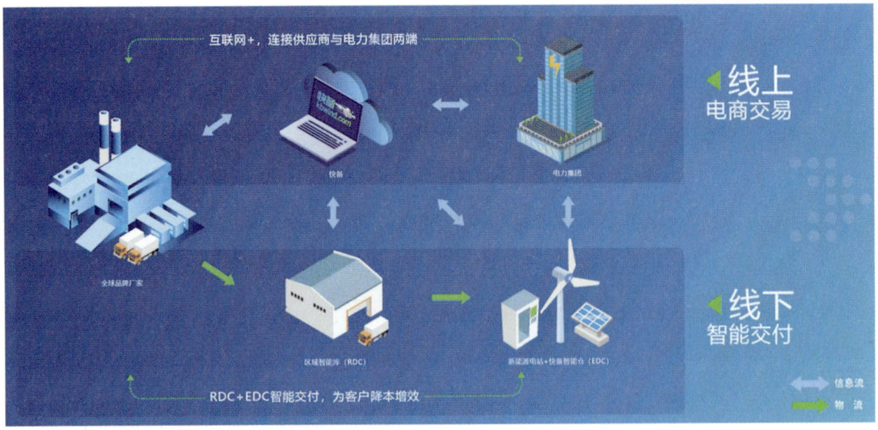

图 5.6　智能无人仓电商运营模式
（资料来源：探能官方网站）

2　二次创业的前景：构建风电后市场智能生态系统

在过去十几年的创业征程中，探能瞄准了风电后市场巨大的市场容量，成功布局了工业互联网垂直电商平台，始终致力于提供最专业的物资和服务，努力在垂直领域做深、做精、做专。探能的新能源电站 MRO 数字化解决方案已经从试验阶段走向大规模应用阶段，将在未来 2～3 年内进入发展快车道，摊薄运营成本，实现持续盈利。探能也从未停止过创新。万辉认为，创业绝不仅是眼前的利益，更重要的是如何让企业走向诗和远方。依托于工业互联网垂直电商平台，探能开始摸索构建以供应商、客户和平台为主体的风电后市场智能生态系统，寻找符合行业特性和需求逻辑的新模块。下面以提供定制化技术升级改造方案和技术在线模块为例进行阐述。

（1）提供定制化技术升级改造方案

当前中国风电行业技术发展迅速、出质保机组激增，再加上备件停产、原始厂家高价垄断以及原厂设计缺陷等问题的存在，如何通过改进机组备件国产化来提高机组可利用率和保障机组运营安全成为中国风电企业所面临的挑战之一。为解决这些问题，探能技术团队耕耘在风电后市场的蓝海，经过多年创新探索形成一支从需求到研发再到应用的精准研发梯队，积累了大量风电后市场高价值、需求量大以及“卡脖子”零部件国产化开发的经验。依托高校和设备制造商的技术优势，围绕风电场运维过程中的实际技术问题，探能自主研发了三大类几十种国产化替代产品，解决风力发电机后市场设备停产、设计缺陷、渠道垄断的问题，帮助风电企业摆脱进口关键部件的禁锢，实现自主可控、降本增效。具体包括电控系列产品、偏航材料系列产品、变桨油缸系列产品等。

凭借国产化替代研发的丰富经验，探能计划学习小米模式，协同成熟的专业化制造供应商，基于需求预测实现类 OEM（Original Equipment Manufacturer）化制造，从而降低备品备件的制造成本和周期不确定性，解决碎片化制造问题。具体来说，探能可以利用工业互联网垂直电商平台所积累的数据，使用大数据技术分析风电机组运行过程中的实际情况，挖掘和预测客户的备件需求，然后再将碎片化需求提炼整合为集中需求，为上游供应商提供定制化技术升级改造方案，使下游供应商实现类 OEM 化生产并最大化降低制造成本，实现供应商、客户、平台“三赢”。“我们比用户更清楚，哪些风电设备长期依赖进口，哪些产品因海外厂家技术升级或并购等已经停产，哪些设备年年涨价但其实并不适合中国水土等，基于对这些数据和趋势的洞察，我们便可协同技术专家与上游供应商集中攻关，实现国产替代。我们也会基于数据预判未来趋势，指导‘埋头拉车’的国内工厂调整品类，基于市场所需进行制造，不再生产出一大堆无谓库存。”[1] 万辉说道。

（2）行业服务标准制定者

技术在线模块已在快备网上线。探能设想的未来运维场景应当是这样的：首先，风电机零部件的更换、维修等服务被切割成一个个可量化的、标准化的、可收费的模块，形成可定制的故障解决方案。其次，当风电机组发生故障时，客户将后台故障数据上传至快备平台，快备系统根据故障数据自动匹配故障解决方案，确定所需的备件、工具和技术服务工程师类别，并将该解决方案反馈给客户。客户接收到解决方案所提供的备件和工程师位置、预计到达时间、费用以及机组预期恢复时间等信息后，根据费

1　李晔：《布局电商新赛道，产业电商现“隐形冠军”》，《解放日报》，2022 年 2 月 11 日。

用和电量损失比较选择最优方案下单。接着，快备平台根据客户订单的要求自动化配置资源，将订单分配给当地服务站。当地服务站接收到订单后，派遣平台签约认证的技术服务工程师为客户提供本地化技术服务，对问题产品开展接近原厂质量标准的维修。正常情况下，3 小时内物资和技术人员就会到达风电场。最后，客户确认故障解决风电正常运行并做服务评价，完成资金支付同时进入质保期。

万辉也清楚地认识到，目前火候还未到，行业本身还处在成长期，还未步入大规模维修期。只有当探能的智能生态系统深深扎根于中国各大电站时，探能才有足够的市场容量和客户黏性实现服务的标准化和数字化，从而彻底颠覆行业服务的规则，成为标准制定者。因此，探能计划在近几年内通过备品备件提高客户黏性，然后再接入技术在线服务。

从传统贸易商转型成为生产型服务商，从自营到风电后市场智能生态系统，探能始终紧紧围绕“人人尽享清洁能源”的使命，向着达到百亿级体量的目标奋进。然而，探能敢为人先的风电后市场智能生态系统之路意味着重重迷雾和巨大的沉没成本，探能是否可以挨过这漫长的创新周期还尚未可知。

版图扩大：进军光伏行业

1　行业现状及发展前景

（1）光伏行业的现状

20 世纪 50 年代，我国开始进行光伏相关研究，研究成果主要应用于航空航天领域。20 世纪 90 年代到 21 世纪初，我国光伏产业从国家层面落地到企业层面。2007 年，中国成为光伏器件生产能力最强的国家。自 2013 年起，国家加大对光伏产业的扶持力度，国内光伏市场开始迅速发展。2016 年，我国光伏产业进入快速发展期，光伏发电新增与累计装机量均为世界第一，截至目前已成为少有的形成国际竞争优势、实现端到端自主可控、有望率先成为高质量发展典范的战略性新兴产业。

截至 2020 年年底，我国光伏累计装机 253 GW，在全球市场中占比约为 33%。据国家能源局统计，2021 年我国新增光伏发电并网装机容量约为 5 300 万千瓦，连续 9 年稳居世界首位。截至 2021 年年底，光伏发电并网装机容量达到 3.06 亿千瓦，突破 3 亿千瓦大关，连续 7 年稳居全球首位。“十四五”首年，光伏发电建设实现新突破，呈现新特点：一是分布式光伏达到 1.075 亿千瓦，突破 1 亿千瓦，约占全部光伏发电并网装机容量的 1/3；二是新增光伏发电并网装机中，分布式光伏新增约 2 900 万千瓦，约占全部新增光伏发电装机的 55%，历史上首次突破 50%，光伏发电集中式与分布式并举的发展趋势明显；三是新增分布式光伏中，户用光伏继 2020 年首次超过 1 000 万千瓦后，2021 年超过 2 000 万千瓦，达到约 2 150 万千瓦。户用光伏已经成为我国如期实现碳达峰、碳中和目标和落实乡村振兴战略的重要力量。2022 年 2 月 23 日，中国光伏行业协会名誉理事长王勃华在中国光伏行业协会 2021 年发展回顾与 2022 年形势展望线上研讨会上表示，预计 2022—2025 年，我国年均新增光伏装机达到 83～99 GW，其中，2022 年装机在巨大的国内光伏发电项目储备量的推动下，或将增至 75 GW 以上。

（2）分布式光伏：最具增长性行业

在分布式光伏行业这一细分领域，2021 年 6 月 20 日，国家能源局综合司印发《关于报送整县（市、区）屋顶分布式光伏开发试点方案的通知》，明确党政机关建筑屋顶总面积可安装光伏发电比例不低于 50%；学校、医院、村委会等公共建筑屋顶总面积可安装光伏发电比例不低于 40%；工商业厂房屋顶总面积可安装光伏发电比例不低于 30%；农村居民屋顶总面积可安装光伏发电比例不低于 20%。2021 年 9 月 14 日，国家能源局正式印发《公布整县（市、区）屋顶分布式光伏开发试点名单的通知》。根据该通知，全国共计报送 676 个县（市、区），全部列为整县屋顶分布式光伏开发试点地区。中信证券预计整县光伏项目年均装机规模有望达 40 GW 左右。2021 年 10 月 26 日，国务院发布《2030 年前碳达峰行动方案》，进一步明确加快优化建筑用能结构，提出到 2025 年，城镇建筑可再生能源替代率达到 8%，新建公共机构建筑、新建厂房屋顶光伏覆盖率力争达到 50%。

分布式光伏市场或将成为最具增长前景的领域。随着光伏发电成本持续下降，光伏行业从“环保行为”向“创收行为”转变，同时在 2020 年“双控”趋严和拉闸限电背景下，分布式光伏作为填补局部电力缺口的解决方案之一，可缓解拉闸限电压力，工商业企业配置分布式光伏系统的积极性有望增强。据国家能源局统计，2021 年户用新增光伏项目累计装机容量为 21.596 2 GW，较 2020 年同期增幅约为 113.8%，户用光伏装机总量累计达到 41.6 GW。中信证券研究部预计，2022 年国内光伏装机将增至 75 GW 左右，其中户用、工商业等分布式项目将成为装机增长的主力，占比有望提升至 2/3 左右（见图 5.7）。

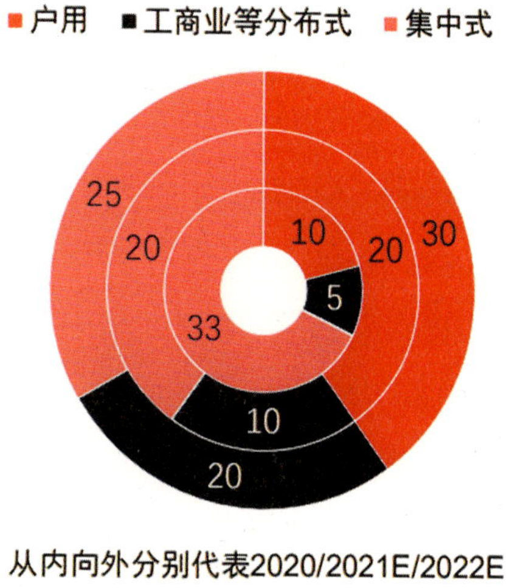

图 5.7　中国光伏装机结构及预测（单位：GW）
（资料来源：国家能源局，中信证券研究部预测）

2 瞄准分布式光伏行业

继扎根风电行业数年后，探能瞄准分布式光伏行业，依托企业自身技术优势，创造性地将城市碎片化闲置屋顶资源充分利用起来，建设运营分布式光伏电站，最大限度地将自然资源转化为清洁电能。分布式光伏发电，特指在用户场地附近建设，运行方式以用户侧自发自用、多余电量上网，且在配电系统平衡调节为特征的光伏发电设施。分布式发电系统采用光伏组件将太阳能直接转换为电能，是一种新型的、具有广阔发展前景的发电和能源综合利用方式。它倡导就近发电、就近并网、就近转换、就近使用的原则，不仅能够有效提高同等规模光伏电站的发电量，同时还能有效解决电力在升压及长途运输中的损耗问题。该类项目必须接入公共电网，与公共电网一起为附近的用户供电。

（1）布局分布式光伏电站

分布式光伏电站的项目合作模式包括合同能源管理模式、合伙人模式和 EPC 模式三种。合同能源管理模式，指业主免费提供屋顶，享受绿色清洁能源，折扣电价，而探能负责光伏电站设计、采购、施工、运营、维护。合伙人模式，指探能寻找适合安装光伏电站的优质屋顶，业主获取绿色能源佣金。EPC 模式，指业主自投持有电站，探能负责项目设计、采购、施工及后期运维一站式服务，实现业主利用绿色清洁能源，降低运营电费支出，自身实现碳中和。

分布式光伏电站项目的投资基本能在 5～6 年之后回本，并且电价低于电网售价。在用户收益方面，以 1 兆瓦上海分布式光伏电站项目 25 年全周期的项目为例：一是电价 9 折后收益为 196.56 万元；二是光伏电站在夏季有隔热作用，减少空调费用，还能降低室内温度 3～4℃，节省能耗费用 52 万元，并可作为绿色建筑评定加分权重项；三是延长屋面防水老化年限 5 年，节省至少 40 万元；四是 25 年使用绿色清洁能源 2 320.689 9 万度电，节约标准煤 7 400 吨，减排二氧化碳 19 825 吨。

在莘庄镇和黎安实业公司的大力支持下，2021 年 2 月 5 日，由探能投资、建设和运营的“风光储充一体化新能源微电网”示范项目在黎安智谷园区并网发电，标志着上海探能率先实现了企业自身的碳中和。探能总部的屋顶上铺设了大量光伏电板，不仅自身 100% 使用光伏发电，还给园区供应了 30% 左右的电。之后，为响应 2021 年 6 月 20 日国家能源局正式下发的《国家能源局综合司关于报送整县（市、区）屋顶分布式光伏开发试点方案的通知》号召，探能将莘庄镇作为试点单位，提出“整镇屋顶分布式光伏开发试点”的方案（见图 5.8）。探能“风光储充一体化”试点项目

图 5.8　分布式光伏发电站
（资料来源：探能官方网站）

作为全国676个整县（市、区）推进项目之一，报送国家能源局得到批准。

由于未来分布式光伏开发项目投资规模比较大，探能还拉入本公司最大的客户龙源电力集团作为该项目的合作伙伴。龙源作为风电行业的龙头企业，其专业化和市场化程度是行业里最高的，来自龙源的业务始终占据探能业务总量的第一位。龙源电力作为央企，体量大、资金充裕。但由于光伏资源无处不在的特性，龙源电力在分布式光伏资源的开发上捉襟见肘，缺少优势。万辉戏称，龙源电力通常“以阵地战为主”，适合做大项目，但是“人民战争汪洋大海”，民营企业在分布式光伏的开发方面有着显著优势。2021年10月12日，探能、龙源电力集团和莘庄镇政府签订了三方合作协议，共同开发莘庄镇所有的屋顶光伏，明确落实了建立新的合资公司。2021年12月，上海龙源探能新能源有限公司（以下简称“龙源探能”）成立，注册资金1亿元人民币。探能作为龙源探能的小股东，主要负责日常运营和市场开发，扮演执行者和配套专家的角色。龙源作为大股东，投资重大资产，负责总体战略方向的掌控。目前，首批意向签约的莘庄镇政府等三家合作企事业单位已与龙源探能顺利签约，为龙源探能开启了一个良好的开端。

探能与龙源电力集团至此从市场关系转变为合作伙伴，这对探能的未来发展意义深远。万辉认为：“大客户，尤其是央企，无法靠烧钱补贴来说服它们，它们对便宜没有兴趣。必须真真实实帮助它们解决迫切的问题。第一，政府要求它们做什么，而我们能辅助它们解决，这是关键。第二，我们给出的解决方案确实能使它们的运营效率提高，管理也更方便。这些才是它们愿意去尝试的。那么跟谁做呢？如果我们永远是乙方，就可能一直比较被动，所以我们想要大的战略资源，就必须把甲方变成合作伙伴，这是我们现在定的战略。实际上我们从2020年就开始有这个想法，今年（2021年）迈出了第一步，把最大的客户先变成了合作伙伴。”

（2）其他光伏业务

除了布局分布式光伏行业，探能的光伏业务还包括光伏电站 EPC 智能运维管理。尽管风电行业和光伏行业拥有完全不同的供应链和技术，但备品备件的供应渠道是可以共享的。探能的客户本身既有风电场，也有光伏电站。凭借专业化团队、定制化方案以及智能化备品备件供应管理，探能让客户在集中式地面电站从设计之初至运营发电的全生命周期降本增效，缩短电站投资回报周期，让客户安心静享绿色能源所带的经济效益。

此外，探能也提供光伏项目检测的服务，包括光伏电站性能检测评估、光伏电站项目尽职技术调查、光伏电站交易评估、光伏电站技术改造和光伏电站关键设备监造等服务项目。2021 年 4 月 28 日，应国能集团邀约，探能为其预收购光伏电站项目提供专业检测服务，这为后续国能集团收购光伏电站提供了专业参考依据。

尾　声

从风电 MRO 非生产性物料供应商，到零部件的集成化供应商外加提供安装、调试、设备批量化改造升级等服务，再到全力建设风电后市场智能服务平台，直至进入光伏行业，探能所走的每一步都围绕着“人人尽享清洁能源”的使命。随着步入规模化发展阶段，探能开始引进战略投资。央企的投资部门是探能最期待的投资者，但央企往往要求获得实际控制权。在此背景下，探能该如何吸引央企的投资？是否能合理安排股权结构，既保证自身的话语权，又满足投资者的要求？能否平衡融资带来的风险和机遇？

附　　录

附录 1　2009—2021 年探能营业收入（单位：万元）

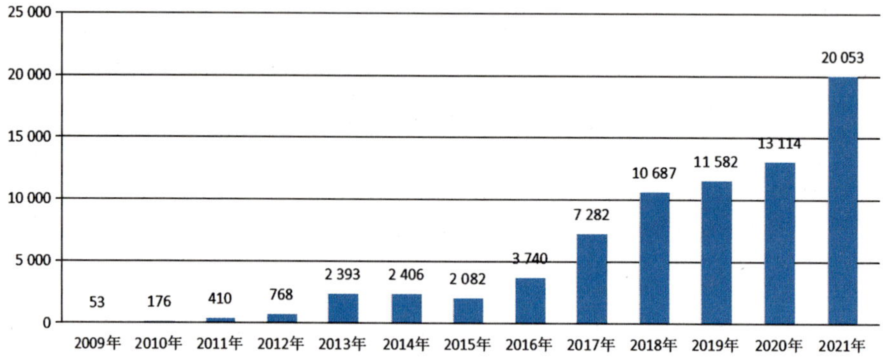

（资料来源：探能公司内部资料）

附录 2　探能发展历程

年　份	重　要　事　件
2008	探能创始团队进入风电行业
2012	探能成为龙源北京备件中心的合格供应商
2016	全国首家风电后市场电商平台——快备网上线运营
2018	快备获行业协会颁发“中国风电后市场互联网应用示范单位”
2019	快备在甘肃玉门建立西北区域服务中心，同时在甘肃区域部署智能无人仓
2020	快备入驻国能电商平台；快备在内蒙古蒙东区域部署智能无人仓
2021	快备入驻三峡电商平台；快备在新疆和河北区域部署智能无人仓
2021	“风光储充一体化新能源微电网”示范项目在黎安智谷园区并网发电；探能“风光储充一体化”试点项目作为全国 676 个整县（市、区）推进项目之一，报送能源局得到批准；上海龙源探能新能源有限公司成立
2022	获解放日报 2 月 11 日头版头条报道：快备为产业电商和行业隐形冠军；快备入住华能集团电商平台；万辉获“中国风能产业·杰出贡献奖”

（资料来源：探能公司内部资料）

案例六

RED HORSE MEDIA 赤馬

赤马传媒

出海

本案例由

华东理工大学商学院

林木田、阎海峰撰写；

案例目的是为教学之用，

非为说明案例公司管理是否有效。

"Forget it, you don't play ice hockey in Africa."

"One day I will."

坐在上海赤马广告传媒股份有限公司（Red Horse Media，简称"赤马传媒"或"赤马"）的会议室里，董事长马骏正在向新客户展示赤马团队为阿里巴巴拍摄的冬奥会赞助电视广告。影片故事之一讲述了肯尼亚的第一支业余冰球队因为心怀"冰球梦"，在干旱的地面坚持练习，从没见过雪的他们，期待有一天能够站在冬奥会的舞台上。这支广告先后荣获中国广告影片金狮奖、金投赏之全场大奖、金瞳奖之全场大奖等一系列奖项。

赤马伊始：背景与行业

马骏和雷学勤、韩墨合伙成立的赤马传媒已经成为影视广告制作行业的领先企业之一。客户找到赤马传媒为其制作广告片，赤马传媒根据项目需求和预算制作方案，经客户同意之后调集各类资源，联系合适的导演、拍摄团队、后期制作团队等，并在期间协调工作、统筹安排。影片制作完成后交付客户验收，根据客户反馈意见进行修改后最终交付。基于丰富的国内外资源、精良的制作水准和出色的成本控制，赤马传媒赢得了众多客户的信任。第一次看到赤马作品的圈内外人士往往难以相信这样具有好莱坞大片水准的高端影视广告竟出自国内团队之手。

赤马传媒成立于2010年，是一家专注于高端国际影视广告制作的公司。其主营业务包括影视广告创意策划、视频拍摄与后期制作，以内部制作团队的经验与技术为核心，国际合作能力为特点，为品牌客户打造高品质影视广告。赤马团队核心成员均拥有广告行业十年以上工作经验，由国际 4A 广告公司资深广告人、制作人以及新锐导演组成，并与国际优秀团队保持亲密的合作关系。自成立以来，公司执导的广告作品超过八百部，多次在各大广告节上获奖。2016 年挂牌新三板后，公司通过对外投资的方式向影视制作产业链上下游延伸，先后涉足摄影器材租赁、电影项目开发、后期特效制作领域。

自 2014 年以来，赤马传媒营业收入呈爆发式增长，年营收由 2014 年的 476 万元增长至 2019 年的 1.45 亿元，在 2020 年、2021 年影视制作行业受到新冠肺炎疫情严重影响的大背景下仍旧分别实现了 1.32 亿元和 1.52 亿元的成绩（见附录 1）。人员规模也从最初的 3 人发展到 2021 年年末的 77 人，其中包括一支超过 50 人的影视制作团队，在以平均 5～10 人的小工作室为主的影视广告制作行业中已然属于超大规模。

从业 18 年，马骏对中国影视广告制作行业有着自己的理解。未来，他想要打造国际化影视制作产业链，更加多元地服务客户，希望赤马传媒能使这个行业变得更好。如何带领赤马传媒走向新一阶段的发展，仍是他需要进一步思考和解答的问题。

1　广告业概述

广告伴随着人类的社会分工而诞生。广告是商品经济的产物，它是伴随着社会经济的发展而发展的。广告起源最直接、最重要的动因就是人们在商品交易和其他商业活动中产生了将产品、商品信息广而告之的需求。当生产者和消费者之间存在距离，而且生产者有必要刺激消费时，就会出现广告。

根据智研咨询发布的《2021—2027年中国广告行业市场运行格局及战略咨询研究报告》，中国广告行业市场规模已从2014年的5 606亿元快速增长至2020年的9 144亿元（见附录2），经营单位数量自2013年的44.54万户增长至2019年的163.31万户，从业人数接近600万。近十年来，中国广告产业规模在GDP中的占比维持在0.8%～0.9%的水平，与经济增长高度正相关，对比欧美等成熟市场2%左右GDP占比的广告支出情况，仍有较大增长空间。

在广告行业的产业链条中，最主要的参与者是广告主、广告公司和媒体。广告主为了推销自己的商品或者服务，将广告需求信息发送至广告公司；广告公司根据广告主提供的需求，为其提供一系列专业服务，包括对品牌、内容进行专业定位和策划，结合市场调研信息、客户费用安排、数据发布方提供的“收视率”等数据信息对广告发布计划进行科学的排期组合，提出合理方案；媒体按照广告公司制作的广告和排期计划播放广告。此外还有评测机构对广告投放情况进行监督。附录3展现了广告行业产业链上下游之间的关系。

广告公司按经营模式可分为大型综合性广告公司、媒体依托型广告公司和专项型广告公司三类。在这三类广告公司中，大型综合性广告公司通过提供包括品牌规划、品牌诊断、广告策划、创意、设计与制作、公关活动、媒介策划与媒介发布等一系列整合营销传播服务，获取品牌管理、媒介代理等收入，著名的大型综合性广告公司包括奥美、JWT、麦肯、电通、阳狮、李奥贝纳等国际4A广告公司（见附录4），以及盛世长城、广东广告集团、北京未来、世邦广告等一些国内有实力的大型广告公司。媒体依托型广告公司通过利用自有媒体或者是代理各类媒体获取媒体代理和广告发布收入。专项型广告公司主要包括制作型、营销咨询型、设计型及其他类型公司。营销咨询类广告公司主要通过为客户提供诸如行业调查、产品市场调查、渠道研究和消费者调查等市场营销方面调研服务，获得市场调研与咨询收入；设计类广告公司通过为客户提供商标设计、包装设计、广告宣传品设计等获取设计收入；制作类广告公司可分为影视广告制作公司、平面广告制作公司与户外广告制作公司，该类公司主要通过为综合型广告公司提供专项制作服务获取广告制作收入（见附录 5）。

2 影视广告制作业

影视广告制作公司，顾名思义，是专注于影视广告的拍摄和制作过程的专项型广告公司。史上第一支电视广告（TVC，Television Commercial）是在 1941 年 7 月 1 日晚间 2 点 29 分播出的，由宝路华钟表公司以 9 美元的价格，向纽约市的全国广播公司（NBC）旗下的 WNBC 电视台购买棒球赛播出前的 10 秒钟时间。当时的电视广告内容十分简单，仅是一只宝路华的手表显示在一幅美国地图前，并搭配了公司的口号旁白："美国以宝路华的时间运行！"

随着互联网的发展和移动互联网的兴起，影视广告片的播放已不局限于电视媒体这一单一媒介。视频网站、社交网络都成为影视广告的投放媒介。广告片的类型也由普遍的 10 秒到 60 秒的短广告，发展出时长达 5 分钟到最长不超过 30 分钟的微电影广告。不像传统的电视广告直截了当地宣传产品，微电影广告用电影的语言将产品或品牌概念融入剧情，为品牌广告增添故事性和趣味性。

综合性广告公司和创意型广告公司（也叫作"创意热店"）在为广告主策划广告创意后，会将内容的拍摄与制作部分转包给专业的影视广告制作公司。制作公司与客户沟通并提供制作方案，经客户认可签订合同之后根据要求确定导演、场景、道具和分镜脚本，并制订相应的工作进度计划，再与客户进行沟通确定最终的拍摄方案与进度。拍摄开始后，以制片为核心，组织摄制团队按照分镜脚本进行拍摄。在拍摄任务完成后，由后期制作组完成剪辑特效、调色、合成与配音等后期制作工作。在制作过程中随时与客户保持沟通，根据客户的反馈进行调整，样片完成后交由客户审核，审核后交由客户验收。后期制作过程中，制作公司会根据客户的要求或是基于作品质量的考虑，将后期制作中的一些环节委托外部专业制作公司完成。附录 6 详细说明了影视广告的制作流程。

影视广告制作业作为广告业中的一个细分市场，目前还缺少系统的统计数据。据估计，2020 年电视广告片与互联网视频广告体量为 4 000 亿元～5 000 亿元，电视广告份额近年来略有下降，而互联网视频广告份额快速上升。影视广告的制作环节在影视广告价值链中的占比为 50% 以上，粗略估计，2020 年影视广告制作业市场规模在 2 000 亿元～2 500 亿元，未来将进一步扩大。

3　竞争对手

在影视制作行业，赤马传媒的竞争对手是在规模上与之相仿，承接知名品牌广告制作的中大型影视广告专项制作公司。目前公司的主要竞争者有观池文化、启礼广告、千羲文化、动观文化、茂田文化等，其中观池文化最具代表性。

观池文化传播有限公司成立于 1999 年，现已成为中国最具规模的商业影像制作平台，拥有上海观池、北京观池、香港观池与西南制作中心四处分支机构。公司在成立早期就前往泰国拍摄影片，是国内最早出海拍摄影视广告的公司之一。2003 年，中国首次载人航天成功实现，神舟五号将宇航员杨利伟送入太空。蒙牛集团抓住这一契机，以主题为“蒙牛——中国航天员专用乳制品”的广告片进行了一次成功的品牌传播和提升，被评为该年度“中国十大广告运动”之一。观池就是这支广告片的制作方。从成立至今，观池专注于高品质影像内容定制，拍摄的足迹遍布 50 余个国家和地区，服务了 2 200 余个品牌，合作过 850 余位明星和 2 800 余名全球导演，共拍摄 7 800 余部作品。目前，观池业务分为四个板块：一是商业影视，为品牌方制作高品质广告片；二是数字科技，为品牌方线下推广活动提供数字技术支持；三是原生影视，创作微电影和纪录片；四是公益影视，与 CCTV 合作拍摄公益广告。

此外，还有一类公司为品牌方同时提供广告创意策划和影视制作服务，未来赤马传媒拓展创意策划业务后将与之产生直接竞争。这类公司中最有代表性的是汉狮影视。

汉狮影视广告传媒有限公司成立于 2003 年，拥有北京、上海、广州、香港四个分公司，属于大型影视广告公司。汉狮影视的核心业务是为品牌方制定营销战略、策划广告创意和制作影视广告内容。广告作品以 15 秒到 30 秒的短片为主，打造了众多震撼市场的广告影片，像“怕上火喝王老吉”和“瓜子二手车直卖网”这样脍炙人口的广告词就出自汉狮。公司创始人王思远曾在国际 4A 广告公司担任创意总监，在实战中探索出“心智链接”创作法则——运用 15 秒广告抢占顾客心智，让购买决策变简单，这一理念在行业中广泛传播。在主营业务建立起行业口碑之后，汉狮影视又积极拓展互联网平台业务。2014 年，汉狮影视建立了 TVCbook.com（一个广告视频搜索及社交平台），帮助品牌方寻找广告代理商以及帮助广告代理商寻找导演和制作团队。2020 年，汉狮影视又在 TVCbook.com 的基础上推出灵感 App，帮助用户在浏览视频的过程中发现创作灵感。

赤马传媒发展历史

1 积累经验，选择创业

故事要从2003年马骏从华东理工大学英语系毕业讲起。彼时中国刚刚加入WTO两年，经济正在全面与世界接轨，各行各业对外语人才的需求激增。除了教师、翻译、编辑、记者、国际导游等相关性较高的职业，英语系毕业生还可以进入有海外业务的中国企业和在中国经营的外企，凭借双语能力架起国际交流的桥梁。海投简历的过程中，马骏注意到了广告行业。那时上海的应届大学毕业生工资水平在月薪1 500元～2 000元，而广告公司竟给出2 500元以上，更重要的是，在工作过程中还能经常见到各路明星大腕儿。“这简直太美妙了！”在对广告制作一无所知，对摄影机的种类、使用方法都不甚了解的情况下，马骏怀着忐忑的心情参加并通过了菩罗影视广告公司[1]上海分部的面试，成为广告行业的一员。

刚进公司时，马骏的岗位叫作制片助理，工作内容有拍摄前的电话联络、接待访客、制订制片计划、办公室的卫生清洁，以及到拍摄现场帮助采购道具、布置场景、驾驶车辆、清洁设备、维持秩序和拍摄结束的种种善后工作，内容多而杂。上班的第一天，马骏就体验到了广告行业的辛苦。夜深人静的午夜12点，老板带着大家讨论拍摄方案，没有一个人离

1 菩罗影视1984年创立于中国台湾省台北市，目前设有台北、上海两个服务平台，现有员工约50人，主要业务项目包含TVC统筹制作、国际协拍、各类型高品质宣传片（企业介绍、展会活动、网络视频）创意提案影片等，擅长以用TVC的专业与品质，提供客户多元类型的影响制作服务。

开，加班显得那么自然。“要是赶不上 12∶30 的末班车，我就要睡在公司了。”马骏这么心想着，终于鼓起勇气战战兢兢地问老板自己能不能先走，得到同意后他飞奔着去了公交车站。

“卓越表现，岂止在赛场。冠军本色，2003 款桑塔纳。”这是马骏入职不久后参与的第一支广告——上汽大众桑塔纳汽车广告的广告词，拍摄地点在上海龙华机场[1]。开拍前的准备工作中，马骏负责装饰机场仓库的窗户：先在激光彩纸上用颜料勾勒出一些图案，之后把颜料吹干，再覆盖到窗户上。看似简单的工作实则需要付出大量的体力劳动，顶着夏天 35℃的高温和蚊虫叮咬，马骏从早上 8 点一直干到第二天凌晨 5 点，终于把仓库上百个窗户全部铺上彩纸。极度疲惫的他一头倒在公司的金杯面包车里睡着了。两个小时之后，7 点 30 分的闹铃准时把他叫醒，又开启新一天的奋斗。

这样连续的高强度工作常常一干就是两周到一个月，还没等好好喘口气，又要跟着新的广告项目进入下一轮循环。家人们纷纷劝他离开这个行业，马骏心里也打起了退堂鼓。

不过，一个海外项目重新激起了他对广告行业的喜爱。那年 SARS 席卷全国，本来一位国内明星有一个在上海的拍摄任务，但因为担心疫情严重，她提出去泰国曼谷拍摄。作为当时全公司英语最好的人，马骏负责与多家泰国制作公司交流，最后确定了一家性价比最高的公司作为合作方。不同于现在发达的电子设备，那时候只能依靠传真机跟对方实现即时通信。随后他跟随摄制组前往泰国。第一次走出国门，第一次坐上飞机，第

1　上海龙华机场位于上海市中心区西南部黄浦江西岸，因毗邻龙华寺而得名。该机场是中国民航的发源地之一，是中国较早建成的大型机场，也是中国运营时间较长的机场。1966 年后停止民航起降，2013 年后被拆除改建。

一次感受在海外拍片与国内的不同，家人为他感到开心和骄傲，繁杂的工作此刻显得那么新鲜而有趣。

在菩罗影视拼搏的这一年，马骏从制片助理做到了制片人，完成了从零到一的成长，由一个广告“小白”转变为一名熟悉广告制作全流程的专业广告人。不过，连轴转的工作强度最终让马骏身心俱疲，终于在一个休息日老板打来电话时他提出了离职。

短暂的休息过后马骏开始寻找下一份工作，其中观池文化吸引了他的注意。创始人张斌在业内摸爬滚打了十余年，1999 年正式成立观池文化，短短五年就成为全上海最好的影视公司。在面试马骏时他提出：“你之前在国外拍过片，如果我们要成立一个国际部，你能不能做部门第一人，把它发展壮大？”这不正是他所向往的吗？马骏立刻答应下来。观池很早就在海外拍摄，但受制于内部没有双语人才，一直都是通过与外资公司合作来实现。为了解决这一痛点，公司成立了国际部，并任命马骏为国际部的负责人。

在此期间，马骏没日没夜地搜罗世界各地的导演和后期公司资源，并将这些分门别类做好标签记录，构建了一张公司海外拍片的资源地图。不管是公司在海外拍片或是外国公司到国内做项目，马骏都寻找机会去和优秀的外国人才当面交流联系。资源地图给公司带来了很大帮助，在海外拍摄项目中马骏成为沟通交流的纽带，深受张斌器重。

在观池这个更高的平台，马骏经常有机会和世界各地的行业大咖一起完成高规格的项目，在工作过程中向他们学习。在获得宝贵的工作经验以外，还有一件事情让马骏一直铭记在心。2005 年临近春节前，张斌让所有员工把父母的身材尺寸告诉公司内部服装师，放假回家前每个人都收到了两件精致的棉衣。这一小小的举动让马骏感受到了公司对每位员工的关怀，而不只是冷冰冰的雇主与雇员关系。

一年半之后，马骏选择了离开。具体原因他已回忆不起，只记得某天观池的另一个老板一时失语，说他认为马骏只是一个翻译。这句话伤了马骏的心，觉得似乎自己之前的努力都不值一提。如果老板只是把自己当作翻译的话，继续留在观池可能不会有太大的发展前途。虽然后来张斌极力挽留，但马骏还是坚持了他的决定。

带着观池光环出来的马骏尝试过三个月独立制作人的生活，参与了三支广告的制作。高自由度的工作模式给他带来了一定的喘息时间，但这背后面临的是能否及时收回款项的不稳定和高风险。

正当马骏犹豫要不要重新找一家影视公司上班的时候，一位加拿大朋友联系他，提到上海有支团队想要成立一家聚焦于做 Template Film（模板影片）广告服务的公司。Templatc Film 是一个非常新颖的概念，以餐饮业为例，商户可以在网络平台上大量预制的模板中选取内容符合自己餐厅形象的影片，输入餐厅的名称、地址、联系方式等信息来自动化生成一支属于自己的广告片。美国有一家叫作 Spot Runner[1] 的公司做了这样的尝试并且获得了成功，但这种模式在国内还鲜为人知。考虑到当时中国许多二、三线城市的电视台没有足够的资金去购买版权电视剧，替代的是播放长时间的图片广告，如果运用 Template film，既能大幅降低制作成本，又能带来比单纯的图片广告更加生动有效的宣传效果，因此大家认为这是一个很不错的商机。团队由分别来自韩国、新加坡、日本的外国成员和一名北大经济学硕士四人组成，但他们都没有影视制作的背景，因此马骏的加入能很好地弥补影片模板制作的技术空白。

1 Spot Runner 于 2003 年在美国加州洛杉矶成立，公司提供一种基于 Web 的自动化服务，允许企业通过商业制作、媒体计划和广告投放的自助服务包，在没有媒体购买者或广告代理商的帮助下，以低廉的价格在当地市场制作和播放个性化广告。

团队组建完毕后，合伙人们从日本拿到了第一轮 100 万美元的融资，成立了上海基亿广告传媒有限公司。马骏收集了大量的素材，根据不同行业特点制作了 500 多支模板影片。公司在报纸杂志媒体上大力推广这一服务，却始终没有接到一位客户。他们逐渐意识到这个模式的致命缺陷，它非常依赖于人们对电脑和互联网的使用。相比于成熟的美国市场，当时互联网在中国的普及率实在太低，电脑和宽带只是少数人的工具，人们还不习惯在网络平台上进行商业活动。

虽然没有接到业务，但基亿传媒前期的媒体推广却意外吸引了许多投资人的注意力，认为这是一家具有前瞻性的公司，纷纷向其注资。创始团队经过几次会议讨论之后，一致认为应该暂时放下 Template film 业务，把资金投入更契合中国市场的电视购物项目中去。2006 年，中国电视购物市场方兴未艾，公司决定前往台湾东森购物[1]系统性学习电视购物的运营，之后迅速转型成为一家电视购物公司，并更名为基亿购物。在招揽一批人才之后，凭借着资本优势和领先于行业的运营模式，公司在短短一年内取得了全国销售额第四名的好成绩。公司还通过资本运作并购了一家名为潮流购物，员工规模近 200 人的电视购物公司，而基亿此时才不过二三十人的规模，这让马骏见识到了资本的力量。与潮流购物的合并完成后，作为初创团队成员之一，进入职场短短四年时间的马骏被公司任命为副总裁，管理近百人的电视购物团队。马骏深知团队中有许多比他更有经验的行业前辈，从公司大局考虑，他做出了一个决定：让同事接替副总裁的位置，离开电视购物团队转而分管体量较小的广告制作业务。

随着时间的推移，电视购物业务显现出一个商业模式上的问题：公司

1　东森购物成立于 1999 年，是台湾电视史上第一家电视购物公司。

在与电视台的合作过程中，为了业务的顺利开展，会帮助培训电视台的主持人和相关工作人员。渐渐地，许多电视台在实践中完全掌握了所有的运营流程，开始脱离电视购物公司独立开展业务。除此之外，基亿购物内部管理也出现问题，一名高管利用职务之便把三分之一的业务转移到他自己名下的公司，加速了公司收入的缩水。

最终，基亿购物在2010年终止运营。回首在基亿工作的四年，马骏感慨之余，也开始思考下一步该何去何从。“再找一家影视制作公司继续打工，还是创业，开一家自己的公司？”——这两种不同的声音在马骏脑海中对抗着，久久难以平静。在向朋友寻求建议时，朋友们的鼓励和支持坚定了马骏创业的决心：“我们大伙都觉得你有能力去开拓属于自己的事业，体验不一样的人生。创业吧！如果你有资金上的需求，尽管跟我们说！”

虽然朋友们的支持打消了马骏在资金方面的顾虑，但是他知道创业更重要的是找对合伙人。好的合伙人不但要能资源共享、能力互补、配合默契，还必须志同道合。他想起在基亿工作时的长期合作伙伴雷学勤、韩墨夫妇和他们的公司唯展传媒[1]。雷学勤是个实在的山西人，影视专业出身的他专业技能扎实，2004年从华北广播电影电视学院毕业之后开始投身影视制作行业。多面手韩墨在创意设计、监制、导演、后期制作等影视制作的各个环节上都有一定经验。他们抱着长期主义的心态做事业，从不谋求从某一家客户或某一个项目上牟取暴利，这与马骏的工作理念相契合。他希望能够寻求雷学勤、韩墨的支持，结果三个人一拍即合，马骏负责台前，为公司招揽客户和项目，雷学勤、韩墨则负责幕后，制作内容，消化业务。

1　上海唯展广告传媒有限公司，由雷学勤、韩墨于2005年成立，是赤马传媒的前身之一。

2 挣扎求生，终遇贵人

2010年，马骏成立了赤马文化传播有限公司，在雷学勤、韩墨于上海市区租住的一栋居民楼里搭建了临时工作室合伙办公。与绝大多数的初创企业一样，赤马一开始发展并不顺利。广告行业由于前期资本投入低，人员需求少，因此进入门槛低，退出障碍小，市场中存在着大量中小型工作室，同质化竞争激烈。2010年，中国广告经营单位有24.3万户，从业人员有148万人，平均每户有6.1人，人们形象地称之为“蚂蚁市场”。在早期挣扎阶段，赤马并没有明确的市场定位。小型装修公司的宣传片、企业年会的拍摄记录、小制作微电影……一切跟影视制作相关的业务，只要能为公司带来收入，赤马照单全收。这一时期，赤马在“没有好客户、接不到大项目、低成本做不出好作品、吸引不到优秀人才”的处境中恶性循环。2012年，在过完春节、发完年终奖之后，好不容易招来的团队成员一个接一个排队向马骏提出离职。几近绝望的马骏跟合伙人经常跑到工作室附近的公园散心，对着一尊不知道是谁的铜制雕像祈求他能带给公司一些好运。

“就像金庸的武侠小说中主人公在逆境中遇到贵人或是捡到武林秘籍一样，我们也遇到了贵人OPPO。”转折点出现在2012年8月，根据马骏的回忆：

一个朋友告诉他说，OPPO正在上海找一家广告制作公司去韩国拍摄OPPO Ulike手机的广告宣传片，要求制作公司能够提名一些优秀的韩国导演供其遴选。影视广告制作结合了电影制作的艺术要求和广告的商业需求，导演是广告制作过程中的核心。在前期准备工作中导演要对广告创意做出自己的解读，根据广告创意设计拍摄脚本；在拍摄过程中要指导摄影、美术、灯光以及演员的表演；在后期剪辑过程中导演也需要深度参与，使成片效果符合自己的艺术要求和广告主的商业需求。鉴于此，广告主通常会要求制作公司提供导演的简历，包括基本信息、艺术风格、过往的作品等，在众多备选中挑出最合适的导演。在创业前的工作经历中，马骏主要负责公司国际部的工作，时常和外国导演合作，但早期的赤马没有什么名气，不会遇到提出国际拍摄需求的大客户。因此，马骏敏锐地意识到这次 OPPO 的海外拍摄项目对于他和赤马来说是一次重要的机遇。为了获得这次制作机会，不同于其他制作公司每两到三天提一批导演的人选，马骏坚持每天提一批；其他制作公司提名三次之后已经囊中羞涩，而他甚至向熟悉的同业竞争对手采购导演资源。最终，一个由竞争对手介绍的导演资源被 OPPO 相中，赤马也成了这个价值 100 万项目的制作公司。虽然扣除成本之后项目是明显亏损的，但影片的质量得到了 OPPO 首席营销官的肯定，赤马制作高水准影视广告片的能力也得到了认可。

一年之后，OPPO 再次向赤马抛出橄榄枝，在韩国拍摄 OPPO N1 手机广告。这支微电影广告《他 / 她不知道的事》让赤马在业内一炮而红，从一个无名之辈爬升到行业中游，开始得到品牌客户的关注。此后几年，赤马进入了快速发展阶段，每年的营收增长都超过 100%。随着越来越多的优秀作品参加影视广告行业奖项评比并夺奖，赤马品牌在业内广泛传播，逐渐积累起口碑，成为行业头部公司，越来越多的品牌客户主动找到赤马寻求合作。早年，马骏为找不到客户项目而发愁，现在则为过多的订单没有足够人手去消化而发愁。

“影视广告制作本质上是一个服务性行业，除了制作团队的专注和专业之外，赤马一直全力满足客户全方位的需求，不仅交出让客户满意的作品，还在整个制作过程中让客户充分感受到赤马的诚意。这样的坚持让赤马在业内获得了非常好的口碑，客户的回头率很高。随着多个作品多次获得各类奖项，许多新的客户和代理商被吸引来寻求合作。目前我们不再担心订单的问题，而是努力扩充团队来满足客户的个性化需求。”马骏如是说。

3 挂牌新三板

“挂牌计划刚启动的时候，恰是新三板市场火热之时。”马骏说，“当时因为朋友公司挂牌新三板后股价大幅上涨，刺激到了我们。我们内部进行了大量的讨论，觉得公司发展确实已经到了需要规范运作、加速发展的阶段。我们希望通过挂牌新三板给赤马品牌进行背书，能够吸引更多的人才加入赤马，通过股权激励留住人才。利用新三板资本市场进行一些投资并购，使赤马的发展更快、更好，走一条跟其他影视制作公司不一样的路。”

新三板最初成立于 2006 年，原名叫中关村科技园区非上市股份有限公司股份进入证券公司代办股份转让系统。为了与原来的从法人股市场以及主板市场退下来的“退市股”组成的“老三板”相区别，这个系统被形象地称为“新三板”。2013 年，新三板扩容之后变更成为全国中小企业股份转让系统。2014 年起国家大力推动中小企业上新三板挂牌，表示今后会实现注册制，挂牌企业以后有机会转板成为上市公司，全国各地政府于是开始加码新三板扶持优惠政策。企业挂牌新三板通常需要 200 万元～300 万元的成本，而通过政府提供的各种奖励机制，企业基本可以实现“零成本”挂牌。

在这样的大背景下，赤马传媒 2015 年第四季度启动挂牌新三板流程，并于 2016 年 11 月 18 日正式挂牌，成为中国第一家在新三板挂牌的高端影视广告制作公司。

挂牌后，赤马传媒开始着手影视行业上下游资源生态整合，在2016—2017年陆续开展了三笔重要投资。

2016年11月，赤马在北京投资成立中性灰影业有限公司，一家拥有大量世界顶级电影器材的高端影视器材租赁服务商。公司能够提供摄影棚、摄影器材（摄像机、镜头等）、机械器材（摇臂、轨道与轨道车、升降系统等）和灯光器材的硬件租赁，器材总资产价值约1亿元人民币。拥有的部分高端器材，如德国顶级电影镜头HawkT1，特种拍摄设备Mat Tower Cam等，在中国乃至亚洲都仅有一套。在提供设备租赁的同时，公司配备众多具有丰富实践经验的双语助理，能够精准对接国际一线制作团队，成为许多著名制作公司的长期合作伙伴。成立以来，公司参与拍摄了大量制作精良的影视广告片及电影作品。

2017年6月，赤马投资成立了主营电影项目开发的上海三只猴子影业有限公司，合伙人是2015年角逐第88届奥斯卡最佳外语片奖项的国产电影《滚蛋吧，肿瘤君》的发起人、出品方之一。公司目标是探寻和挖掘国内外蓝海型版权IP，打造具有持续开发价值的原创IP，创作基于新事物、新关系、新矛盾框架下的“中国故事”。马骏希望通过这样的尝试拓展电影业务，让赤马今后有机会参与电影制作。

随后，赤马把目光投向视频后期制作领域。2017年8月，赤马和一位优秀的后期制作专家合伙成立了主营视频后期制作的上海合匠影视有限公司（Craft Creations）。这位合伙人是谢霆锋的第一个商业伙伴，两人在2003年创办了知名的PO朝霆电影后期制作公司。该公司在2012年时已占据香港广告后期制作市场一半的份额，2014年估值高达60亿。PO朝霆被收购后，他带领一支有着15年以上的后期特效制作经验的团队携手赤马再次创业，以成熟的技术服务为基础，为客户提供视觉创意服务，在电影特效、影视广告片、平面、多媒体交互等领域上都有涉足。成立以来，公司参与制作了电影《长津湖》《紧急救援》《红海行动》《唐人街探案 2》，电视剧《繁花》等知名影视剧及不同产品类型的影视广告片，合作过的品牌包括宝马、奔驰、本田、日产、丰田、宝洁、欧莱雅、美宝莲、红牛、雀巢、肯德基、华为、OPPO 等。在合匠影视的支持下，赤马在影片拍摄过程中可以应用两种前沿的虚拟拍摄（Virtual Production）技术：在绿幕拍摄过程中进行实时特效渲染；使用巨型 LED 屏幕作为拍摄背景，大幅降低转场带来的时间和资金成本。

赤马出海

中国影视出海制作始于 1993 年。《北京人在纽约》是中国第一部全程在海外取景拍摄的电视剧，以纽约为背景全景式展现 20 世纪 90 年代初的一批北京人在异国他乡奋斗与挣扎的生存故事，一经播出便在全国引起轰动。《北京人在纽约》开创了中国影视制作打开出海拍摄的先河，但在当时高达 150 万美元的投资，加之剧组上百人繁杂的出国手续，这种拍摄形式并不适应中国电视剧发展水平。此后，影视剧海外取景逐渐销声匿迹。到 21 世纪初中国加入世贸组织后，海外拍摄再次兴起，《别了，温哥华》《巴黎童话》等作品相继出现。2012 年，徐峥凭借一部《泰囧》拿下 12.67 亿元高额票房，打破国内电影票房天花板（票房超 10 亿元），对电影产业影响巨大。一时间，“出国拍，能大卖”成为国产电影制作的共识。如今，随着中国经济的发展和人们消费水平的提高，中国影视制作公司出海拍摄已经从 21 世纪初时的“个案”逐渐演变成为“潮流”，足迹遍布世界各个角落。总结起来，影视制作公司选择出海拍摄主要有以下原因。

第一，剧情需要。电影、电视剧的剧情设计，广告片的创意策划，如果故事是在国外展开，为保证影片拍摄效果的真实性，海外的取景必不可少。以电影为例，《唐人街探案》讲述了一名天赋异禀的口吃少年秦风面试警校失败，外婆送他到泰国曼谷游玩散心，并让他生活在曼谷唐人街的远房表舅唐仁家。之后两人意外沦为离奇凶案嫌疑人，警方怀疑唐仁抢了价值连城的黄金，并杀死了一名佛像雕塑家。两人不得已“亡命天涯”，寻找失落的黄金，以洗刷罪名并找到真凶。剧组在泰国曼谷完成了这部悬疑剧的拍摄，放映后取得全球票房 1.25 亿美元。在取得成功后，《唐人街探案》的两部续集又根据剧情来到美国纽约和日本东京取景拍摄，放映后全球票房更是分别达到了 5.44 亿和 6.86 亿美元。

第二，取景丰富，给观众不一样的视觉体验。海外取景地别致的景观、独特的文化气息、各具特色的民风等都会吸引观众的眼球，为观众带来新鲜的视觉感受和更大的视觉冲击力。大疆公司在为产品做宣传时，广告片中展现了由大疆无人机在世界各地从高空俯瞰的绝美影像画面：有亚马逊热带雨林的生机勃勃，阿尔卑斯山脉的白雪皑皑，尼亚加拉大瀑布的气吞山河，冰岛雷尼斯黑沙滩的与众不同，夏威夷火山岩浆的灼热翻腾……观众不由得想象自己置身于世界各地的美景中，用手中的无人机记录下旅行的点点滴滴。

第三，取景地对外国影片在当地制作的现金补贴和退税优惠。对于海外拍摄地来说，影片的传播对于提高当地知名度，推动当地旅游业发展是一个重要的手段。因此，各国也相继推出了各项优惠政策和拍摄支持服务，来吸引外国制作公司来本地拍摄。对于制作公司来说，这无疑是节约人力、物力、财力的利好消息。比如，韩国对到韩制作的影片按制作费的 25% 进行现金补贴，最高金额 20 亿韩元；澳大利亚专门成立电影国际合作署（Ausfilm），为到澳大利亚拍片和后期制作的制作公司提供各类服务；法国对在当地拍摄的制作花费超过 25 万欧元或超过总预算 50% 的项目，给予合格花费部分最高 30% 的减免；许多国家都对在当地拍摄给予退税减免……

相比电影与电视剧的拍摄过程，广告片制作规模较小、周期较短、成本可控，更适合在海外拍摄，因此受到品牌方和制作公司的青睐。此外，必须承认的是，中国广告业和影视制作业与发达经济体仍存在一定差距，尚处于学习和追赶的阶段。在创意策划、视频拍摄、后期制作等关键环节上，国内缺乏顶级人才、设备或技术。在海外拍摄一来可以利用国际资源补足这些方面的短板，二来又可在合作过程中学习和吸收对方的先进经验。长期以来，很多外国商品在外观设计、性能、可靠性、耐用性等不同质量维度上领先于国货的现实使得一些中国消费者形成了“洋货就是高端货”的认知。许多土生土长的国货在营销上也使用洋名和洋模特进行品牌宣传。比如，慕思床垫（外文名 DeRucci）的广告形象是一位身着白衬衫、手持木烟斗的“法国设计师”；元气森林气泡水用日文“気”代替“气”，并在包装上印有“日本国株式会社元気森林监制”；达芬奇家居把东莞生产的家具先运往意大利后再运回国内，变成意大利“原装进口”。这类营销手段的成功从侧面体现了民众对于高品质生活的向往。对于品牌方来说，具有海外元素的广告片能够在消费者心目中潜移默化地留下高端形象。

2012 年和 2013 年，两次和 OPPO 合作在韩国拍摄广告片的成功经历让马骏意识到，应该更充分地发挥自身优势，把海外拍摄能力打造成为赤马区别于其他制作公司的特色，用国际优质资源撬动国内市场。此后，赤马越来越多的广告采取了海外拍摄的策略，并与合作过的优秀海外导演、制作公司、后期公司、影视音乐公司建立战略合作伙伴关系。但出海的过程并不一帆风顺，在披荆斩棘的道路上，赤马逐渐学会了如何更好地进行国际化经营。

1　初闯欧洲，沦为“人质”

2014 年，赤马团队飞抵西班牙，开启他们的首次欧洲拍摄之旅。归功于西班牙当地丰富多样的取景地以及一系列极具吸引力的财务激励政策，这里成了国际上最繁忙的制片生产中心之一。它的城市景观从中世纪哥特式教堂到摩尔式伊斯兰建筑，同时还拥有采用激进设计风格的现代建筑；自然环境包括沙漠、森林、山脉，以及地中海的岩石海湾和大西洋的广阔沙滩——这些都可由可靠的交通网络连接起来。在激励政策方面，西班牙政府对在当地制片支出的前 100 万欧元退税 25%，100 万欧元以上的部分退税 20%。

首次欧洲拍摄的经历并不愉快。拍摄过程中，西班牙的供应商对赤马团队处处刁难，屡次要求增加项目报酬，甚至连丢失一根充电线也索要赔偿。因为制作周期紧张，拍摄完成之后影片素材必须立刻带回国内进行剪辑和后期制作，但这家供应商坚持要求赤马支付全款后才能带走素材。马骏向多方打听后得知，多年以前他们合作过的一家中国公司在完成拍摄工作后只支付了 70% 的款项就带走了素材，尾款迟迟不到账。面对马骏的恳求，对方负责人坚持说：“我必须保证公司的利益，不能冒险让这种事情再次发生。”由于存在外汇管制，账款还在等待国内监管部门审批。为了项目的顺利推进，无奈之下马骏只好把护照押给对方，让制作团队先带素材回国，自己留在西班牙作为“人质”，等到全款支付完毕才离开。

中国企业在国际合作中遭遇信任危机是常有的现象，因此，赤马在国际合作过程中始终坚持按时甚至提前付款，以身作则，给海外合作伙伴留下诚信形象。

2 以诚相待，合作共赢

2016 年，OPPO 再次选择与赤马传媒合作，制作手机 OPPO R9S 的广告《小人国奇幻之旅》。这次的拍摄取景在捷克首都布拉格进行，赤马传媒找到一家当地的影视制作公司协助拍摄。经过最初几天的磨合，合作便顺畅起来，于是马骏提前回国跟进国内项目，以邮件形式保持与捷克合作方的沟通。拍摄进入收尾阶段的某一天，马骏收到捷克公司邮件说公司银行账户需要更换，通知马骏将账款打进新账户。于是马骏按照要求将美元汇入该账户。过了几周当准备支付第二笔尾款时，银行打来电话询问赤马的财务："为什么你们和捷克公司合作，却有一笔美元打给了波兰的银行账户？"

马骏意识到这很可能是一起诈骗案。事后调查发现，捷克公司的联络人在使用邮箱过程中误点钓鱼邮件，把公司邮箱账号和密码泄露给了黑客。黑客在掌握双方邮件沟通项目进展的全部信息后，伪造了一个地址相似的邮箱与马骏交流，博取信任，最终诱使赤马向其汇款。原本这起诈骗案是捷克公司员工错误操作所导致的，对方理应承担大部分责任，但在之后协商时，马骏考虑到这个项目的利润可控，拍摄过程中合作比较愉快，最后告知对方赤马愿意承担 60% 的损失，对方承担剩余的 40%。

令人意外又惊喜的是，第二天马骏接到捷克公司打来的电话说："这次合作使我们感受到中国影视制作公司的专业和诚意。我们是意大利卡斯塔迪瓦（Casta Diva Group，简称 CDG）下属的子公司，集团大老板卢卡（Luca）听说我们的故事之后非常想和您见一面。CDG 在 13 个国家设有子公司和办事处，东亚地区目前还没有，如果您感兴趣的话，可以飞到捷克来和卢卡聊一聊。” CDG 是一家活跃于传播领域的意大利跨国公司，成立于 2005 年，业务包括广告制作、电影、电视节目、企业活动、病毒视频、数字内容和现场音乐节目，覆盖欧洲、北美、南美、非洲与中东地区，在国际上享有一定知名度。2016 年，CDG 在意大利证券交易所上市，2018 年集团营收达到 3 300 万欧元。

马骏欣然前往，相谈甚欢。2017 年 11 月，赤马正式与 CDG 达成战略合作，并签约在上海成立合资子公司 Casta Diva China。以合资公司的形式进入 CDG 体系给赤马带来了许多帮助，首先最直接的一点是极大地扩充了国际资源。赤马在海外拍摄时能以合理的价格享受 CDG 在当地专业的协拍服务，同时拓展出 CDG 合作过的一千多位海外导演资源。其次，得益于 CDG 在国际上的知名度，赤马以合资公司的身份与其他外国公司初次合作时降低了双方在建立信任过程中的沟通成本。

与 CDG 的战略合作是赤马国际化道路上重要的里程碑，标志着赤马真正拥有了组织化的全球合作资源和能力。2018 年，双方再度联手，在南非开普敦拍摄阿里巴巴《相信小的伟大》系列广告片。CDG 在开普敦经营多年，拥有丰富的拍摄资源，在场景布置、演员调度、摄影器材等方面给予赤马全方位的支持。拍摄过程中，赤马动用了 100 多位当地的群众演员，CDG 为赤马垫付了这笔巨大的现金开支。拍摄结束后，赤马在零首款的条件下带着素材回国加工，这在以前是不敢想象的。

3 追随客户，走向国际

广告公司与客户的合作关系意味着，客户走到哪里，广告公司就可以跟随到哪里提供服务。自 20 世纪 80 年代以来，当西方跨国公司到中国发展业务时，著名的国际 4A 广告公司也紧随其后来到中国：奥美随着联合利华来到上海；李奥贝纳为万宝路、可口可乐公司拓展当时正在快速成长的中国市场；松下电器进入中国，带来了博报堂广告公司……中国智能手机市场在2010年之后迎来爆发式增长，到2015年全国手机产量突破了20亿台，但之后一路下滑。面对中国市场日趋饱和的状况，赤马长期合作的大客户OPPO和VIVO很早就开始积极拓展海外市场，其中就包括东南亚。OPPO、VIVO寻找当地的广告公司为其提供市场调研和广告创意等服务，但在广告制作环节，他们希望继续由赤马来负责。东盟国家的法律法规要求，广告制作公司若要在当地开展项目，则必须在东盟成员国设有公司。为满足这一前提，2017年年底，赤马在新加坡成立子公司Red Horse Media。在满足大客户需求之余，赤马偶尔也会接到东南亚客户的合作邀请，但项目大都低于100万元人民币。对现阶段的赤马来说，巨大的中国市场还在等待开垦，尽快扩大团队规模，充分消化国内客户的需求是第一要务。对于慕名而来的海外客户，赤马怀着感恩的心情与他们保持联系，等待未来公司能够腾出人手的时候再去服务他们。

除了跟随国内客户拓展海外的广告业务，新加坡公司同时也为赤马在国际上的收付款提供了便利和灵活性：在与海外制作公司、导演合作时可以及时完成账款支付，不需要经历国内外汇管制的烦琐审批流程；海外的客户也可以把款项直接以外币形式支付到新加坡的银行账户。

回顾赤马的国际化发展历程，其实和国家对于广告产业发展规划是步调一致的。

自2005年12月我国允许外资在境内设立外资独资广告公司起，具有资本优势的跨国广告集团在国内大规模并购、参股本土广告公司，虽然给本土广告业带来冲击，但也提升了中国广告业的整体水平。一直到“十二五”时期，国家要求坚持“引进来”与“走出去”相结合，侧重于引导外商投资中国广告业，提高利用外资质量和水平。这一时期，马骏分别在外资和本土广告公司中得到历练，积累资源，并在此后赤马艰难的初创阶段逐渐摸索出以国际制作能力为核心的差异化发展模式。

“十三五”之后，国家把侧重点转向引进广告业国际理念、国际信息、国际资源等，提高广告业发展国际化水平，同时鼓励国内广告企业走向国际市场，以设立企业、并购、参股、租借等形式开展对外投资合作，吸引国际广告资源，开展国际化经营，参与国际竞争。这一时期，赤马坚持充分利用国际资源，持续稳定输出优秀的作品，在客户心中奠定了“国际制作找赤马”的品牌形象，实现飞速发展。赤马通过与合伙人成立公司的方式绑定国际资源，与 CDG 成立合资公司实现长期稳定合作，设立新加坡子公司作为拓展海外业务的桥头堡，这一系列举措都为今后进一步国际化打下坚实基础。

长期以来，国家对于广告业一贯的要求是为中国产品、中国品牌开拓国际市场提供专业服务。在海外服务中国客户的过程中，广告公司也在当地积累起口碑，树立中国广告形象。在《“十四五”广告产业发展规划》中，国家再度鼓励具有国际视野、国际思维、国际品质和民族特色的国内广告产业主体走向国际市场，参与国际竞争。伴随中国的产业升级，“中国制造”“中国创造”和“中国服务”将更加广泛地被国际市场所认可，中国广告公司也将迎来更多的海外机遇。

2020 年以来，广告制作行业受到新冠肺炎疫情严重的冲击。对赤马来说，国际人员流动受阻使得海外拍摄的能力难以发挥。但马骏相信，疫情总有结束的一天，中国广告公司一定会迎来更远、更广的国际化经营。赤马不仅要帮助中国广告企业拓展海外市场，更要像曾经的 4A 公司那样，在不远的将来为全世界的品牌客户服务。

今天的赤马传媒

经过多年的积累，赤马传媒已经形成了自己的核心竞争力。

一是拥有了丰富的制作资源。赤马传媒自成立以来，执行的广告作品超过 800 部，服务了 800 多家品牌客户，拥有 2 000 家以上供应商，合作过近 200 位国内外演员、歌手、艺人、体育明星等，以及国内外著名导演。其中最具代表性的案例是 2019 年与好莱坞导演弗朗西斯 · 劳伦斯[1]、著名电影摄影师马修 · 利巴提克[2]及代言人合作拍摄的 VIVO X27 手机广告。在此之前，弗朗西斯从未与中国制作公司合作过，选择接受赤马的合作邀请显示出他对赤马过往作品和品牌形象的肯定。拍摄期间，弗朗西斯展现了他的专业与敬业。为寻找最美的背景，他走遍了首尔的大街小巷。为保证第二天正式开拍时的状态，他拒绝了前一晚的聚餐。这次和世界头部导演的合作让赤马团队倍感荣幸和自豪，在赤马的制作经历上留下了浓墨重彩的一笔。

二是树立了强大的品牌形象。赤马传媒的优秀作品，OPPO 的《小人国奇幻之旅》、小红书的《带你找到全世界的好东西》、阿里巴巴的《相信小的伟大》、阿里巴巴冬奥会宣传片《冰球篇及赛艇篇》、QQ 阅读的《自由图书馆》、奥利奥的《故宫东方史诗篇》、卡萨帝的《不凡管家学院》

---

1 弗朗西斯 · 劳伦斯（Francis Laurance），1971 年 3 月 26 日出生于奥地利维也纳，美籍奥地利裔导演、制片人。曾执导好莱坞电影《我是传奇》《地狱神探》《饥饿游戏》系列等。

2 马修 · 利巴提克（Matthew Libatique），1968 年 7 月 19 日生于美国纽约州纽约的皇后区，美国电影摄影师，曾获 2011 年第 83 届奥斯卡金像奖最佳摄影提名，代表作品有《圆周率》《钢铁侠 1》《钢铁侠 2》等。

等广告片赢得国内众多广告影片奖项（见附录7），其中像艾菲奖、长城奖、金瞳奖、金印奖和金投赏（见附录8）代表着中国最高水准的影视广告作品。持续稳定输出高水准的影片，参赛并夺奖，使得赤马品牌形象不断巩固和提升。

在广告制作环节已经具备核心竞争力之后，赤马也积极向上游拓展创意策划业务。目前，赤马60%～70%的业务来自综合性广告代理公司和广告创意公司转包的内容制作，只有少数有内部创意团队的品牌方会直接带着创意找赤马制作影片。在成长为影视广告制作业的头部企业后，一些品牌客户希望赤马能够提供一站式服务。经过近十年的积累，公司事实上已经具备为客户提供从脚本创意到广告拍摄及后期制作的全套服务能力。于是在2018年之后，赤马先后成立子公司像素蜂和像素牛，专门负责为客户提供广告视频创意策划服务。目前，赤马正在努力寻找和培养广告创意人才，马骏预计在不远的将来，直接来自品牌客户的业务将达到50%以上。

随着团队规模的扩大，赤马也遇到了很多管理方面的问题。马骏说："有时候接到客户电话找我们合作，但是因为手上项目多，不知道哪个团队哪些成员有时间接下这个新项目；负责一个项目的团队认为某个供应商的服务质量很差，但其他团队对此并不清楚，在他们的项目上仍旧选用这家供应商，导致重复选择不合格供应商；员工离职时工作交接不完整，导致项目进度严重滞后；没有信息共享平台，负责海外项目的员工半夜接到客户电话要求提供合同模板，但相关同事正在睡觉……"

以上问题促使赤马传媒在2019年与软件公司共同开发了一套项目制作全流程管理系统，引入团队时间管理体系、资源评分体系、项目资料云存储及协作、知识／工具／模板云共享等模块，通过企业数字化的方式提升运营效率。在与同行交流中，马骏发现大家的管理痛点都是类似的，他们对这套系统也很感兴趣。因此，公司已经成立单独的部门来优化和迭代这套系统，未来计划开发成 SaaS[1] 平台，服务更多的影视制作公司。

困难与挑战

从广告行业自身的发展规律来看，具备专业知识的高素质人才是广告行业最重要的一种生产要素，也是广告公司的核心竞争力所在。广告行业中有句老话，“广告除了人之外别无长物”。人才的质量决定了一个广告公司的水平。从成立以来，优秀人才不足对于快速成长的赤马来说一直是最大的难题。马骏分享了关于人才培养和管理的两个小故事。

赤马团队中曾经有一位同事非常积极进取、乐于迎接工作上新的挑战，赤马也给予了他充分的发展空间。最早此人以后期剪辑师的身份加入赤马，之后的 5 年中先后担任过制片、监制、副导演，最终成为赤马的内部导演，在业内颇受好评。作为内部导演，公司在工作安排上有时会需要他去完成一些自己不太感兴趣的项目，而如果从公司独立出来，就可以在全国几百家不同的制作公司的项目中进行选择。在经过深思熟虑后，最终这位员工还是选择离开公司成为一名自由导演。虽然离开了赤马，但他和马骏一直保持着非常紧密的联系，在赤马需要帮助时提供及时的支持。

影视制作公司向广告制作产业链条上游的广告创意策划领域拓展是业

---

1 SaaS 是 Software-as-a-Service 的缩写，意思为软件即服务，即通过网络提供软件服务。SaaS 平台供应商将应用软件统一部署在自己的服务器上，客户可以根据工作实际需求，通过互联网向厂商订购所需的应用软件服务，按订购的服务多少和时间长短向厂商支付费用，并通过互联网获得 SaaS 平台供应商提供的服务。

内普遍的尝试。赤马在最初涉足这个领域时招收了一些来自港台地区有过1～2年创意策划工作经验的同事来开展业务，但是由于经验相对不足，又缺乏专业人士的指导，他们当中有许多人因感到迷茫而离开。后来，赤马有幸聘请到一位原4A公司的资深广告创意策划人。这位创意策划人建议由自己来负责广告创意的顶层设计，再招聘3～4名专业助理来协助完成具体的内容落地。此举大大增强了赤马创意团队的专业性，却给公司的资金带来了挑战，这个模式最后没能维持下去。

2020年，广告业从业人员总数虽已超过600万人，但真正优秀的人才凤毛麟角。而在大型广告公司受过专业训练、经验丰富的优秀人才往往选择自立门户。如何找到并留住广告人才，或是以其他形式将他们组织起来为赤马服务，是一个值得思考的问题。

近年来，行业“内卷”给赤马带来了新的挑战。马骏认为，影视广告制作行业仍在蓬勃发展，并未出现由行业市场规模增长停滞导致的恶性竞争，他所说的“内卷”源于以下两个方面。

首先，从客户的角度来看，随着互联网和移动互联网的发展，人们的注意力正在粉尘化。据QuestMobile数据，截至2020年，大众人均使用App个数已超过了20个。同时巨量引擎（字节跳动旗下广告投放平台）表示，日均新增广告数正爆发式上涨，其日均新增广告数已达70万个。此外，除了传统的节日外，各大电商平台还推出诸如“双11”“双12”“女神节”“618”等促销活动。品牌方为了扩大广告的覆盖面和追逐这些活动热点，在总体营销经费没有大幅增长的情况下，将压力转嫁给了广告制作公司，要求广告制作公司在保持过去同样的经费条件下输出更多保证质量的广告片。

其次，从同行的角度来看，行业的竞争正在加剧。传统的纸质媒体如报纸、杂志在转型过程中纷纷成立自己的视频部门；视频平台如哔哩哔哩、抖音上的内容创作者拥有大量粉丝（百万甚至千万级），成为品牌方推广产品和服务的重要渠道；各大平台的直播带货也是品牌方推销的强力工具……凡此种种，都从不同维度分走了影视广告制作行业的“蛋糕”，加剧行业竞争。马骏第一次在比稿[1]过程中遇到杂志、内容发行平台、内容运营公司这些非传统竞争对手时感到非常吃惊，现在倒也见怪不怪了。

结　语

马骏说：“最近北交所正式成立的消息非常振奋人心，我们希望能在这几年发展壮大之后进入新三板的精选层，再之后转板到北交所，降低投资者购买赤马股票的门槛。对于赤马传媒来说，一方面，可以有更多的融资渠道来实现进一步的发展；另一方面，这对当初信任我和赤马的早期投资者，以及跟着我们十多年来一起奋斗，奉献了他们美好青春的老员工来说，是一个最好的答复。”

在中国广告发展历史上曾经有白马、黑马[2]两家著名的本土广告公司在国际4A公司逐鹿中国时屹立不倒，引领中国本土广告公司的发展。在“后疫情”时代，马骏和两位合伙人共同领导下的赤马传媒能否继续快速成长，带领中国广告制作走向国际？

1　比稿是指有的广告主不会将广告计划立即委托一家广告公司，而是让多家广告公司彼此竞争，再从中选择最优秀、最令自己满意的广告公司。

2　白马、黑马广告公司，分别成立于1986年和1988年，是20世纪中国本土两家具有代表性的广告公司。

"One day I will."

平昌冬奥会开幕前夕，在阿里巴巴的帮助下，肯尼亚的业余冰球队走到冬奥会冰球比赛场馆的中央。呼吸着清冷的空气，站在耀眼的聚光灯下，他们仿佛置身于一场胶着的比赛。也许多年之后，他们会真正地站在世界比赛的场地中央，与对手展开势均力敌的较量。

参考文献

刘佳佳，王昕．中国广告公司四十年（1979—2019）[M]．北京：社会科学文献出版社，2020.

附　　录

附录 1：2014—2021 年赤马传媒营业收入统计

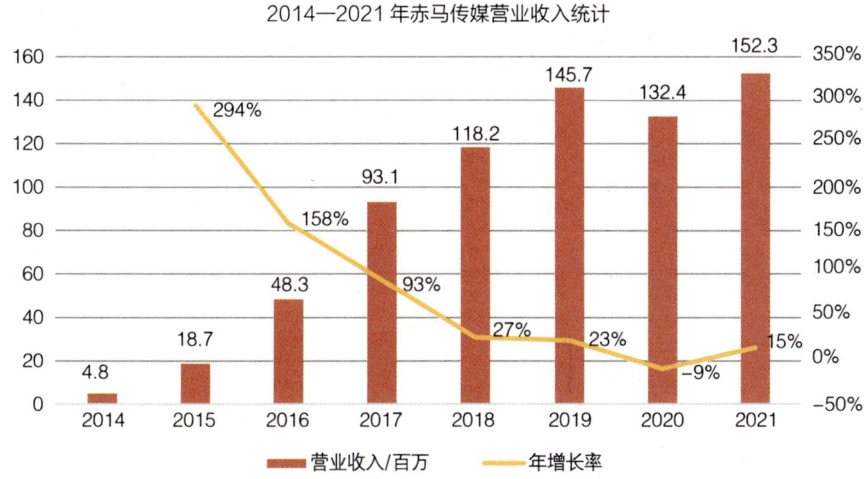

（数据来源：赤马传媒年报）

附录 2：2014—2020 年中国广告市场规模统计

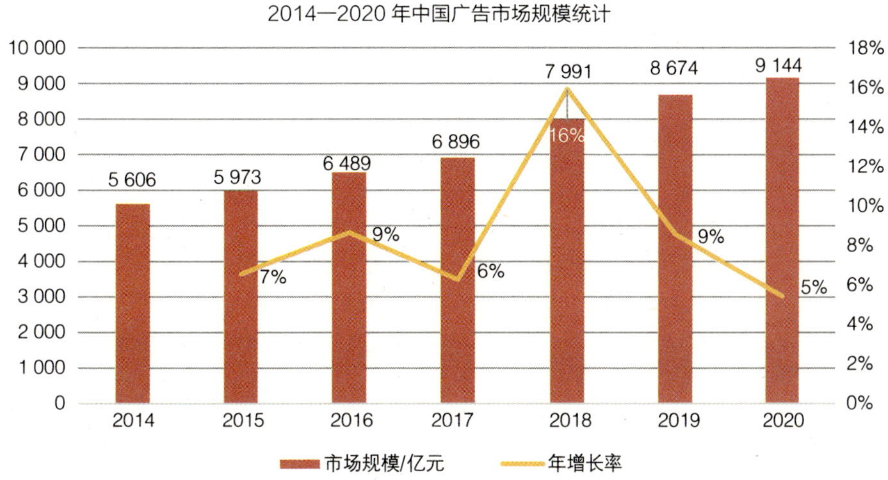

（数据来源：国家市场监督管理总局、QuestMobile、智研咨询）

附录 3：广告行业产业链上下游之间的关系

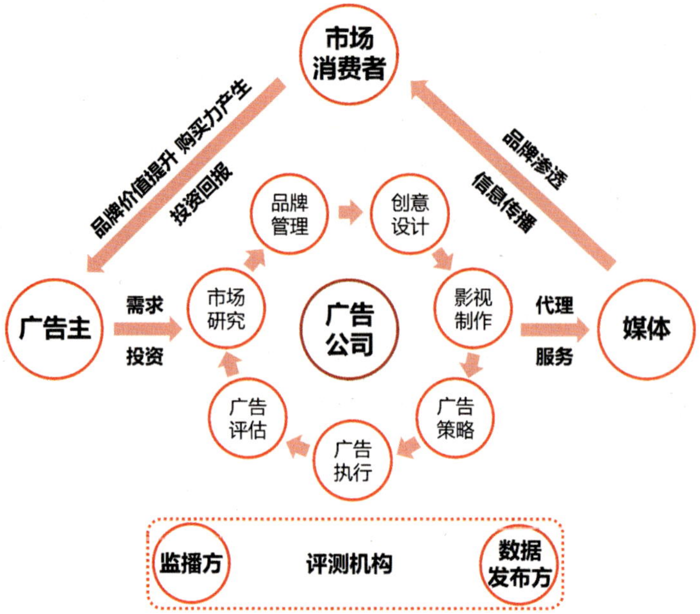

附录 4：4A 广告公司

在广告行业，4A 在某种程度上代表着高标准和高要求的广告专业能力。4A 一词源于美国，是美国广告代理公司协会（The American Association of Advertising Agencies）的缩写。据资料介绍，19 世纪末，美国的广告界人士为了加强行业自律，规范行业道德，在发达地区成立了一些广告业同人联谊会性质的组织——美国广告俱乐部。1914 年，广告主集体退出，成立了美国广告主联合会。1917 年，广告公司也整体脱离，成立了美国广告代理公司协会，这就是全世界最早的广告代理商协会。成立之初，4A 共有成员 111 家，总部设在纽约，在全美 4 个区域设置了 28 个分支委员会和 750 个不同层次的管理机构。2009 年官方资料显示，全美共有 1 100 余家广告公司，而 4A 成员囊括了包括奥美、智威汤逊、麦肯、李奥贝纳、天联等一流公司在内的 630 家广告公司。4A 在美国设有 1 200 多个办事处，全美 80% 的广告由其成员公司创作，成员公司的广告经营额占全美广告经营总额的 75%，从业人员占 52%。由于 4A 具有广泛的影响力，它的名称已经演变为全球范围内符合专业规范、具备专业水准的广告公司的代名词，并有了国际通用的叫法“合格的广告代理商协会”。对于广告行业而言，4A 最重要的贡献就是对成员公司收取客户媒体费用进行了明确约定，在美国市场上有效避免了恶意竞争，保证了广告公司服务的专业性。随着广告市场日益全球化，其他地区也纷纷效仿、借鉴 4A 的专业标准，并结合各地广告市场特点，在全球组织了多个本地化的 4A 组织。

1979—2005 年前后，国际 4A 公司在中国的经营为中国广告业树立了专业化标杆，发挥了理论普及和领航作用，带动了中国广告业的发展，为基础薄弱、理论缺失的中国广告行业提供了理论基础填充、实践经验借鉴和发展目标示范。这一时期，很多本土广告人进入 4A 公司工作，学习理论并实践，然后离开国际 4A，进入本土公司或自己创办公司。随着这一阶段的完结，中国广告业的发展进入了建立行业标准、完善自我管理的新阶段。行业的时代使命从构建理论体系升级为建立自律标准、进行自我规范。2005 年 12 月 17 日，中国商务广告协会综合代理专业委员会（The Association of Accredited Advertising Agencies of China，简称"中国 4A"）正式在北京成立，最初包括 28 家国内外广告公司。

依靠制度、流程、规范和科学化的品牌工具与理念，以及整合化、规模化与资本化，以 4A 为代表的综合性广告公司建构了一整套以客户为中心的服务体系，一度引领广告行业的发展。然而随着互联网和新媒体兴起，4A 公司因为固定的制度、流程约束而显得行动迟缓，竞争优势逐渐丧失。在广告策划和创意业务上，越来越多原 4A 公司的优秀人才选择创立更独立、更灵活、更有张力的创意热店；在市场研究、品牌管理等业务上，咨询公司的加入冲击着 4A 公司的市场份额；广告制作方面，4A 公司更多的选择将项目转包给外部专业的制作公司。曾经光芒无限的 4A 公司逐渐走下神坛，亟待转型。

附录 5：广告公司类型

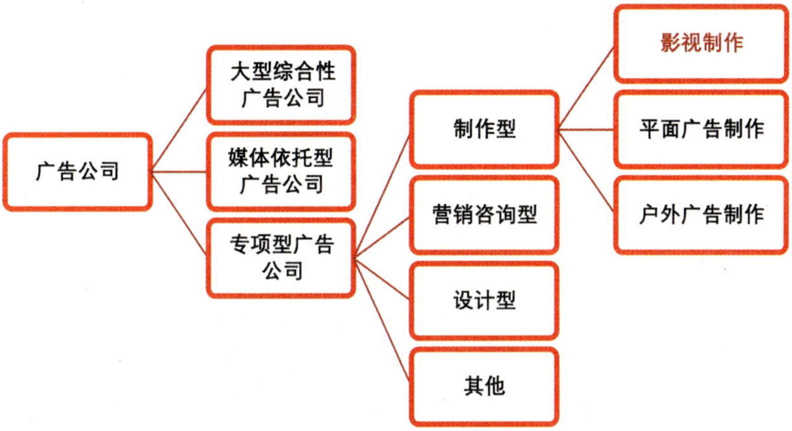

附录 6：影视广告制作全流程

阶段	环节	内容
前期沟通	项目需求沟通	了解项目类型、制作要求、制作周期、艺术创造要求、技术规格等
	提供制作方案	根据项目需求，提供服务该项目的设计方案、制作团队、制作流程、技术规格、硬件设备等制作解决方案
	签订合同	签订制作协议、确定项目合作
制作执行	PPM	确定广告创意、演员、分镜脚本、场景、服装、化妆、配乐、工作进度表等
	指导摄制	组织和指导摄制团队按照分镜脚本进行拍摄
	后期制作	根据拍摄素材进行后期剪辑、特效、调色、合成与配音
成品交付	样片送审	向客户提交完成制作完成的样片，供客户审核是否符合要求
	样片修改	按照客户的审片意见，协助进行内容与技术修改，使其达到审核与播出标准
	项目交接	在结清制作费用后，向客户交接项目素材、成片及相关文件等

注：PPM，全称Pre-Production Meeting，拍摄前会议

附录 7：赤马传媒作品获奖情况

奖项 | AWARDS

RED HORSE MEDIA 赤馬

《小人国的奇幻之旅》
"LILLIPUT"-"ALIBABA OLYMPIC"

2017 中国金狮奖最佳制片奖

Best Production

最佳影片入围

Best Film (Nominate)

OPPO《小人国奇幻之旅》
2017中国4A创意金印奖 铜奖
2017 China 4A Creative
Bronze Awards

2018第25届中国广告长
城奖-全场大奖
2018 China Advertising
Great-wall Awards
(Grand Awards)

Li-Ning
《CuppingMyCreed》
2019 Clio Awards
Bronze

微电影《OPPO一转倾
心》2014金投赏创意奖
金奖
2014 ROI Best Creative
Gold Awards

2017 TopDigital
Awards 铜奖

OPPO《小人国奇幻之旅》
2018上海国际广告奖
2018 SHIAF AWARDS

2017第24届中国广告
长城奖 铜奖
2017 China
Advertising Great-
wall Bronze Awards

微电影《PT铂金
剪爱》
2012金投赏最佳
前期制作 金奖
2012 ROI Best
Pre-production
Gold Awards

2017 TopDigital
Awards 金奖

2018第25届中国广告长城奖-金奖
2018 China Advertising Great-
wall Awards (Gold Awards)

阿里奥运《小的伟大》
2018金瞳奖最佳商业
微电影 铜奖
2018 CCMA Best
Commercial Micro
Film Bronze Awards

OPPO《小人国奇幻之旅》
2018金瞳奖最佳商业微电影 银奖
2018 CCMA Best Commercial
Micro Film Silver Awards

2018年度传播影响
力盘点
沉淀最值得关注的
Top Agency

阿里奥运《小的伟大》
2018大中华区艾菲奖
2018 Effie Awards
Greater China

2015年金投赏
创意奖 银奖
2015 ROI Best
Creative Silver
Awards

OPPO《小人国奇幻之旅》
2018金瞳奖最佳视觉效果奖
铜奖
2018 CCMA Best Visual
Effect Bronze Awards

QQ阅读《自由图书馆》
2018金瞳奖最佳视觉效果奖 铜奖
2018 CCMA Best Visual Effect
Bronze Awards

阿里奥运《小的伟大》
2018 One Show
Greater China Awards
(CMO PENCIL)

OPPO《小人国奇幻
之旅》
2017金投赏全场大奖
2017 ROI Grand
Awards

阿里奥运《小的伟大》
2018金狮奖中国广告年度
影片 最佳制片
2018 Golden Lion Awards
(Best Production)

QQ阅读《自由图书馆》
2018金狮奖中国广告
年度影片 最佳视效
2018 Golden Lion
Awards (Best Visual
Effect)

OPPO《小人国奇幻之旅》
2017金狮奖最佳制片
2017 Golden Lion Awards
(Best Production)

阿里奥运《小的伟大》
2018 One Show
Greater China
Awards (Film &
Video Bronze
Awards)

附录 8：广告行业重要奖项介绍

奖项名称	标签	简　　介
艾菲奖	创意、实效	1968 年由美国营销协会（AMA）创立，创立的宗旨是 Awarding the ideas that work！创意，以实效论英雄！ 2003 年中国广告协会与美国营销协会正式签署协议，将艾菲奖正式引入中国。中国艾菲奖是在全套引进国际（美国）艾菲奖的完整理论、评估体系基础上，根据中国市场情况，以广告运动、营销手段、传播效果、创意创新程度为主要的评估指标，是中国境内唯一一个官方引入的国际大奖，它是以品牌传播运动（Campaign）为评估对象的营销传播大奖（Marketing Communication Awards），被誉为营销传播界的“奥斯卡”，它将荣誉同时颁发给企业与专业代理公司机构或媒体机构，是中国与国际营销传播界接轨的象征和体现
长城奖	创意、制作、影响力最大	该奖项以创意和制作为准绳，考核、衡量和奖励年度内已在媒体上公开发布过的商业广告作品。是中国历史上最悠久、规模最大、影响最广泛的广告奖评选，不仅总结年度内创意、制作方面的得与失，最重要的是通过获奖作品唤醒广告人的记忆，指明广告创意、制作的前进方向，使其成为真正专业的、公正的、权威的奖项
金瞳奖	内容营销	是首个对大中华区内容营销领域进行商业价值认定的权威奖项，以内容为本源，以各类媒介及内容创意为维度，全方位地呈现不同媒介所涉及的多元内容营销方式。分别对互联网的原创视频进行价值认定；以各类媒介为基础，呈现媒介和创意与内容结合最为紧密的优秀案例。此外，中国内容营销金瞳奖另设年度大奖，以表彰行业内对中国内容营销作出积极推动并有杰出贡献的人物、品牌方、代理公司、互联网公司与媒体平台等
金印奖	4A	中国 4A 金印奖（由中国 4A 创意金印奖、中国 4A 媒体金印奖构成）旨在树立中国广告创意的最高标准，褒奖出色的广告创意，以此树立中国广告业的创意风向标。自 2006 年第一届中国 4A 创意金印奖启动以来，历经六年的发展，金印奖已经成为中国广告业内每年一度的盛典，评选出了许多优秀的作品，成为中国广告人展示创意的舞台，同时推动了中国广告行业更加成熟稳健的发展。历年金印奖作品的征集以 4A 成员公司的作品为主，同时吸纳非 4A 公司的优秀作品，中国 4A 金印奖的评委综合了中国广告界最权威的大师
金投赏	创意、ROI	“金投赏”旨在奖赏最具创意的品牌和企业，是鼓励在创意领域中各公司用最小的预算，获得最大市场回报的奖项。“投”即投资回报的意思，英文 ROI 是指 Return on Investment。金投赏到 2015 年，已经是第八届，从参赛作品数量，到参赛公司质量上都已经是亚洲首屈一指的创意奖

附录 9：赤马传媒主要子公司信息

公司名称	中性灰影业（北京）	肯耀文化	三只猴子	合匠影业	Red Horse Media（新加坡）	Casta Diva 上海	像素蜂	像素牛
简介	主要从事高端摄影器材的租赁及专业咨询服务	拥有韩国的市场和制作资源，开拓韩国市场	主要从事电影项目开发	主要从事广告片、电影、电视剧的视频后期特效制作	赤马传媒新加坡公司，拓展东南亚广告制作业务	与意大利 CDG 集团战略合作，实现全球制作	采用直销方式获得客户，为客户提供广告视频创意策划服务	
成立日期	2016/11/9	2017/3/15	2017/6/12	2017/8/1	2017/12/8	2018/4/10	2018/6/15	2019/9/24
注册资本 / 万元	1 750	100	500	700	10（新加坡元）	10（美元）	300	300
股权比例	56.61%	100%	40%	40%	100%	49%	100%	100%
2021 年营业收入 / 万元	1 068.1	1 854.0	—	3 203.0	—	—	138.7	1 188.2
2021 年净利润 / 万元	147.3	204.3	—	−77.5	−10.5	—	−3.3	189.3